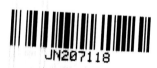

コートマネージャーとしての
裁判所書記官

―協働の中の裁判実務―

著　山本 正名（元簡易裁判所判事）

新日本法規

はしがき

平成31年4月末で，「平成」の時代は幕を閉じることになった。

私は，この前年9月に簡易裁判所裁判官を定年退官した。この年は，思い出深い新民事訴訟法が施行されてから20周年に当たっていた。

私が裁判所の事務官，書記官，裁判官として勤めたこの半世紀の間は，経済の高度成長とグローバル化，技術革新，国際化が進展し，国民の意識も変化し，裁判所も，あらゆる面での司法制度改革と情報化の波を受け，大きな変革を遂げてきた。とりわけ，私が以前務めた裁判所書記官の職務については，この平成の時代に，法律の改正に伴い権限が大きく拡大し，役割が増し，執務環境も激変していった時代だった。

今から50年前，私は岩波新書の梅棹忠夫著「知的生産の技術」を読んでいた。今書棚にあるその本をめくると，余白に手書きで「44.12.16」とある。当時の私は読書遍歴を重ね，「知的生産」に対する憧れがあったのだろう。その「技術」を学べるのならと，夢中で読んだ覚えだ。鉛筆で，そこかしこに線が引っ張ってある。

その一箇所に，「知的生産というのは，頭をはたらかせて，なにかあたらしいことがら―情報―を，ひとにわかるかたちで提出することなのだ」と書いてある。この本には，カードの利用や情報の収集，整理の仕方，文章の書き方などが説かれていた。爾来，この「知的生産」やその「技術」には魅かれてきたのだと思う。

その後，私は，裁判所書記官になって，民事，刑事の裁判事務に従事するようになったが，煩雑な繰返しの仕事を前にすると，もっとより良い仕事のやり方はないものかと考えた。しかし，そんな本はないので，自分なりに「知的生産」方法を考え「技術」を工夫し，工夫するために多くの本を読み，仕事の進め方や考え方を学んでいったように思う。

本書に掲載した「供述調書作成の技術」，「書記官実務原論」は，そうした中で，後輩のために裁判所書記官入門書のような形でまとめたものだった。裁判所書記官の情報の整理と文章化の技術は，「知的生産の技術」から触発されたように思う。

その後「利用しやすく分かりやすい裁判所の実現」を目的に民事訴訟法の改正作業が進む中，裁判所書記官の実情と今後の新しい役割と機能を検討する上で，それらの論考は多少なりとも参考にしていただけたのではないかと思う。

現代では，昔に比べ，裁判実務の教本やマニュアルは数多くある。しかし，それらが豊富にあったとしても，自らの頭で考え工夫する思考力や仕事のマネージメント学がなければ人は育たない。紙に書かれた法条文の解説だけではスキルは磨かれないし，自らの能力開発や進歩も望めない。

私は，これまで，裁判実務で何が大事か，職務遂行の核となる思考法や情報処理術，仕事の仕方やマネージメント等について模索・検討して，幾つかの論考を表してきた。

今これらを改めてひもとき，民事訴訟における裁判所書記官としての私の経験と思考技術を整理し，私の平成時代のアルバムを締めくくりたい。

本書の概要は，次のとおりである。

第１章　裁判所書記官とはどういう職種か。その権限と役割は，平成時代にどのように変わったか。裁判所で重視される「協働」とは何か。「裁判所書記官の平成変革史」を整理する中で振り返る。

第２章　裁判所書記官の供述調書は，どのように作成されるか。また，適正な事務処理確保のマネージメントの要諦は何かを検討する。
第３章　裁判実務の処理を誤らないためのポイントと基本的な思考法，調停の場合の合意形成のポイントを考える。
第４章　訴状・答弁書・準備書面等の訴訟書類には，何を，どう書くべきか,留意すべき表記法等のポイントは何かを概説する。
第５章　裁判手続等のＩＴ化と今後の裁判所書記官のあるべき姿,取組を考える。

時代は変わり,アルバムには既に色あせた部分があるかも知れない。違う時期の拙稿を合わせたため，表現に繰返しや不統一があるかもしれない。これがベストとは言わないし,ベターでないかもしれないが,私が生きた時代の私流の裁判所書記官事務の知的技術の整理である。

今ここで整理しておけば，いつか，誰かが，このアルバムの中から,なにがしかのシーンを見て，刺激剤あるいは触媒となって創造的思考を働かせ，あるいは，共感をもって今後の仕事に前向きに取り組んでもらえるかもしれない。そうなればアルバムをまとめた甲斐はある。

また，これにより，裁判所書記官の職務内容や仕事の取組等について知らない人にも，もっとよく裁判所書記官の職務や活躍，裁判手続等について理解を深めていただけることになれば,望外の喜びである。

本書の出版が実現するについては，新日本法規出版株式会社企画部の小倉俊彦氏，山田雄三氏をはじめ同社の方々には多大な御協力をいただいた。また，元の論考の再録には掲載誌出版元の方から御了承をいただき，ここに感謝の意を表する次第である。

また，本書は，引用した資料以外にも，多くの先輩や書物から教えていただいた知識や知恵によって成り立っているので，ここでお礼を申し上げておきたい。

なお，言うまでもないことではあるが，本書の内容に関する一切の責任は筆者個人に属するものであり，裁判所の見解ではないことをあらかじめお断りしておきたい。

平成31年4月30日

山本正名

略　語　表

＜法令等の表記＞

根拠となる法令等の略記例及び略語は，次のとおりである（〔　〕は再録論考中の略記例及び略語を示す。）。

民事訴訟法第110条第1項第1号
＝民訴法110①一〔法110条1項1号，民訴法110Ⅰ〕

裁	裁判所法
民	民法
民訴法〔法〕	民事訴訟法
民訴規〔規〕	民事訴訟規則
〔刑訴法〕	刑事訴訟法
〔刑訴規〕	刑事訴訟規則
公用文作成の要領	昭和27年4月4日付け内閣閣甲第16号内閣官房長官依命通知「公用文改善の趣旨徹底について」の別紙「公用文作成の要領」

＜判例の表記＞

根拠となる判例の略記例及び出典・雑誌の略称は，次のとおりである。

最高裁判所第一小法廷平成28年6月27日判決，最高裁判所裁判集民事253号1頁
＝最一小判平28・6・27集民253号1頁

ジュリ	ジュリスト
判時	判例時報
判タ	判例タイムズ
法時	法律時報
民集	最高裁判所民事判例集

集民	最高裁判所裁判集民事
刑集	最高裁判所刑事判例集
書記官	裁判所書記官研修所富士見同窓会機関誌
書協会報	会報（全国裁判所書記官協議会編）
会報書記官	日本裁判所書記官協議会機関誌

目　次

※点線囲み箇所は，過去に他誌に掲載された論考の再録である。

ページ

第2章 裁判所書記官の実務

第３章　裁判実務の基本

第4章　訴訟書類作成の要領と技術

第５章　ＩＴ時代の裁判実務

序

裁判所に電話をしたり，あるいは裁判所を訪ねたりすると，最初に対応するのは，まず裁判所書記官（以下，「書記官」という。）である。

書記官は，さまざまな事件の訴状，申立書等の受付をし，あるいは受付に関する相談をする。提出された訴状等に問題があれば書記官が代理人の弁護士に連絡して補正を促したり，今後の予定を打ち合わせたりする。当事者にとって，裁判所を最も身近に感じるのは書記官である。

書記官の役割は，そうした窓口事務だけでない。調書作成や事件記録の保管，各種の証明という重要な役割を担っている（裁60）。事件ごとに定められた期日に，裁判官主宰の法廷に立ち会い，手続調書や供述調書を作成する。書記官が立ち会わないことには法廷を開くことができない。ここでの手続調書は法廷で行われたことを公証するものであり，調書に記載のないことは後に覆せないほどの絶対的な証明力を持つ。この調書や当事者が申し立てた訴状等が事件記録を構成し，書記官は，これに基づいて訴訟上の証明をするなど公証官として独立した職務を行っている。また，書記官には判例学説等を調査する職務もある。

書記官は，こうした重要な職務を担っているだけに，裁判所事務官に採用された後，試験に合格し，一定期間，高度な法律・実務の養成研修を受けてから任用されている。

かつての書記官事務の大半は，調書作成に費やされていた。法廷で早口で行われる口頭のやり取りを素早く手控え（メモ）に取り，これを調書に整然とした尋問結果として書き表すのは，簡単なことではない。法廷に立ち会えば，この作業が待っていた。

この書記官事務のある裁判所に対し,「平成」になる前後頃から，審理の迅速化の変革を求める波が打ち寄せられてきた。裁判官，書記官らの研究や実務の取組の中で，私は，書記官事務を担当しながら事務改善を考え,「供述調書作成の技術」,「書記官実務原論」の拙稿を会員雑誌に発表した。また，新民事訴訟法の制定作業が始まる平成2年（1990）には最高裁判所に勤務して，新民事訴訟法制定に関係する検討作業の末端に加わったことがある。

新民事訴訟法が制定されると，早期の争点確定，集中証拠調べの実施と，手続は大きく変わり，書記官の権限が大幅に増えることになった。旧民事訴訟法時代の書記官と比較すれば，裁判官も意識変革が求められ，訴訟審理も大きく様変わりし，その後の法律改正等もあって，書記官の権限と役割は大きく広がった。

訴訟のみならず，それ以外の非訟事件や執行，倒産事件等でも，今や書記官を抜きにしては裁判所の手続は進まない。

ところが，多くの人は，裁判を背後から支える書記官がどういうものか知らない。この平成の30年間における私の経験と実務の変遷をたどれば，①裁判所の書記官がかつてどういう仕事をし，平成の変革がどのようなものだったのか，②今，どういう権限と役割を担い，どんな仕事をしているのか，③そして，どのような考え方をし，何に重きをおいて仕事をしているのか，それらを理解していただけるのではないかと思う。

本書では，民事訴訟事件担当の書記官事務を中心として述べる。

裁判所書記官の職務権限

裁判所法60条

① 各裁判所に裁判所書記官を置く。

② 裁判所書記官は，裁判所の事件に関する記録その他の書類の作成及び保管その他他の法律において定める事務を掌る。

③　裁判所書記官は，前項の事務を掌る外，裁判所の事件に関し，裁判官の命を受けて，裁判官の行う法令及び判例の調査その他必要な事項の調査を補助する。
④　裁判所書記官は，その職務を行うについては，裁判官の命令に従う。
⑤　裁判所書記官は，口述の書取その他書類の作成又は変更に関して裁判官の命令を受けた場合において，その作成又は変更を正当でないと認めるときは，自己の意見を書き添えることができる。

第１章　「協働」の歴史

第１　裁判所書記官の平成変革史

１　「協働」の言葉

裁判所では，裁判運営の中で「協働」ということが重視されるようになって久しい。特に民事訴訟運営の場面で，裁判官と裁判所書記官等[1]との「協働」が大切だとされている（以下では，裁判所書記官を「書記官」という。）。

その言葉は，裁判所職員総合研修所（旧裁判所書記官研修所）監修の現在の教材「民事訴訟法講義案」[2]，「民事実務講義案Ｉ」[3]にも「協働的訴訟運営」の見出しで解説があり，今や定着している。

「協働的訴訟運営」とは，民事の訴訟審理において，裁判官が早期に争点を確定し集中証拠調べを実施することを基本に，書記官が裁判官と情報を共有し認識を共通にし，連携と協働により審理の充実促進を図ろうとする取組である[4]。

平成25年（2013）7月の最高裁判所長官挨拶には，「裁判所がその職責を果たしていくためには，裁判官をはじめとする多くの職種の協働が不可欠」[5]だとされている。裁判所のホームページの職種案内の「裁判所書記官」の項には，「適正・迅速な裁判を実現するため，裁判官と

---

(1)　訴訟審理には裁判所書記官のほか裁判所事務官，裁判所速記官も関与するが，本稿では，中心的な活動をする裁判所書記官を取り上げる。

(2)　民事訴訟法講義案三訂版（司法協会・平成28年（2016））20頁

(3)　民事実務講義案Ｉ五訂版（司法協会・平成30年（2018））5頁

(4)　林道晴（当時最高裁事務総局民事局第二課長）「新しい民事訴訟規則と裁判所書記官の事務」ジュリ1108号（平成9年（1997））9頁には，「裁判所書記官においても，改正後は，現行法下における以上に，訴訟の当初の段階から裁判官と協同して訴訟運営に積極的に関与し，争点中心型の充実した審理の実現に向けた事務処理を心掛けていくことが期待されている。そのためには，裁判所書記官が裁判官と事件の内容や訴訟の進行状況等について情報を共有し，認識を共通にして各種の事務処理に当たる必要がある。」とある。

(5)　裁判所時報1582号（平成25年（2013）7月15日）1頁

協働して裁判運営を支えています」との説明がある。

しかし，この「協働」という言葉が使われ出したのは，30年ほど前からにすぎない。今「協働」という言葉がよく使われるが，そもそも「協働」とは何か。なぜ「協働」なのか。どうすることが「協働」なのか。

裁判所法や民事訴訟法，民事訴訟規則，裁判所内の諸規程をみても，その根拠や定義規定，趣旨説明があるわけではない。

2　平成元年前後の状況

(1)　伝統的裁判官論の時代

裁判所内部の関係でこの言葉を最初に使ったのは，昭和63年（1988）7月発行の書協会報に掲載された拙稿「供述調書作成の技術」(6)（以下「調書技術論」という。）ではなかったかと思う。

それを理解していただくためには，当時の時代状況から説明しなければならない。

当時の民事訴訟審理の考え方は，古典的な弁論主義，伝統的な裁判官論の立場に立っていた。主張・立証は当事者（代理人）の為すに任せ，争点の整理もせず，立証趣旨も不明確なまま申請された証人を次々と調べ，最後に判決を出すという姿が多い実情だった(7)。また，裁判官の初任時研修の講話では，顔に表情を出さず（心証非開示）「裁判官はスフィンクスたれ」と指導されたともいう(8)。

ところが，経済の高度成長，技術革新と国際化，社会のスピード化が進むとともに，民事訴訟の審理の遅さが問題視された。五月雨訴訟だ，裁判所には納期がない，2割司法だなどと批判され，国民の司法離

---

(6)　書協会報103号（昭和63年（1988）7月20日）33頁

(7)　藤原弘道「弁論主義は黄昏か」司法研修所論集1993−1（平成5年）22頁，同「民事裁判と証明」有信堂・平成13年（2001）12頁以下に所収（前著に加筆修正あり）

(8)　シンポジウム「新民事訴訟法の運用−集中証拠調べを中心として」での園尾隆司（当時東京地裁判事）の発言（判タ956号・平成10年（1998）31頁）

れが危惧されるようになってきた。審理を充実しながら訴訟促進をどう図るかが司法運営の最大課題となった。

裁判所では，既に昭和55年（1980）頃から，紛争の早期究明と争点整理を目的に，非公開の和解室で「弁論兼和解」の工夫が試みられてきたが，手続的な面で批判もあった(9)。

(2)　新しい訴訟運営改善の動き

そうした中で，裁判所が置かれた厳しい状況が一層深く認識され，昭和62年（1987）には，東京・大阪地裁の意欲的な裁判官により訴訟審理の充実・促進の改善方策案が発表された。翌昭和63年（1988）12月には司法研究報告書「民事訴訟のプラクティスに関する研究」(10)（以下「プラクティス研究」という。）が発刊され，現状の問題点と運用改善の必要性が広く認識されるようになっていった。

民事訴訟は，基本的には，裁判資料の収集は当事者主義を採り，手続進行は職権進行主義を採用しているが，上記の運用改善策では，裁判所と当事者（代理人）が協力して訴訟進行を図り，早期の争点確定と集中的な証拠調べを行うとする「協同的訴訟運営」が提唱され，そのためには裁判所の窓口対応を担う書記官の仲立ちと協力，「協同」が不可欠だとされた(11)。

ところが，裁判所の組織は縦列二重構造で，裁判官と書記官とはそれぞれ独立した官職であり，任用，研修，給与の人事体系も異なり，執務室も別個（多くは隣室）となっている。それまでは，同じ法廷の審理に立ち会っても，裁判官は判決の作成に，書記官は調書の作成にと，それぞれ別建ての仕事をしていた。事件進行の打合せをすること

---

(9)　塚原朋一「弁論兼和解から弁論準備手続への移行を回顧する－平成3年10月の東北法学会における講演録から－」法律雑誌「Law&Practice」5号105頁（インターネットから取得）

(10)　司法研究報告書40輯1号（昭和63年（1988）12月）。プラクティスは，実践，実務慣行という意味で使用されている。

(11)　福田剛久「東京地裁の審理充実方策案」ジュリ914号（昭和63年（1988）1月）58頁，佐々木茂美「大阪地裁の審理の充実方策案」同号64頁

はほとんどなかったが，書記官は，期日の審理が適正，円滑に行くようにと，訴状審査（正確性，法適合性のチェック）や準備書面等の督促，任意の補正促しなどの進行管理事務を行い，裁判官を補佐することには相当気を遣っていた。書記官は裁判官の「女房役」とも言われていた時代だった(12)。

書記官が作成する尋問調書は要領を記載すること（要領調書作成）とされていたが，昭和40年代後半頃から小型録音機が普及し，これを利用した逐語的な調書が作成され始め，その調書作成に追われていた。要領調書作成の指導がされ，余力を「訴訟進行管理事務(13)」の充実に振り向けようと指導されても，改善は進まなかった。「訴訟進行管理事務」に力を入れようとしても，法的根拠がないばかりに，弁護士に照会すれば「何の権限に基づくのか」と相手にされないことも多く，積極的な取組に至らない面もあった(14)。書記官は，自嘲気味に自らを「書き役」と呼ぶ者もいた。

しかし，昭和61年（1986）頃から，弁護士会でも徐々に民事訴訟運営改善の検討が始まり出し，裁判所でも，意欲的な裁判官による運用改善の実践的な試みが進んでいった。書協会報誌上でも，書記官による訴訟進行管理や調書作成に関する実務研究や工夫例の報告などが取

(12)　木川統一郎「書記官による訴訟進行管理事務について（講演）」書協会報100号（昭和62年（1987））76頁は，「女房役として亭主の行動に対して常に意見を言い，監督し，やっていくというのが書記官の仕事でありまして，有能な書記官はとりっこになっているわけです。この書記官は言われたことしかやらない。これは一番悪いタイプであります。」と述べている。「女房役」には，現在では「パートナー（相棒）」の言葉が充てられる。

(13)　「訴訟進行管理」の言葉は，昭和47年（1972）に大塚正夫元裁判官（後東京高等裁判所長官）の発案で，昭和48年（1973）に坂井芳雄書記官研修所長により書記官総合研修の課目に採用されたという（大塚正夫「書記官による訴訟の進行管理について」書協会報72号（昭和55年（1980））2頁）。同長官は，訴訟の進行について，書記官に「陰で主導的な役割を果たして貰うことを願って」「例えて言えば，裁判官はタレントで，書記官はマネージャーのような関係だ」というようなことを考えていたようである。

(14)　山内八郎「訴訟進行管理論の現状と課題」判タ400号（昭和55年（1980））86頁，同「書記官事務と民事訴訟法の改正」法時66巻1号（平成6年（1994））81頁

り上げられ，徐々に問題意識が高まってきた。

3　供述調書作成の技術

そうした動きの中で，私は，昭和63年（1988）7月に前述の「調書技術論」を書いた。それは，書記官が作成する供述調書は「要領調書」であるとして[15]，新任書記官の研修指導用に，争点指向性を高めた要領調書[16]の作成方法をまとめたものだった。職員の大量退職期後の世代交代期であり，大学卒業の新任書記官が大半で，その指導が問題になっていた。

当時の大方の実情として，争点も立証趣旨も明確にしないまま尋問が行われ，書記官は，裁判官との事前の打合せもなく，法廷での供述内容を素早くメモに取り，不明瞭な箇所は記録と対照し，執務時間の多くを供述調書作成に費やしていた。その中で，書記官に要領調書作成の工夫と努力を説いても無理な面があった。

その頃，審理充実の取組をしていた裁判官等の研究報告では，裁判官と書記官の「共同作業」又は「協同作業」の言葉が使われていたが，「調書技術論」では「協働」の言葉を使用した。当時，裁判事務において「システム[17]」とか「情報[18]」とかの言葉を使うことは，非常に少なかったが，本文で，

---

(15)　大審院昭和14年3月17日判決（法律学説判例評論全集28巻民訴290頁）（要旨「調書に証人の陳述を記載するには，その趣旨を害しない程度に要領を記載すれば足りる。」）

(16)　要領調書の定義づけと整理基準に「争点指向性」の言葉を使用したのは「調書技術論」が初めてであり，実務に受け入れられるか心配したが，当然のごとく使用され杞憂に終わった。

(17)　「システム」とは，「複数の要素が有機的に関係し合い，全体としてまとまった機能を発揮している要素の集合体。組織。系統。」（広辞苑）をいう。①全体として目的がある，②二つ以上の要素がある，③各要素に機能・役割がある，④時間的に手順があるものをいう（渡辺茂・須賀雅夫「システム工学とは何か（改訂版）」（昭和55年（1980））32頁）。「モク・ヨウにキテ」と覚える。

(18)　ここで「情報」とは，「判断を下したり行動を起こしたりするために必要な知識」（広辞苑）をいう。

「裁判官とも報告・連絡・相談（この三つを「ホウレンソウ」という。）を密にし，他の書記官とも情報を交換し協働し，円滑な事務処理を図るよう自らを律して行くことも必要」（第２章第１　139頁参照）

と書いた。また，情報の伝達・交換と協働が重要と考えていた(19)。

その「調書技術論」本文の注書きではあったが，裁判手続も「分担と協働による問題解決のシステム」と観念されると書いた。

効率的な司法運営が求められるのであれば，高い学歴と実務処理能力を備えた書記官の有効活用を考えるべきであり，裁判システムの中で，書記官が要領調書作成の工夫と効率化を図り，そこで生じた余力はもっと訴訟進行管理事務の方に力を注ぐべきことを提唱したかった（第２章第１　143頁参照）。

この「調書技術論」は，「供述調書の作成というものを体系化したもの」(20)，「網羅的かつ詳細な検討を施した論考」(21)として，その後の書記官事務の指導面で役立てていただいたようである。

昭和63年（1988）5，6月頃からは，東京地裁の通常部3か部で，プラクティス研究の成果に基づき，裁判官と書記官の共同作業による審理充実方策の研究部が発足していた(22)。

---

(19)　今日では，民事訴訟の場面でも「情報」の言葉が広く使用されるようになった。吉川愼一ほか「情報技術（IT）革命時代の民事裁判実務」判タ1029号（平成12年（2000））56頁は，「情報処理過程としての民事訴訟」を考察し，紛争解決情報の内容と処理，情報処理の協働作業について論じている。畑瑞穂「訴え提起前の情報収集・交換の拡充と審理の充実等」ジュリ1317号特集・新しい時代の民事訴訟法（平成18年（2006））76頁は，「そもそも民事訴訟の審理自体が情報の収集・交換過程そのものである」としている。

(20)　中山弘幸（判事）「供述調書の在り方」書記官169号（平成8年（1996））17頁

(21)　和久田斉（判事）「あるべき供述調書の姿を求めて」判タ1382号（平成25年（2013））20頁以下。なお，本文掲記の「審理充実研究」199，205頁，平成9年度裁判所書記官実務研究報告書「新民事訴訟法における書記官事務の研究（Ⅰ）」（司法協会）223頁，「民事実務講義案Ⅰ（四訂版）」225～227頁等でも，本稿「調書技術論」が参考にされている。

(22)　座談会（東京地裁）「民事訴訟の審理を充実させるための方策」判タ697号（平成元年（1989）7月）4頁，大藤敏「東京地裁における審理充実方策」判タ886号（平成7年（1995））44頁

4　書記官実務原論

書記官は，昔も今も，民事訴訟に関してだけでも裁判部の下支えとして，重要な職務を担っている。その訴訟進行に応じて，電話の応対・連絡，期日の確保，書類の送達・整理，人の呼出等，多種多様な煩雑な事務処理も行っている（1図参照）。

〔1図〕

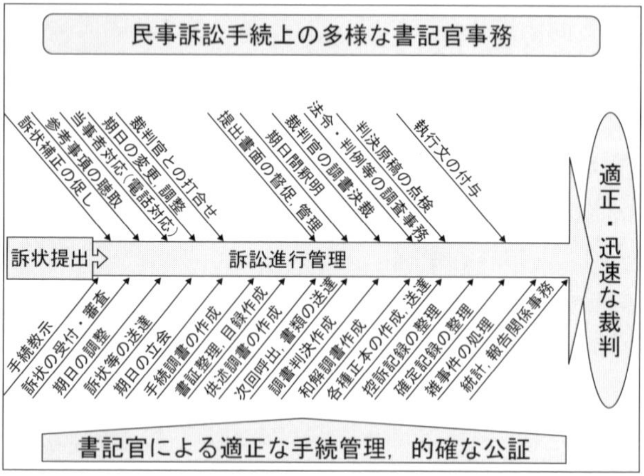

「調書技術論」を書いた後，私は，これからの若手書記官には，仕事を処理する上で何が大切か，どこに留意すべきか，つまりは「仕事の基本」を修得してもらう必要を感じた。若手書記官の人材育成と研修の充実が求められる時期だった。そこで「書記官実務原論　20の眼」（以下「実務原論」という。）をまとめ，これは平成2年（1990）1月発行の書協会報（109号95頁）に掲載された。

そこでは，まず書記官の存在理由として，第一に調書作成等の「公証官的職務」，第二に訴訟進行管理等の「補助官的職務」があるが，国際化，情報化が進み，裁判所に係属する事件が複雑困難化する中で，第二の職務の重要性が増すことが予想されるとした。

その上で書記官の職務の権限と責任の範囲を明確にし，書記官として適正迅速な裁判を実現するための進行管理事務と必要な情報処理術の要諦について考察した。書記官が裁判官の補佐役として活躍するに必要なマネージメントの基礎知識である。

ここで書いた「カ・キ・ク・ケ・コ」の事務管理術などは，その後他の人の講義などで活用させてもらったと聞いたことがある[23]。これは，表現はともかく裁判官，弁護士の仕事にも共通する「裁判実務の要点」でもあると思う。

私は，この「実務原論」で，書記官のマネジメントの必要性を説いた後,「裁判手続＝協働システム」論の中で，書記官が裁判官と協働し，主体的，積極的に活躍すべきことを提唱した。

> 「裁判手続も機能本位に考えれば，適正・迅速な裁判の実現に向けた『分担と協働による手続運営システム』と観念され，このシステムが効率的に運営されるためには，裁判官が訴訟運営の全体的指揮と高度な判断事務に専念できるように，書記官等の他の職員が裁判官と一体となって協働して適切な事務処理が行われるのでなければなりません。」（第２章第２　151頁参照）

私は，その協働の向こうに，書記官という狭い範囲にとどまらない書記官の訴訟への関与と活躍,「あるべき姿」の追求を夢見ていたと思う。

ここでの「協働システム」や「訴訟進行管理事務」の考えは，今日の「協働的訴訟運営」や「審理充実事務」の構想の中に取り込まれている。

後の平成2年（1990）8月になって，審理の運用改善に対し，書記官サイドからも平成元年度書記官実務研究報告書「民事訴訟の審理の充実と書記官の役割」（以下「審理充実研究」という。）が公刊された。

---

(23)　村主隆行（元書記官研修所教官）「これからの書記官に期待すること」会報書記官8号（平成18年（2006））75頁の末尾資料「よい仕事をするために」（佐藤裕義教官メモ）中の「書記官の事務管理のカキクケコ」。「カ・キ・ク・ケ・コ」管理術は，第２章第１・第２で詳述している。

東京地裁の民事部において，実行可能な審理の充実のための具体的な取組と方策案の検討が行われたのが，それである。アンケート結果なども織り込み，日常的な実践を通じて地道な運用改善を図ろうとする工夫と努力の成果だった。ここでは審理充実のカギとして「情報」と「協同」の概念が導入され，審理充実に必要かつ有益な情報を収集して裁判官へ伝達する書記官の補佐的な活動が評価されていた。

5　組織運営の協働

私がその「協同」を「協働」としたのは，「プラクティス研究」でいう裁判所と当事者（代理人）との関係を言うのではなかった。裁判官と書記官との関係，つまり裁判所内部の問題として考えていたからである。「実務原論」を書く頃は，職員研修のため経営管理や組織開発，問題解決技法等の本をいろいろ読んでいた。この時に「組織は協働の場」との言葉に出会い，「協働」の重要性を知って，こう書いた。

> 「訴訟運営システムがその機能性を発揮するためには，これに関与する人々の間に，①共通した目標意識があること，②行動意欲があること，③組織内外に相互に緊密なコミュニケーションが存在することが必要となります。システムを支えるのは，結局は『人間』なのです。組織の中での『仕事』は，自己閉鎖的な系の中で成り立つわけではなく，一定の目的の下，組織内外での活発なコミュニケーションに支えられた，人と人の間の連鎖的な協働活動の中で成り立って行くものです。」（第２章第２　179頁参照）

「実務原論」を書くのに参考とした本の中には，今調べると，占部都美《うらべくによし》著「改訂経営学総論」（昭和60年（1985）・白桃書房）があったと思う。そこには，現代経営学に大きな影響を与えているバーナード(24)の経営管理理論が紹介されていた。

バーナードによれば，組織とは，「2人又はそれ以上の人間の意識的

(24)　アメリカの経営学者C.I.バーナード（1886−1961）

に調整された行動又は諸力のシステム」であり，「公式組織とは，意識的で，計画的で，目的を持つような人々相互間の協働である」とされる。そして，次のように述べられていた。

「組織は，(1)相互に意思を伝達できる人々がおり，(2)それらの人々は行為を貢献しようとする意欲をもって，(3)共通目的の達成をめざすときに，成立する。したがって，組織の要素は，(1)伝達（コミュニケーション），(2)貢献意欲，(3)共通目的である。これらの要素は組織成立にあたって必要にして十分な条件であり，かようなすべての組織にみられるものである。第三の要素すなわち目的は，組織の定義のなかに含まれている。貢献意欲や伝達〔の存在すること〕，これら三要素が一般には相互依存関係にあること，また特定の協働体系をみても，それらが相互に依存していることは，経験され観察されるところである。」[25]

目的なくして協働は生まれず，コミュニケーションがなければ情報の伝達・共有は成り立たない。情報の伝達・共有がなければ協働意欲に結びつかず，成員の能力や知識も活用できない。協働の信頼関係は崩れ，組織は衰退する。彼は，こうしてコミュニケーションの重要性とそのセンターとしての管理職のリーダー・シップの役割を説いている。

この「組織＝協働システム」論は，今日のいろいろな組織経営やモチベーション，チーム・ワークなどを論じる際の当然の基礎知識となっている。

平成2年（1990）1月に「実務原論」が書協会報に掲載された当時，まだ「協働」の言葉は使用されていなかった。この掲載以降，書記官サイドから，裁判官との「共同」又は「協同」の語は，徐々に「協働」に置き換えられ広がっていったと思われる。

---

(25)　C.I.バーナード・山本安次郎「新訳　経営者の役割」（ダイヤモンド社・昭和43年（1968））85頁

6　最高裁判所総務局での勤務

その後，平成2年（1990）8月，私は最高裁判所事務総局総務局に転勤となり，第三課課長補佐を務めることとなった。

総務局は，最高裁判所の中で司法の制度，組織運営のあり方を検討する局であり，総務局第三課は，書記官事務のあり方を考え，その能率化のための各種施策の調査，企画，実施を担当する部署だった。

赴任した直前の7月，法制審議会民事訴訟法部会は，「国民に利用しやすく分かりやすい裁判」を目指し，民事訴訟法の全面的な改正作業に入っていた。

その頃には，裁判官サイドの「プラクティス研究」と書記官サイドの「審理充実研究」を合体させた概要版が事務総局から公刊されていた（平成2年（1990）7月）。

民事訴訟法の改正作業が進む中，総務局第三課でも，それまでの民事訴訟の運用改善の研究協議等の結果を踏まえて，書記官事務の運用改善策や将来的な供述録取態勢の在り方や施策等を検討していく必要があった。立法作業で書記官事務関係の事項は，民事局とともに必要な検討や協議を重ねていった。

平成2年（1990）10月には東西ドイツが統一され，翌年10月にはソ連が崩壊し，大きな時代の転換点であった。また，昭和61年（1986）頃から続いた好景気は「バブル崩壊」と言われ始めていた時期でもあった。

第三課内には「審理充実研究」の研究員1人を含めて強力なメンバーが配置され，その書記官の「審理充実事務」の支援策とともに，将来的な供述録取態勢の在り方と今後の施策の調査・検討が行われた。

広がりをみせる審理充実事務については，全国各庁の実情報告，協議結果等に基づき論点整理の資料作りが行われた。

それまでの多くの審理充実と促進策を工夫する研究結果では，要約すれば，基本的に次のような骨格の訴訟運営の姿が浮かんでいた。

① 審理の充実・促進のために，裁判官は，早期に紛争の実態を把握し，事件を振り分け（初回期日で欠席判決か，和解可能か，判決必至の事案か），争訟性の高い事件について争点を絞り込み集中的な証拠調べを実施し，事件に応じてより適切な紛争解決（判決，和解等）を図る。

② 書記官は，紛争の実態と事件の振分けのための情報収集をし，裁判官と事案及び争点について情報の共有，認識の共通化を図り，訴訟運営に積極的に参画していく。

③ 書記官による情報収集と争点中心の審理の実現により，争点指向性に沿った書記官の要領調書の作成も容易になる。

一番の目的は，訴訟審理期日における争点指向の弁論の活性化と充実化，これによる裁判の迅速化だった。

この頃になると，「審理充実研究」の結果をベースに，全国的に審理の充実・促進と要領調書作成に関心が高まり，庁ごとに協議が行われ，実施要領が作成されていった。

全国の実施結果の報告や協議の結果を整理すれば，裁判官と書記官との間における①意識差の解消と相互の協力意識の醸成，②事件進行上のコミュニケーションの充実策など，問題点と改善策が挙がっていた。「訴訟審理も裁判官と書記官の協働作業である」との意識は，徐々に芽生えていった。

私は，第三課でまとめた論点整理の資料中の「共同的」又は「協同的訴訟運営」の文字を「協働的」又は「協働的訴訟運営」に置き換え，その根拠資料を添えて決裁に上げた。これには他局から異論もなく「協働」の語のままで決裁が下り，この資料は平成3年（1991）夏頃，全国の裁判部の管理者に配布されていった。

そこでは，これまでの研究や協議の結果として，協働が有効に機能するには，裁判官には構成員のチームとしての目的実現を目指したリーダー・シップが，書記官には審理への参画と協働の意欲が，裁判官と書記官には緊密なコミュニケーション（情報の収集・伝達，ミーティング）が重要であるとして，その促進策と実現のための環境調整，支援策等が論点として整理されたように記憶している。

民事訴訟法改正の作業が進む中で，平成4年（1992）頃から各地の裁判所では，チームワークを重視した「Nコート」を始め，裁判官と書記官による集中審理，審理充実の取組が一層広まっていった(26)。

平成3年（1991）12月に民事局が作成した「民事訴訟の審理の充実促進に関する協議要録」（民事裁判資料196号）中の「民事訴訟の運営改善に関する文献目録」には，学者や裁判官，弁護士等の多数の著作文献の中に，唯一書記官単独著作の「実務原論」が掲載されていた。軽い表現の「かきくけこ」提案（後述）を思うと気恥ずかしい思いがしたが，嬉しくもあった。書記官の立場から裁判官との「協働」とか「情報」とか述べている所に目が止まったのだろうか。平成10年（1998）頃まで毎年のように開かれた民事訴訟運営協議の資料に，その参考文献の一つとして掲載された(27)。

平成元年（1989）当時は，まだ訴訟運営に対し裁判官が経営学の観点から組織マネジメントや情報を研究した論考はなかった(28)。それまでの伝統的な裁判官像は，公平・中立の立場を厳守し，ポーカーフェイスを維持し，積極的なマネジメントはしないのがよしと観念され

(26)　井垣敏生「民事集中審理について」判タ798号（平成5年（1993））6頁，西口元（大阪地裁）・書記官太田朝陽・河野一郎「チームワークによる汎用的運営を目指して(1)～(5)」（判タ846，847，849，851，858号（平成6年（1994））），西口元「民事訴訟法改正と書記官事務－Nコートにおける書記官の活躍」書協会報139号（平成9年（1997））25頁等

(27)　「民事裁判資料」の平成3年196号，平成4年201号，平成6年207号，平成6年208号，平成8年210号，平成9年214号，平成10年221号の各号に，民事訴訟の運用改善関係又は民事訴訟手続の改正関係の「文献目録」が掲載されている。「実務原論」は，「民事訴訟の運用改善」の「審理」の項にある。

(28)　古閑裕二「新民事訴訟法による訴訟運営と集中審理（中）」判タ955号（平成10年（1998））46頁の注（41）

ていたようである[29]。ところが，1990年代（平成2）前後から，アメリカの管理者的裁判官論や西ドイツの協同主義など裁判官の訴訟マネジメント論が日本に紹介され出していた[30]。伊藤博裁判官の「民事弁論の基礎技術」が公刊され，「協働」や「情報」が取り上げられたのは平成4年（1992）以降になってからである[31]。この著作で参考文献として挙がっている著書は，その名こそ挙げられていないが，組織における「協働」の考え方やその表現は，バーナードの経営管理論を下敷きにして書かれたものだった。前述のバーナードの組織成立の3要素は，経営論では既に知れ渡っていた一般的な知識であった。

7　新民事訴訟法の成立と「協働」の取組

私が平成6年（1994）4月に最高裁判所から他庁へ転勤した後，平成8年（1996）3月に裁判官サイドによる司法研究報告書（48輯1号）「民事訴訟の新しい審理方法に関する研究」（以下「新しい審理方法」という。）が刊行された。そして，同年6月には新民事訴訟法が成立した。

新民事訴訟法は，第一審の審理の充実促進のため，訴訟に①争点中心，②情報の収集，③手続の集中，④協働的訴訟運営を求めるものだった（2図参照）。

(29)　前掲脚注(7)の藤原弘道「弁論主義は黄昏か」司法研修所論集1993－1（平成5年）・22頁，加藤新太郎「リーガル・コミュニケーション」（弘文堂・平成14年（2002））160頁

(30)　加藤新太郎「協働的訴訟運営とマネジメント」原井龍一郎先生古稀祝賀『改革期の民事手続法』（法律文化社・平成12年（2000））155頁，同「民事訴訟における協働とマネジメント」書記官177号（平成10年（1998））36頁

(31)　司法研修所論集1991－Ⅱ，86号1～22頁。参考文献として伊丹敬之・加護野忠男「ゼミナール経営学入門」が挙げられているが，同著はバーナードの経営管理論を下敷きにして書かれている。

なお，同「チーム法務における協働マネジメントの基礎技術」判時1604号（平成9年（1997））では，チームづくりのマネジメントとコミュニケーションの活性化策の中で，弁護士事務所のチームのほか，裁判官と裁判所書記官とのチームのあり方についても触れられている。

〔2図〕

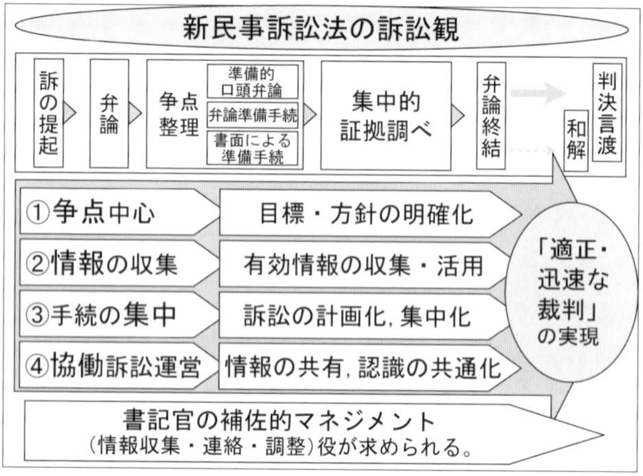

それまでの実務の運用改善策と実績を認知する形で，①争点整理手続の整備，②証拠収集手続の拡充が図られ，③少額訴訟手続が創設され，④技術的な面の手当（ＯＡ機器活用）等の改革が図られることとなった。

その法制定前の平成8年（1996）3月には，新民事訴訟法成立後を見据えて，人事局「参事官室提言」が発表された。そこでは「将来の書記官事務の在り方」について，「将来とも要領調書の作成を中心とする公証官としての役割を基本としつつ，民事，刑事，家事，少年のいずれの分野においても，裁判官との密接な連携のもと，当事者等との接触を通じて訴訟の進行に必要なさまざまな情報を収集管理し，訴訟等の円滑な進行を支えるコートマネージャーとしての役割を拡大する必要がある。」との方針が示された。

この方針に基づき，同年4月から，モデル実験部において供述調書作成事務の軽減化に向けた録音反訳の外注化が開始された。各庁では新民事訴訟法下の新しい集中審理方式を目指し，また書記官のコートマネージャー的役割を念頭に入れつつ，書記官による審理充実事務や要領調書の効率化を目指す協働的訴訟運営の取組が始まっていった[32]。

私は，平成8年（1996）3月から書研（旧裁判所書記官研修所の略称，現在の裁判所職員総合研修所）教官として研修部教官室に転勤となり，新民事訴訟法施行（平成10年（1998）1月）後を見据えて策定された職員研修体系のカリキュラム編成と教科内容の策定に関与した。

新民事訴訟法により書記官の権限が拡張される一方で，供述記録の作成に関与していた速記官は，速記機器の確保難等の理由から平成10年（1998）に新規養成停止となった。組織的に重い取組の転換だった。

これに伴い人事制度も大幅に改変されることとなり，研修体系と研修内容の改訂が必要とされた。前年11月23日にはパソコンＯＳのWindows95が発売され，インターネット時代の幕開けと言われた。ビジュアルな資料作りも可能になり，情報活用，コミュニケーション，文書作成等の強力なツールになっていった。正にIT（情報技術）による事務変革時代の幕開けだった。

裁判官と書記官の協働態勢を確立していくためには，意識改革と能力開発，今後の人材育成のための研修態勢の整備が求められていた。その頃，議論のたたき台にと，個人的見解ではあったが，拙稿「新しい時代の裁判所職員像を求めて」[33]を書いた（第５章第４参照）。

その内容を要約すれば，これからは，裁判所の職員一人一人が仕事に主体的に取り組み，豊かな人間性と倫理性を備え，協働性，創造性を発揮することが望まれるとし，裁判体の運営では，①共通目標が明

(32)　「福岡地方裁判所本庁民事部における要領調書充実方策の試行について」書記官169号（平成8年（1996））33頁，「裁判部からのレポート－実験部は今－」（広島・仙台地方裁判所民事モデル実験部における取組）書協会報140号（平成9年（1997））127頁以下，京都シミュレーション新民事訴訟法研究会「新しい民事訴訟と争点整理手続（総括）」判タ984号（平成10年（1998））23頁，稲田龍樹・櫻林正己「争点及び証拠の整理手続における裁判官と書記官の協働について（名古屋地方裁判所）」判タ989号（平成11年（1999））30頁，「新民事訴訟法下における裁判官と書記官の協働作業について（大阪地方裁判所）」判タ1007号（平成11年（1999））88頁等

(33)　書記官169号（平成8年（1996）11月）23頁

確にされ，②メンバーに協働意欲（貢献意欲）があり，③コミュニケーションが活発に行われること，そのためには④職場のOJT，OffJT等の推進が必要であり，そこで構成員の能力，士気が高まり，一層の「協働」作業の活性化が図られることが求められるとの趣旨だった。

「協働」意識の醸成と実務態勢の改善が民事訴訟審理の充実・促進の大前提だった。

平成8年（1996）から平成11年（1999）頃にかけての各庁での集中審理と審理充実事務の取組状況は，判例タイムズ等の法律雑誌にも多数取り上げられていた。

大阪での書記官の取組では，「今，自分は何のため，どの手続のために何の仕事をしているのかが具体的に認識できるし，仕事に対してのやり甲斐とか楽しさ，面白さというものが感じられるのだと思います」，「取り入れられるものを無理せず少しずつ取り入れるというのがスタンスです。それは，『普通の書記官が，普通に取り組むことによって，継続していける』というのが最強の審理充実事務だと思うからです」などと，前向きな感想が寄せられていた(34)。

名古屋でも新民事訴訟法施行前後に，裁判官と書記官の協働について模索する取組が行われ，「裁判官と書記官の協働はいかにあるべきか」が討議されている(35)。

平成11年（1999）には，外部の大学研究者により関東地方の3個所の裁判所の書記官等から聴き取りが実施されたが，その調査結果でも肯定的な意見が多く，「負担だがやり甲斐も大きい」という感想が紹介されている(36)。

---

(34)　大阪地裁民事集中審理勉強会報告3「集中審理の実施のために」判タ922号（平成9年（1997））63頁以下，同報告5「集中審理と書記官」判タ939号（平成9年（1997））42頁以下（書記官の実践報告が掲載されている。）

(35)　黒瀬久忠「新民事訴訟法による書記官の役割の変化」判タ950号（平成9年（1997））52頁，「特集名古屋地裁における集中証拠調べ」判タ989号（平成11年（1999））34頁以下（実践報告と裁判官・書記官の感想等が掲載されている。）

(36)　前田智彦「民事司法における裁判補助の法社会学的考察㈠」法学協会雑誌123巻2号（平成18年（2006））123頁以下

こうした全国的な取組状況を受けて，裁判所書記官研修所（後の裁判所職員総合研修所）でも，「争点中心型審理における書記官の役割」，「争点整理手続の充実に向けた裁判官と書記官の協働の在り方」等のテーマで討議研究が行われた(37)。

この時期の書協会報や法律雑誌等には，争点整理・集中証拠調べに携わる裁判官の意気込みと協働への取組，書記官の感想や事務のノウハウ，工夫例等があふれていた。

8　新民事訴訟法施行後の書記官事務

書記官の権限については，昭和50年代以降になって，徐々に拡大されてきた。その権限と役割が大きく変わったのは，平成8年（1996）成立の新民事訴訟法の制定だった。

(1)　新しい権限

新民事訴訟法では，どこがどのように変わったのか。書記官に何が求められるようになったのかを概観してみよう。

新民事訴訟法により，書記官の権限に関しては，書記官が訴訟手続に参画し，コートマネージャーとしての役割が果たせるように，権限規定が明確にされた。

従来書記官により行われていたことではあるが，①訴状等の提出書類の審査・補正の促し（民訴規56），②初回期日前の参考情報（当事者の人的関係，事件の背景事情，経緯等）の収集（民訴規61），③手続進行に関する連絡・調整及び不明瞭部分の釈明（民訴規63①）等の法的根拠が明確にされ，相当とされる理由付けが整備された。これらの新しい職務は「審理充実事務」といわれる。

書記官は，こうした情報収集活動の中で，訴訟進行に必要な場の設営，進行に必要な期日，人，書面，情報，手続進行を適切に準備・調整する役割（コーディネーター）を担うこととなった。

---

(37)　書研所報49号（平成14年（2002）），総研所報7号（平成21年（2009））38頁，55頁等

こうした「情報」を核とした「審理充実事務」と手続進行促進の「進行管理事務」は，わかりやすく言えば期日の確保と充実を目的とした「段取りと調整」の作業である。

以上は書記官が裁判官と協働して行う職務であるが，固有の職務権限として，新民事訴訟法により，従来の調書作成等の職務に加え，新たに公示送達の許否（民訴法110），嘱託手続（民訴規31②），訴訟費用額確定処分（民訴法71），支払督促・仮執行宣言の発付（民訴法382・391）等が規定され，職務権限が拡張された（3図参照）[38]。

〔3図〕

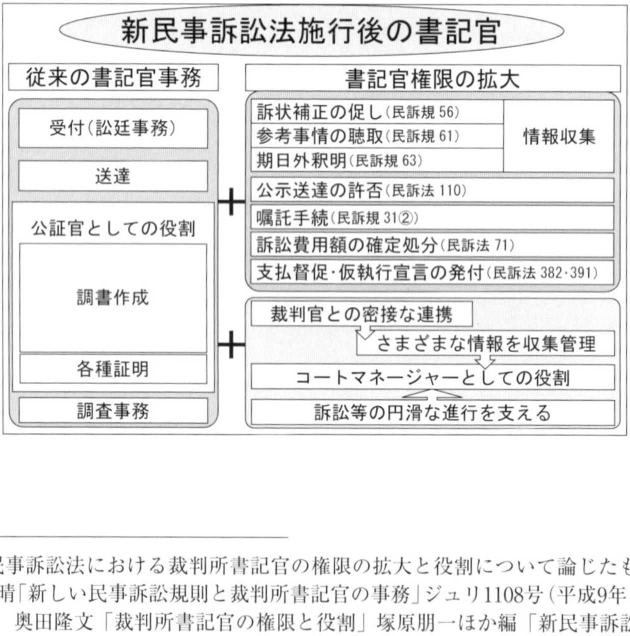

(38)　新民事訴訟法における裁判所書記官の権限の拡大と役割について論じたものとして，林道晴「新しい民事訴訟規則と裁判所書記官の事務」ジュリ1108号（平成9年（1997））9頁以下，奥田隆文「裁判所書記官の権限と役割」塚原朋一ほか編「新民事訴訟法の理論と実務（上）」（ぎょうせい・平成9年（1997））307頁以下，木村元昭「裁判所書記官の地位と職務」新民事訴訟法大系第1巻（青林書院・平成9年（1997））351頁以下，春日偉知郎「新民事訴訟法の概要について」書研所報43号（書研・平成10年（1998））1頁以下，上北武男「新民事訴訟法のもとでの裁判所書記官の役割」同志社法学49巻5号（平成10年（1998））14頁以下，太田朝陽「裁判所書記官の職務」現代裁判法大系13（新日本法規出版・平成10年（1998））69頁以下，石井浩「新民事訴訟法における裁判所書記官」講座新民事訴訟法Ⅰ（平成10年（1998））69頁以下

(2)　新しい役割

こうした改正により，書記官は，従来の①裁判の公証機能に加えて，②裁判所の対外窓口機能，③訴訟運営の進行役機能，④独立の支払督促等の司法補助官的な機能等を有するに至ったと考えられている（4図参照）。

〔4図〕

書記官の４大機能	
①裁判の公証機能	書類の作成・記録の保管 各種証明書の交付 調書判決
②裁判所の対外窓口機能	受付（訟廷事務），手続の教示 参考事項の聴取 嘱託手続 判決起案（裁判書）の点検
③訴訟運営の進行役機能	期日進行の連絡，準備調整 期日外釈明（審理充実事務） 書類等の送達，公示送達の許否 判例法令等の調査事務
④司法補助官的機能	支払督促・仮執行宣言の発付 民事執行，非訟手続等の処理

新民事訴訟法施行後の書記官の職務では，①的確な記録の作成・保管の公証事務（裁60②③）を基本職務としつつ，他方で②裁判官との密接な連携・協働を取りつつ，③主体的，積極的に情報の収集・伝達・調整等の活動に努め，裁判官と共に④適正・迅速な裁判の実現に貢献することが求められるようになった。

書記官にとって，従前の事務は「行われた結果の公証中心（過去指向型）」で，どちらかといえば受け身的・機械的な訴訟関与であったが，新たに付加された事務では，「これから行われる手続の進行形成（未来指向型）」に向け，主体的・能動的な訴訟関与が求められる場面が多くなった。公証職務の権限では独立的な意識も必要であるが，手続の進行形成に関しては協働的意識が必要であり，意識の変革が求められるようになった（5図参照）。

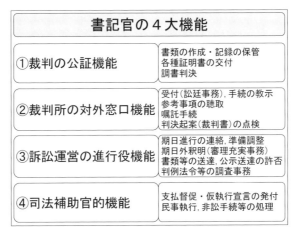

〔5図〕

書記官の職務の拡張

基本となる書記官事務	拡大した書記官事務
手続の公証中心	手続進行への参画
記録作成中心の受働的行為	手続進行中心の目的的行為
行われた結果の認証（過去指向型）	行う手続の進行形成（未来指向型）
受け身的･機械的な判断	主体的･能動的な判断
独立的意識	協働的意識
静的な部分的･点的管理	動的な全体的･線的管理

(3)　求められるスキル

新民事訴訟法施行後，書記官に求められるスキル（能力）はどのようなものか。

大まかにいえば，次のようなスキルが求められる（6図参照）。

〔6図〕

書記官に求められるスキル

専門知識	法律知識，法的思考力と的確な判断力
記録作成	ポイントを得た記録．文章作成スキル
進行管理	主体的，積極的な事件の進行管理スキル
対外折衝	適切な接遇，交渉力，情報収集スキル
対内協働	協働的な問題解決スキル，チームワーク力
情報処理	情報処理リテラシー（情報処理機器活用スキル）

つまり，上記のような職務遂行に必要な能力要件として，基本的に，法律知識と法的思考力が，また，コミュニケーション能力や文書作成能力，情報収集力や問題解決能力，マネージメント能力，パソコン活用の情報処理リテラシーなどが求められよう。

以上は，平成10年代に書記官研修用に自分なりに考えたものである。

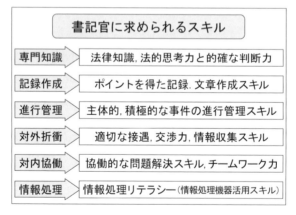

ところが，その後，法規の改正や争点中心の集中証拠調べ等による逐語調書の需要増大と録音反訳の導入効果等により，供述調書作成事務の分野では，書記官の調書作成の負担は大幅に減ったという(39)。逆に権限や役割の拡大に伴い，別の仕事が増えたようである。

しかし，その仕事の内容や割合が大きく変わっても，裁判部を支える書記官に求められるスキルは，書記官である限り，今日でも基本的に大きくは変わっていない。

9　「協働的訴訟運営」の取組

私は，平成11年（1999）に書記官職を離れ簡易裁判所判事に転官し書記官事務を離れたので，その後の書記官事務の詳しい実情は分からない。しかし，折に触れて見聞するところによれば，新しい法制度の下でも，裁判所の実務では，裁判官と書記官との「協働」のあり方が追求されてきた。

20世紀の最終年である平成12年（2000）2月には，最高裁判所から「司法制度改革に関する裁判所の基本的な考え方」が示された(40)。司法の現状と問題点と改革の方向性を示すものだった。

同年5月には，部内策として，事務総局から「民事立会部における書記官事務の指針」（以下，「指針」という。）が示され，書記官が裁判官と共に「争点整理」に参画することなどの実験的取組が始められた。

この指針では，「協同的」ではなく「協働的」の文言が使用され，裁判官と書記官による「協働的訴訟運営の構築」を目指す取組となっていた。

(39)　福田剛久ほか「変革期にある書記官事務」書協会報165号（平成16年（2004））7頁，平成25年度書記官実務研究「供述録取事務の実証的研究－録音反訳方式を利用した調書作成事務を中心として－」裁判所職員総合研修所（平成26年（2014））17，107頁等

(40)　最高裁判所「21世紀の司法制度を考える－司法制度改革に関する裁判所の基本的な考え方－」判タ1017号（平成12年（2000））4頁。裁判所のホームページからアクセス可。

書記官の供述調書作成事務は，調書の記載に代わる録音テープ等への記録方式（民訴規68）や録音反訳の導入により大幅に減量された。この頃には，裁判官パソコンと書記官パソコンがＬＡＮ回線で接続され，事件管理システムが利用され，相互情報交換による事務の能率化が図られていった。レイバー（labor）からワーク（work）になったと評した人もいた。情報技術革命時代にふさわしく平成13年（2001）には訴訟書類の横書化も実現された。

「指針」による取組では「争点整理案」の作成などが方策の一つに取り上げられ，裁判官と書記官による熱心な取組が行われていたが，モデル部自体は所期の目的が達成できたとして平成14年（2002）3月に終了した(41)。

その総括結果では，「争点整理案の作成が自己目的化している」，「訴訟運営の充実強化につながっていない」，「裁判官と書記官の協働の在り方が効果的になっていない」などの問題点が指摘されたようである。

その実験的取組は終了しても，前記の「指針」による協働的訴訟運営の取組まで終了したわけではない。

しかし，その終了時期の平成14年（2002）3月には，最高裁判所により「司法制度改革推進計画要綱」が発表され(42)，民事訴訟のみならず，刑事裁判，家裁，簡裁等司法制度全般の機能充実や改革及び刑事裁判への国民参加制度（裁判員裁判）の導入等に向けた取組が始まっていった。

そうした中で，先の「指針」による書記官と裁判官による「協働的訴訟運営構築」の取組は，どうなったのだろうか。その後の「方針」

(41)　星野充広「情報処理作業としての書記官事務と供述録取事務・争点等整理事務について」書記官184号（平成12年（2000））29頁，加藤新太郎「裁判所書記官役割論の形成－裁判所書記官と裁判官の協働のあり方－」判タ1097号（平成14年（2002））12頁，小野剛「一民事裁判官の軌跡」判タ1365号（平成24年（2012））16頁

(42)　司法制度改革審議会意見（平成13年（2001）6月12日）の趣旨にのっとった計画要綱（「首相官邸」のホームページから取得）

の取組は必ずしも明らかでない。

平成24年（2012）からは「書記官事務の整理」の取組が行われている(43)。この取組は，担当者によれば，「あるべき書記官事務の姿を裁判所全体で共有し，裁判手続に真に必要な書記官事務が合理的に遂行される状態を将来にわたって確保することを目的とする」(44)とされている。日常的に「事務の根拠を確認し，目的を見定め，合理的な事務のあり方を検討する」(45)，実務の基本(46)を重視した取組である。

この話を聞いて，私個人としては，30年前に書いた「実務原論」における書記官事務管理術の次の一節を思い出していた。

> 「書記官実務にとって大事なことは，①「なぜか？」（根拠の探求），②「どうあるべきか？」（理想の追究），③「どうすべきか？」（効果的な方法の模索）の3点を常に考えていくことだと思います。それを日々の仕事の中で実践することにより，他律的でなく，自律的，能動的に仕事に取り組む姿勢を培うことになります。」（第２章第２ 168頁参照）

ただ，こうした内容は，新人教育の段階から組織人の基本として，研修機関で徹底して教え込まれ育成されるべき内容だと考えていたので，意外な感もした。

---

(43)　戸倉三郎（当時さいたま地方裁判所長，現最高裁判所判事）「書記官に期待すること（講演）」会報書記官40号（平成26年（2014））126頁。「書記官事務の整理」に取り組む必要性と目的，今後の進め方等について詳しい。

(44)　平成29年（2017）「最高裁総務局・人事局・情報政策課との座談会）」中の総務局出席者説明要旨（会報書記官53号（平成29年（2017））48頁），成田晋司（当時最高裁事務総局民事局第一課長）「民事裁判をめぐる諸問題と裁判所書記官」会報書記官53号（平成29年（2017））29頁

(45)　杜下弘記（当時東京地方裁判所判事）「現場の裁判官にとっての書記官・書記官事務（講演）」会報書記官43号（平成27年（2015））182頁。「書記官事務の整理」の具体的な事例を基に基本的思考法について詳しい。

(46)　藤村啓「マイコートー私の実務民事訴訟手続要諦ー」書記官181号（平成11年（1999））3頁は，書記官のコートマネージメントについて，「裁判体の一員として，いかなる法的根拠で，何のために何をするのかを明確にしてコートマネージメントを行わなければならない」として，同様のことを書いている。

しかし，過去10年間の司法制度改革に追われ，脹らんだ組織の役割機能の中では，改めて「基本」を重視した取組が必要になる。「根拠―目的―合理性」の自覚的な思考実践により，今後の協働的訴訟運営等，新たな司法態勢の再構築と充実を考えていかなければならない。

それは確かなことであるが，平成12年（2000）の「民事立会部における書記官事務の指針」で目指した「協働的訴訟運営の構築」とは，どのような関連性，連続性を持つのだろうか。今，その指針に基づいたコートマネージャーは，どのように育っているのだろう。

第2　協働的訴訟運営の構築

1　共同と協同と協働の違い

新民事訴訟法制定の前後には，「共同」，「協同」，「協働」と，いろいろな言葉が使われてきた。

用語の意味を尋ねると，二人以上の者が力を合わせる言葉なら，「共同」でも「協同」でもよさそうである。当時の実務研究報告や協議では，裁判官と書記官との関係では，「共同」又は「協同」の言葉が使われていた。では，「協働」の語は，なぜ使われなかったのか。

国語辞典によれば，協働とは「二人以上の者が協力して働くこと」を意味する。英語ではcooperateであるが，日本語では，漢字の当てはめで微妙な使い分けがされている。

「共同」は同じような立場にある者が一緒に行うという意味で，「共同会見」，「共同訴訟」などのように使われる。「協同」も「協働」も一定の目的に向けて二人以上の者が協力するという意味合いで使われるが，「協同」は「協同組合」と言うように，同じ役割，立場の者が協力するというニュアンスがある。

一方，「協働」という言葉は，異なる資格，役割，立場の者が，より大きな目的に向けて一緒に協力するという意味を込めて使われることが多いようである。「協働」の言葉自体は，昭和11年（1936）発行の鈴木利貞編「学生と教養」中の倉田百三執筆「教養と倫理学」中にも出ている（日本国語大辞典第4巻）。新しい造語でもないが，当時は，掲載されていない国語辞典もあり，「協働」の言葉はほとんど使用されていなかった。

「プラクティス研究」は，裁判所と当事者（代理人）との関係で「協同」の語を使い，「協同的訴訟運営」の必要を唱えていたが，前述の国語辞典の意味合いからすれば，立場の異なる者同士の協力であり，「協働」の語の方でよさそうに思える。

新民事訴訟法が成立した頃，書記官等に対する研修あるいは講話の機会に，書記官等から「協働」と「協同」の違いについて質問があった。平成8年（1996）6月の研修で人事局審査官が講話「これからの裁判所職員」の中で，他職種との「協働」の重要性と実現の要件などを説いていたが(47)，他方，同年3月刊行の前記司法研究報告書「新しい審理方法」には「協同的訴訟運営」の語が使われていたからである。

平成9年（1997）の民事局第二課長による民事訴訟規則の解説「新しい民事訴訟規則と裁判所書記官の事務」においても，書記官は「裁判官と協同して訴訟運営に積極的に関与し，争点中心型の充実した審理の実現に向けた事務処理を心掛けていくことが期待されている」(48)と，「協同」訴訟運営の表現を採っていた。

「協同」であって「協働」とならなかったのはなぜか。当時，民事訴訟法の母国西ドイツで学者を中心に先進的な簡素化法などが制定され，我が国でも頻りに紹介され研究されていたことに関係するようである。そこでは，西独の民事訴訟法改正に対し，社会福祉国家的な観点から「事実資料の収集は当事者のみの責任ではなく，裁判官も事案解明の責任を負う」とする考え方（Kooperationsmaxime）が提唱されていた。

これが日本語の翻訳では「協働主義」と訳され(49)，この考え方に同調しながら前記のドイツ語（Kooperationsmaxime）を「協同主義」と訳している学者もいるが(50)，協働主義の考え方では当事者は裁判官に全て協力する存在になり，当事者の役割分担と自己責任の観点から問題だとする考え方もあった(51)。

---

(47)　大森一寿郎「これからの裁判所職員」書記官169号6頁

(48)　林道晴（当時最高裁事務総局民事局第二課長）「新しい民事訴訟規則と裁判所書記官の事務」ジュリ1108号（平成9年（1997））9頁

(49)　ペーター・ギレス著（小島武司訳）「西独訴訟制度の課題」（中央大学出版部・昭和63年（1988））

(50)　吉野正三郎「ドイツ民事訴訟法の新展開」（晃洋書房・平成3年（1991）），同「民事手続の改革と裁判所書記官の役割」書協会報132号（平成7年（1995））35頁

(51)　井上治典「審理の充実・促進と和解」ジュリ914号（昭和63年（1988））107頁等

「プラクティス研究」では，混同を避ける配慮から「協働」の言葉を避けて「協同」としたということである(52)。ここでの協同主義の発想は，事実と証拠の収集を当事者だけに任せておくのではなく，裁判所も一緒になって事実解明に乗り出し，争点を明らかにした上で争点に合わせて集中証拠調べを実施するという考え方であるが(53)，他の裁判官の中にも，「協働」の語を用いるのは適切でないとする説がある(54)。その一方で，裁判所と当事者との関係では，両者のコミュニケーションを重視した訴訟運営の重要性を考慮し，「協働」の語を使い「協働的訴訟運営」を唱える論者もいる(55)。

現状では用語は統一されていないが，いずれの説も，その法文上の根拠を民事訴訟法2条に置いていることは共通しているようである。

現在でも，裁判所職員総合研修所監修「民事訴訟法講義案」(56)を見ると，裁判所と当事者（代理人）との関係では，一貫して「協同的訴訟運営」の言葉が使用されている。その一方で，裁判所内部の裁判官と書記官の関係では，「民事実務講義案」等を見ると「協働的訴訟運営」の言葉が使用されている。同じ「きょうどうてき訴訟運営」を論じる場合でも，論者により，あるいは使う場面により用字が異なっている。

2　「協働」のいろいろ

そもそも「協働的訴訟運営」の「協働」とは何か。これを改めて考

---

(52)　福田剛久「新民訴の施行に寄せて」書記官176号（平成10年（1998））7頁，同「民事訴訟の現在位置」（日本評論社・平成29年（2017））258頁

(53)　司法研究報告書「民事訴訟の新しい審理方法に関する研究」（平成8年（1996））32頁

(54)　瀬木比呂志「民事訴訟実務と制度の焦点6　裁判官，書記官，当事者のコミュニケーション，民事裁判官の役割」判タ1175号（平成17年（2005））39頁，同「民事訴訟実務・制度要論」（日本評論社・平成27年（2015））80頁

(55)　加藤新太郎「協働的訴訟運営とマネジメント」原井龍一郎先生古稀祝賀『改革期の民事手続法』（法律文化社・平成12年（2000））148頁，同「協働的訴訟運営とは何か」金融・商事判例1055号（平成10年（1998））2頁

(56)　「民事訴訟法講義案（三訂版）」（司法協会・平成28年（2016））20頁

えてみたい。

(1)　判例にみる「協働」

「協働」という言葉は，裁判所の中で，平成元年（1989）以前には使われていなかったのか。

最高裁判所の判例を調べてみると，最高裁第一小法廷昭和61年3月13日判決の中に「協働関係」の語句があった。

県教育委員会が市教育委員会の内申をまたずに県費負担の教職員に対して行った懲戒処分の適否をめぐる紛争での判断だった。

「都道府県教委がその任命権を行使するにあたっては，服務監督者である市町村教委の意見をこれに反映させることとして，両者の協働関係により県費負担教職員に関する人事の適正，円滑を期する趣旨に出たものと解される。」(57)

ここでの「協働関係」とは，控訴人（県側）の主張によれば，次のようなものだった。

「本来，任命権と服務監督権は一体をなすものであり，それが二つの独立した行政機関に分属しているのであるから，任命権を持つ県教委と服務監督権を持ち内申を行う地教委は，一体となって人事にかかる事務を相協力して遂行すべき関係，即ち，協働関係にある。尤も，右のような協働関係にあるからといって，県教委と地教委の関係が対等であるというわけではなく，教職員人事に関する限りは任命権を有する県教委が上位にあることは，任命権の本質－人事行政の最終的権限－から明らかである。」(58)

要約すれば「協働」関係とは，「独立した権限を持った異なる機関であるが，一体となって共通の事務を相協力して遂行すべき関係」をいうとされている。

---

(57)　最高裁第一小法廷昭和61年3月13日判決（民集40巻2号258頁），昭和57（行ツ）78号懲戒処分取消請求事件

(58)　福岡高裁昭和56年11月27日判決（判時1026号30頁）

ここでは異なる組織間の権限をめぐる縦系列の「協働」関係であり，相互の対等性は否定される関係にあるものであった。

(2)　自治体における「協働」

この判例が出た頃，「協働」の言葉は，まだほとんど使われていなかったが，この言葉が盛んに使用され出したのは，行政（国，自治体）と民間（市民等）とが関係する「公私協働」の場面だった(59)。今自治体のホームページには，公的課題の実現のため，市民との「協働」の文字があふれている。

平成10年（1998）3月に特定非営利活動促進法（ＮＰＯ法）が成立し，その後，主に自治体を中心に条例が定められるようになってから，「協働」の語が使われることが多くなったようである(60)。

法律では一般的な「協働」の定義規定を置いたものはないが，早くに「協働」の語を用いたものに，平成15年（2003）成立の「環境の保全のための意欲の増進及び環境教育の推進に関する法律」があった。この法律では，環境保全活動と環境教育を推進するためには「協働取組」が重要だとされ，同法21条で，「協働取組」とは，その目的実現のために「二以上の国民，民間団体等がそれぞれ適切に役割を分担しつつ対等の立場において相互に協力して行う……取組をいう。」と定義されている(61)。

今世紀に入って国の政策文書や自治体の条例には，「協働」の文言を使用したり，その定義づけをしたりするものが非常に多くなっているが，それらの使用例から最大公約数的なところを抽出すれば，①主体の複数性，②公共目的の共有，③相互協力が3要素として挙げられるという(62)。

---

(59)　山田洋「現代行政法における協働と参加」岡田ほか『現代行政法講座Ⅰ現代行政法の基礎理論』（日本評論社・平成28年（2016））334頁

(60)　紙野健二「協働の観念と定義の公法学的検討」名古屋大学法政論集225号4頁

(61)　この法律は，その後平成23年（2016）に全面改正され、題名が「環境教育等による環境保全の取組の促進に関する法律」と改められている。

(62)　前掲・紙野12頁

多くの自治体では，自治体と市民やその活動団体等との関係を定める文書で，「協働」関係推進の基本原則として，①対等，②相互理解，③目的共有，④自主性尊重，⑤公開・透明性，⑥見返りの評価（時限性）の原則等を明らかにしている(63)。論者の中には，「『協働』概念は『パートナーシップ』とほぼ同義」とするものもあり，主体の「自主，対等」が重視されている(64)。

ここでいう「協働」は，バーナードのいう「協働Cooperation」とは異なり，その後アメリカの政治学者ヴィンセント・オストロムが1977年（昭和52）に提唱したCoproductionの概念を基礎としているようである。この英語を直訳すれば「共同の創造（共創）」であるが，これが日本語で「協働」と翻訳され，公私協働の分野に定着したようである(65)。

この分野での「協働」は，複数主体間が自主的に対等の立場に立って共通目的の実現のため協力する共創関係を持つというところに特徴がある。「市民協働のまちづくり」というような目的では，この用語が合っている。

(3)　大学，病院における「協働」

裁判所と同様に同一組織内に多職種を並列的に抱える大学や病院では，どのような関係になるのであろうか。「協働」の言葉は使われているのだろうか。

ア　大学においては，教員と事務職員の関係で大学設置基準（昭31文部省令28）に次のような規定があり，連携と協働の重要性が謳われている。

---

(63)　世古一穂「参加と協働のデザイン」（学芸出版社・平成21年（2009））46頁，（例）愛知県「愛知協働ルールブック2004－ＮＰＯと行政の協働促進に向けて－」，広島市「市民と行政の協働に関する職員用てびき」概要版等

(64)　大久保規子「協働の進展と行政法学の課題」磯部ほか編「行政法の新構想Ⅰ」（有斐閣・平成23年（2011））223頁

(65)　村上則夫「地域における市民協働のあり方に関する基礎的検討」長崎県立大学経済学部論集48巻4号（平成27年（2015））

「第2条の3　大学は，当該大学の教育研究活動等の組織的かつ効果的な運営を図るため，当該大学の教員と事務職員等との適切な役割分担の下で，これらの者の間の連携体制を確保し，これらの者の協働によりその職務が行われるよう留意するものとする。」

イ　病院においては，医師と看護師等との関係で，平成22年（2010）に厚生労働省医政局長通知「医療スタッフの協働・連携によるチーム医療の推進について」（平成22・4・30医政発0430第1号）が発出され，医療スタッフが実施することのできる業務内容について整理された。ここでは，具体的な医療スタッフの協働・連携と施策の必要性について，次のように説明されている。

「実際に各医療機関においてチーム医療の検討を進めるに当たっては，局長通知において示したとおり，まずは当該医療機関における実情（医療スタッフの役割分担の現状や業務量，知識・技能等）を十分に把握し，各業務における管理者及び担当者間においての責任の所在を明確化した上で，安心・安全な医療を提供するために必要な具体的な連携・協力方法を決定し，医療スタッフの協働・連携によるチーム医療を進めることとし，質の高い医療の実現はもとより，快適な職場環境の形成や効率的な業務運営の実施に努められたい。」

これに基づいて平成23年（2011）6月に「チーム医療推進のための基本的な考え方と実践的事例集」(66)が取りまとめられた。ここには次のような表現があって，裁判所の「協働」を考える上でも，重要な示唆を与える。

「チーム医療を推進する目的は、専門職種の積極的な活用、多職種間協働を図ること等により医療の質を高めるとともに、効率的な医療サービスを提供することにある。医療の質的な改善を図るためには、①コミュニケーション、②情報の共有化、③チームマネジメ

(66)　厚生労働省ホームページから入手可能。

ントの3つの視点が重要であり、効率的な医療サービスを提供するためには、①情報の共有、②業務の標準化が必要である。」

以上によれば，「協働」の言葉は，今日，①異なる立場にある複数主体者が，②相互にコミュニケーションを密にして，③共通の目的を実現していくという意味合いで使われていることが理解できる。いずれの協働においても，態様は異なっても，適切な役割分担や連携・協働，コミュニケーション，マネージメントなどが重要な要素とされている(67)。

そうした関係性を結びながら何を目指そうとしているのかが，その組織の重要点と思える。

なお，「協働」と共に「連携」の言葉が出てくるが，一般に「連携」は必要な時に相互に連絡して協力するつながりを持つ意味で使われ，「協働」は，それより広く，共通の目的実現に向けて意識的，継続的に相互に緊密な連絡と協力をする一体的な関係をいう。連携が「線のつながり」なら，協働は「面のつながり」とでもいえようか。ただ，両者はほぼ同じような意味で使われる場合が多い。

3　裁判所の「協働」

(1)　「協働的訴訟運営」における協働

ア　「協働」の目的

では，裁判官と書記官との関係はどのようなものか。

裁判官と書記官の間でいう「協働」は，前述の異なる組織間の縦系列の協働ではない。また，自律的な組織主体の横同士の協働関係でもない。同一組織内の異なる職種間の関係として大学，病院の協働関係

---

(67)　山口裕幸「チームワークの心理学―よりよい集団づくりをめざして―」（サイエンス社・平成20年（2008））は，チームに備わっているべき要素として，①達成すべき明確な目標の共有，②メンバー間の協力と相互依存関係，③各メンバーに果たすべき役割の割り振りがあり，④チーム構成員とそれ以外との境界が明瞭であることの四つを挙げている。

に似ているが，これとも異なる。

これまでの実務の取組を考えると,「協働」関係導入の経緯が分かる。

前述のとおり，民事訴訟の審理の充実促進が最大課題だった。それには，裁判官が早期に事件の実態を把握して争点を整理し，集中審理の計画を立てる必要があった。訴訟関係人から事件の情報収集をして,早期に事案を解明し最適な訴訟進行計画を立てなければならない。しかし，裁判官が1人で処理できることには限界がある(68)。また公平中立の立場上，裁判官が自ら行うことに適しないこともある。そこに書記官が協力し，情報の収集，伝達役を担ってもらえれば，より審理の充実促進がはかどり質の高い判断が期待できる。

書記官は，裁判所の窓口業務を担当して，当事者に最も近い位置にある。事件の進行管理を担当して実績もあり，法廷に立ち会って調書を作成しており，十分その役を果たし得る。書記官の能力と実績に対する信頼と評価があってのことだった。書記官が事案解明の情報収集を担当すれば，争点指向の意識の高まりとともに，争点指向性の高い要領調書の作成も容易になり,事務負担の軽減化にもつながっていく。

こうして裁判官と書記官との「協働的訴訟運営」の構想が導かれた(69)。ここで書記官が裁判官と認識を共通にして訴訟関係人との間

---

(68)　村上正敏ほか「新民事訴訟法下における書記官の役割」判タ934号（平成9年（1997））11頁

(69)　福田剛久「東京地裁の審理充実方策案」ジュリ914号（昭和63年（1988）1月）58頁，佐々木茂美「大阪地裁の審理の充実方策案」同914号64頁，福田剛久，佐々木茂美ら「民事訴訟のプラクティスに関する研究」司法研究報告書40輯1号（昭和63年（1988）12月）212頁以下，篠原勝美ほか「民事訴訟の新しい審理方法に関する研究」司法研究報告書48輯1号（平成8年（1996））39頁，109頁，加藤新太郎「裁判所書記官役割論の基礎」判タ1006号（平成11年（1999））27頁，同「裁判所書記官役割論の形成」判タ1097号（平成14年（2002））12頁，瀬木比呂志「民事訴訟実務・制度要論」日本評論社・平成27年（2015）79頁

で行う情報収集・連絡調整事務は「審理充実事務」と呼ばれる。新民事訴訟法下の民事訴訟規則で明確にされた内容は，前述のとおり，訴状の補正促し（民訴規56），参考事項聴取（民訴規61），期日外釈明（民訴規63）である。

イ　「協働」の性質

その「協働的訴訟運営」は，裁判官をリーダーとする書記官とのチームワークであるが(70)，権限論でいえば，書記官は，訴訟を主宰する裁判官の下で「事案解明行為」に参画して審理充実事務を行い，裁判官の補佐（サポート役）として活動するというものである。

上記の審理充実事務の根拠規定では，いずれも裁判長（裁判官）は「裁判所書記官に命じて行わせることができる」とされている。裁判官と書記官の関係は，裁判官が上司で，書記官は部下の関係になる。公私協働のような「対等」の関係ではない。参加，不参加の「任意」を許す関係でもなく，「職務」として行う権限と責任を伴うものである。

しかし，ここで上下関係を強調する必要はない。実際の活動としては，指示・命令の関係が直接表れるわけではなく，公私協働で重視される「目的の共有」，「互いの立場の尊重」，「役割分担」，「相互理解」などが重要な要素となる。「チームワーク」が基本の活動である。

ウ　書記官事務の内容

審理充実事務については，前述の平成12年（2000）の「指針」では，モデル部の取組(71)として「コートマネージメント事務を含む書記官の審理充実事務」を行うとされた。ここでの二つの事務がどういう関係にあるのか必ずしも明らかでないが(72)，協働態勢の下「書記官が裁判官と一体となって事案解明行為に参画する」ことが大切だとされて

(70)　前掲「民事訴訟の新しい審理方法に関する研究」33頁

(71)　下田文男「訴訟運営の改善と書記官事務（講演）」書協会報151号（平成12年（2000））29頁は，平成10年（1998）当時のモデル部の取組状況を説明している。

(72)　「審理充実研究」の中では，情報を得て「裁判所と訴訟関係者をつなぐ実質的な役割を担って」「訴訟運営を正しい方向に導くために行うべき事務」という程度の説明になっている。この頃は，まだ「コートマネージメント事務」の概念は出ていない。

いる。

管見によれば,「審理充実事務」が主に対外的な情報収集・連絡調整という広がりのある活動であるのに対し,「コートマネージメント事務」は,それに基づき対内的に,裁判官が進める「事案解明」作業に書記官も協働参画して行う事務である。収集した情報から関係性を解析,整理し,当事者双方の主張の対比検討等により,裁判官と共に事案を解明し争点を明らかにして,以降の期日の充実（弁論の活性化）に向けた準備を協働で行っていく一連の事務になる。

「コートマネージメント事務」として,「指針」では,①事案概要メモの作成,②整理書面（争点整理案,主張対比表,陳述対比表,時系列表等）の起案等が挙げられている。これらは裁判官の判断事務というより,それに向けた作業事務であり,協働（補佐活動）の対象となるものである。

このモデル部の取組は,前述のとおり平成14年（2002）3月に終了となったが,その後の「総括」では,整理書面（特に争点整理案）の作成が自己目的化し,書記官の負担感の問題があったことなどが指摘された。

以後は,基本に立ち返った公証事務,堅実な事務処理の重要性が確認され,整理書面等の作成については,裁判官との打合せ等を通じて裁判官のニーズを十分把握した上で,目的と効果,必要性を考えて行われるべきものであり,その取組自体を自己目的化しないことが肝要だとされている(73)。

この「指針」の内容については,「事案概要メモの作成,整理書面（争点整理案,主張対比表,陳述対比表,時系列表等）の起案」等を「事案解明行為への直接的な貢献を意図した事務」として位置づけ,「本来裁判官の職務に属する事項」である旨説明する見解がある。これらの

(73)　平成14,15,16,17年の「最高裁総務局・人事局との座談会」中の総務局担当者説明要旨（書協会報159号7頁,163号8頁,同167号7頁,会報書記官4号8頁）

書面は，書記官が情報収集，進行管理又は公証（調書作成事務）のために作成した「事案概要メモ」などのメモとは異なるともいう(74)。

しかし，「指針」では，「事案解明行為への直接的な貢献を意図した事務」を特に区別しているわけではなく，それらが「本来裁判官の職務に属する事項」とまで言っているわけでもない。

エ　取組のあるべき姿

書記官は，いつの時代でも，「あるべき姿」，「あるべき論」から考えることが多い。この問題はどうか。

簡単な事件で訴状，準備書面等の記載から事件の構造が明らかなものは，これらを利用した簡単なメモ程度のもので，裁判官との共通認識は形成できる。しかし，複雑な事件の場合，書記官が情報収集して裁判官に報告するとともに，次の情報収集に備えるために，普通，得られた双方の主張事実の分析から，人的関係・時系列的な事実の整理，双方の主張事実の対比等をして事案の解明に努め，メモ程度のもの(75)は作成する。必要な法令・判例等必要事項の調査（裁60③）も行う。

事案の解明には，いろいろな角度からの調査，分析，整理，対比等がつきものである。これを基に「目に見える化」，「視覚化」を工夫して図表又は一覧表に書き表せば，一層明確な形で事案の解明と問題点の整理，把握ができ，次のより良い行動につなげていける。

「事案解明」作業への参画は，書記官が自らの「審理充実事務」と「調書作成事務」とを行う上でも必要な作業である。その過程で作成される書記官の整理メモは書記官限りのメモでいいとは言い難く，協働関係では，それを裁判官との共通資料にまで高め，裁判官との「共

(74)　上田正俊「民事立会部における書記官事務の在り方」会報書記官24号（平成22年（2010））74頁以下，小野剛「一民事裁判官の軌跡」判タ1365号（平成24年（2012））16頁

(75)　裁判所書記官実務研究報告書「争点整理を中心とする書記官事務の研究」（平成13年（2001））2頁。同書には，整理書面等の豊富な参考例が掲載されている。

通認識」を深めていくことこそが求められる。

こうした視覚化と資料の共通化により，①裁判官は訴訟関係人との関係で争点の整理と早期絞り込みが一層促進され，②書記官は情報収集，釈明等の審理充実事務，コートマネージャー的役割を的確にこなしていくことができる。また，書記官にとって，③争点指向性を意識した争点整理期日調書や弁論予定事項の調書記載（民訴規67③），供述調書（要領調書）の作成が容易になる効果も得られる。

整理書面等の作成が直ちに「事案解明行為への直接的な貢献を意図した事務」で「本来裁判官の職務に属する事項」とまでは言い切れない。

「協働」は創意工夫の場でもあり，書記官にとって法的な知識と思考力を学ぶ場でもある。この意味では，協働の英訳はCoproduction（共創）を用いた方がよさそうにも思う。どちらがやるべきことだと線引きをしたりすると，協働意欲も減退してしまうし，成果も望めない。

整理書面等の作成が自己目的化し，必要性，有益性の少ない場合にまで無理に作成する必要はないが，書記官の仕事の負担とのバランスを考慮しながら，裁判官と共に「目的」と「効果」を考え(76)，協働の中で「役立つ」工夫をしていくことが望まれる。形の見えないものを探し出し，形に仕上げていく知的作業の創造性，面白さ，やり甲斐を追求していくことも，協働的訴訟運営を考える上で大切な要素である(77)。

(76)　前掲・加藤新太郎「裁判所書記官役割論の形成」20頁は，何をどの程度やるかは，「裁判官との徹底したコミュニケーションによってフレキシブルな役割設定をしていくことこそが望まれる」としている。

(77)　「大阪地方裁判所における新民事訴訟法運用についてのシンポジウム」判タ1007号（平成11年（1999））4頁以下。協働態勢と書記官の争点整理への関与の意義，争点整理表作成のメリット，実践の状況，実務上の問題点等が，裁判官と書記官の間で論議されている。

なお，何をどの程度「共通の書面化」にするかは，裁判官のニーズ等を踏まえて決められるが，個々の裁判官の理想や個性，考え方や訴訟運営方法に大きな差がある場合には，裁判官交替の都度大きな差が生じて混乱してしまうこともある。普通の書記官が通常行うべき事務の内容，その裁判所全体で標準的に行う事務内容を統一し，オプションによりフレキシブルに対応できるような方法が望ましい。それに対応できるのがプロの書記官であり，今後，標準的，安定的，継続的な書記官事務の態勢を整えていくことが望まれる。

(2)　留意点

こうした「協働的訴訟運営」による協働関係とはどのようなものか。チームワークを機能的に行うには，どういう基盤と条件が必要なのだろうか。

これを検討しまとめたものはまだないように思う[78]。「協働」のかけ声だけでは「協働的訴訟運営」の真の協働関係は生まれない。

何が必要か。私が考える重要点は，第1にリーダーシップの発揮，第2に参画意識の高揚，第3に基本職務の認識，第4に共通認識の共有，第5に情報処理の正確性と信頼性，第6に公平中立性の確保，第7にリーダーの協働への働き掛け，の7点である。

これらは昔の体験を基にしたもので，現在の実務の実態とかけ離れ，杞憂にすぎない面があるかもしれないが，今も夢に見る「協働的訴訟運営」の基本論として考え，次のようにまとめておきたい。

第1は，裁判官がリーダーとして共通の目的，目標を明確にすること。

裁判官は，訴訟手続の主宰者でありリーダー（要）であるから，裁判官として紛争解決の目的や訴訟審理の方針等，どのようにして訴訟

(78)　裁判官と書記官の協働について，訴訟の流れに沿って意義，留意点，工夫等を扱ったものとして，京都地方裁判所「新民事訴訟法に関するパネルディスカッション―新法下における裁判官と書記官の協働関係」書協会報148号（平成11年（1999））67頁，瀬木比呂志「口頭弁論充実型訴訟運営と立法論としての民事特別訴訟の可能性」判タ1053号（平成13年（2001））44頁等がある。

運営をしたいのかを明らかにしなければならない[79]。「何を，どうしてほしいのか」，「どこまでやるのか」，補佐（サポート）すべき内容を書記官に明確しないと混乱してしまう。役に立たないムダな仕事，すれ違いの仕事が増えては，不満は高まり運営能率も下がってしまう[80]。そうかといって，裁判官が管理者的マネージャーとして，方針案や計画等について一方的に伝達したり書面を配付したりしても，十分な機能は望み得ない。書記官の意見を聴きつつ対話的に進め，その理解と納得が得られるように伝えることが肝要になる[81]。

これからの裁判官には，平成時代前とは大違いで，法律知識や論理的判断力，法廷の訴訟指揮だけでなく，訴訟運営のマネージメントとして，コミュニケーション（意思疎通）やファシリテーション（合意形成），チームビルディング（目標達成のチーム構成力）のスキルなどがより多く求められる時代になったと考えなければならない[82]。

第2は，書記官は主体的，積極的に参画すること。

書記官の活動は，補佐だからといっても下請けではない。裁判官の

(79)　伊藤博「チーム法務における協働マネジメントの基礎技術」判時1604号（平成9年（1997））12頁

(80)　藤村啓（当時那覇地方裁判所長）「民事裁判の在り方－裁判の充実のために，再び「裁判官と書記官の協働作業」を考える（講演）」会報書記官6号（平成18年（2006））3頁。裁判官が考えるべきこと，書記官が行うべきこと等についての要点が書かれている。

(81)　最高裁判所事務総局「民事訴訟の審理の充実促進に関する執務資料」（平成4年（1992）民事裁判資料201号）62頁以下。ここでの首席書記官らの率直な発言は，裁判官が協働的訴訟運営を行う場合の留意点となる。なお，櫻林正己（裁判官）「ＬＡＮを使用した裁判官と書記官の協働」は，モデル部取組時の意識的な配慮点として，①コストパフォーマンス（費用対効果）の重視，②人材中心の裁判所の職場の中で，書記官が力をつけていく場をどう作り上げていくかという観点の重視，③他の訴訟指揮の勝れた点を積極的に取り入れること，④陳述書よりも裁判官の面前の反論権を尊重するなど，当事者，訴訟代理人の立場に配慮すること等を挙げている（書記官177号（平成10年（1998））18頁）。

(82)　國井恒志「裁判員裁判における評議の現状と課題－裁判員と裁判官の実質的協働を実現するための提言－」木谷明編『裁判所は何を判断するか』岩波書店（平成29年（2017））204頁，瀬木比呂志「民事訴訟実務と制度の焦点6　裁判官，書記官，当事者のコミュニケーション，民事裁判官の役割」判タ1175号（平成17年（2005））38頁以下参照。

パートナー（相棒）として，まず裁判官の訴訟に対する考え方や審理方針をよく理解する。その上で，指示待ち人間にならずに，自発的に事件進行上の問題（課題）を発見し，自ら考え積極的に審理過程に参画していくことが求められる。

昔，上司から「2ランク上の立場になって物事を考えよ」と教えられたことがある。自分を高い次元に上げげて，拠るべき根拠を押さえ，あるべき姿を考え，「この先」を読んで，問題（課題）を適正に処理する。書記官には仕事上の問題の発見・解決力が求められている。

この事件の，この書面の，どこに問題があるのか。誰から，どのような情報を，いつまでに求めたらよいのか。それは何故必要か。必要度，有益度，効果はどれほどか。それによって何が分かるのか，解決に結びつくのか。

自分の頭で考えて，行動を起こす前に裁判官と「協議」，「相談」等コミュニケーションを密にすれば，「何をどうすべきか」，自分の役割と行動の姿は見えてくる。先々を予測した「計画的審理」（民訴法147の2）の訴訟進行を下支えするのは書記官である。「計画」は意思であり，自分の意見を持って臨めば，事件に向き合う姿勢も違ってくる。

「チームワークのためには役割遂行とコミュニケーション，この二つが不可欠」(83)である。

管見によれば，事件の「進行管理事務」は，準備書面等の提出督促，期日の指定，変更等のスケジュール管理等による「事件進行促進」の活動をいい，「審理充実事務」は，裁判官の争点整理等に役立つ，外部からの情報収集等による「審理充実」に向けた活動をいう。

準備書面の提出督促・管理は，新民事訴訟法が目指した期日の口頭弁論の活性化と争点整理手続の充実に目的があり，そこを意識して取り組まなければならない。

---

(83)　国分康孝「チームワークの心理学」講談社現代新書（昭和60年（1985））21頁

第3は，「書記官の基本は公証官である」との立ち位置を忘れないこと。

この「協働的訴訟運営」における審理充実事務は，裁判官が自らの専門性に専念できるように補佐する事務である。参事官提言において，書記官に「コートマネージャーとしての役割を拡大する」方針が示されたが，「将来とも要領調書の作成を中心とする公証官としての役割を基本としつつ」行うということが大前提になっている。書記官には，①固有の職務である「公証事務」を基本としつつ，②適切な事件の「進行管理事務」により，訴訟審理の充実・促進に向けた「審理充実事務(コートマネージメント事務)」を担うことが求められている。

法廷が開かれる場合には，書記官の立会が要求され，法廷で行われた手続内容は調書に記載を要し（裁60②，民訴法160①），その内容は調書の記載のみで証明されるという強い証明力（絶対的証明力（民訴法160③））を有する。上級審といえどもその内容を覆すことができないというものであり，その重要な職務を担っている自覚がなければならない。

審理充実事務による情報収集，連絡調整と争点整理の結果は，そうした調書の記載，争点指向性の高い要領調書の作成をする上でも，大いに役立つものでなければならない。審理充実事務は，公証官としての調書作成事務にも連動している。

正確で争点指向性を高めた調書作成を行うには，裁判官とのコミュニケーション（ミーティング）は期日前に限らず，期日後にも行うのが有用である。期日前には次回期日に予定される内容，準備すべき事項の確認等の関係で，期日後には調書に記載すべき弁論内容等の確認と整理の関係で行うことになる。基本は公証官であることの自覚の下，そうした密なる協働関係の形成が，仕事を円滑にし，間違いを少なくするコツにもなる。

裁判官と書記官の職務分担の基本的認識を疎かにすると，成り立つべき「協働的訴訟運営」が成り立たなくなる。

裁判所として適正迅速な裁判，質の高い司法サービスを国民に提供するという大きな目的の下，裁判官と共に，また他の職員と一体となって協働していくことが期待されている。

第4は，個別の事件についての共通認識を持つこと。

書記官が事案解明のため情報収集等の役割を担うためには，裁判官と個別の事件についての共通認識を持つことが不可欠である。事案の概要や請求にかかる要件事実，争点や審理計画，最終的な見込み（着地点，落ち着き所の予測）等について，常に認識を共通にする。事件を一致した眼で見つめる。

民事訴訟では，当事者が提出する紛争情報から，「要件事実という法的概念を用いて，当該紛争の法的解決に最適な生活関係を抽出して認識する作業が行われる」，したがって「要件事実という認識のフィルター・レンズは，不断に研磨される必要がある」(84)。

書記官も，法律職のプロとして法的知識を基に，事件の内容を理解し，訴訟の進行状況を把握し，裁判官と同じ目線で事件を見るのでなければ，有効適切な情報収集・伝達活動も，事件の進行管理もできない。「認識の共有」は，書記官が「情報のキーステーション」と言われる前提である(85)。事件に関する「事前の協議・打合せ」（ミーティング）によって「認識を共通」にし，「対外的な聴取・伝達（情報収集・伝達）」→結果の「報告」→再度の「協議・打合せ」等へとサイクルを重ね，よく言われるホウレンソウ（報告・連絡・相談）を密に行う。口頭報告で済ませるべきは口頭で済ます。連携と緊密なコミュニケーションがなければ，「協働的」訴訟運営は有効に機能しない。

第5は，情報収集—伝達の処理には正確性，信頼性の確保に努めること。

「情報」を収集するには，どういう観点から，何を目的に何を収集するかが重要である。ここは裁判官との「共通認識」の観点から収集

(84)　伊藤博「民事弁論の基礎技術」司法研修所論集86号1991—Ⅱ（法曹会・平成3年（1991））6頁

(85)　前掲・伊藤博「チーム法務における協働マネジメントの基礎技術」12頁

することになるが，そのやりとりの結果は，口頭で聴いても音声は目に見えず，それでいて個人情報の価値や訴訟の将来を左右する決定因子を内在しているものであり，いい加減な扱いはできない。

書記官の情報収集・伝達の行程をみると，一般に，聴取すべき事項について裁判官と打合せをし，その内容を当事者との間で伝達，聴取をし，その結果を裁判官に報告する。その過程では，伝言ゲームのように表現不足や聞き間違いなどが入り込む危険が伴いがちである。書記官の側で理解力や情報捕捉力が不足すると，正確な情報が裁判官に伝わらなくなってしまう。書記官が主観を交えて伝達・報告すれば，裁判官の間違った判断を誘発することにもなる。

期日外で書記官が情報収集や釈明等を行い裁判官に伝達する権限の行使とその影響力の可能性については，厳しい見方もある[86]。裁判官との緊密な連携と認識の共通を図り，客観的で正確な情報の把握に努め，速やかに裁判官に報告することを心掛けなければならない。

情報理論によれば，判断（意思決定）に有益な情報の要件は，①目的適合性，②正確性，③信頼性，④適時性の四つだと言われている。裁判官との間のみならず，当事者（代理人）との間でも，書記官がこうした点に留意して情報の収集・伝達，連絡調整をしていること，これに対する信頼があることこそが，審理充実事務の基盤になる。

「担当書記官は，いわば裁判所を代表して当事者等と接触することになり，その対応の仕方によって，裁判所を利用する当事者等の満足度がかわってくることに留意したい。」[87]。

第6は，公平中立な立場にあることを自覚すること。

今日の高度情報化社会の中にあって，人々は自己に有利な情報を求

(86)　西野喜一「事実認定と裁判所書記官」判タ881号（平成7年（1995））6頁，同「書記官権限の拡大」ジュリ1098号（平成8年（1996））104頁，同「司法過程の中の裁判所書記官」法政理論35巻3号（平成15年（2003））121頁以下

(87)　前掲・伊藤博「チーム法務における協働マネジメントの基礎技術」13頁

め，互いに自己の権利と利益の確保に敏感になっている。裁判所が相手とするのは相対立する当事者である。裁判所に向けられる国民の眼も厳しくなっている(88)。こうした裁判所利用者に対し，書記官は自らの立ち位置を肝に銘じておかないと，ときに当事者の誤解を生じたり，不信をかったりする。

窓口対応と情報収集の役割を担うには，①自らの立ち位置の状況認識力，②相手との関係構築力，③目的とする情報収集力が求められ，④当事者との円滑なコミュニケーション力も重要になる。また，裁判所の中立・公平性の見地から，⑤丁寧なサービスと手続教示，対応にも限度があることも知らなければならない。

横柄な口調，ぞんざいな対応だったり，議論になり説得しようと強い調子で話したりするようなことがあれば，反発を招いて書記官の信頼を減じ，ひいては裁判所のイメージを損ねてしまうことにもなりかねない。適切な当事者対応が大切である(89)。

堅実な事務処理を行うとともに，自分が公平だと思う以上に，相手に公平にやっていると思ってもらえる言動かどうかに留意することも大切である。

第7は，チームリーダーは「協働」への働き掛けを忘れないこと。

「協働的訴訟運営」では，書記官の「協働（貢献)」への意欲，やる気に依存する。

書記官の「やる気」，「やり甲斐」を，協働の「やり方」を工夫する中に組み込み，この「三本の『や』」が機能するように考える。それがなければ協働のエンジン・パワーも十分発揮されない。アクセルを踏みすぎてもいけないし，ブレーキをかけすぎてもいけない。そのコン

---

(88) 菅野博之（当時東京高等裁判所部総括判事，現最高裁判所判事）「日本の司法とこれからの裁判所書記官（講演)」会報書記官41号（平成26年（2014））27頁，大森豊ら「当事者対応について」会報書記官9号（平成18年（2006））149頁

(89) 大島眞一「裁判所書記官の進む道」書協会報155号（平成13年（2001））67頁，長岡一正「地裁民事立会書記官の当事者対応の実際－コミュニケーションの観点を中心に－」会報書記官・記念論文特集号（平成24年（2012））437頁

トロールは，チームリーダーとしての操作加減になる。

チームリーダーとしては，どこのチームでも同様であるが，メンバーのモチベーションを高めるべく，働き掛けと配慮が大切である。可能な限りの積極的な情報の提供や意見の聴取，打合せ，ミーティング，日常的なコミュニケーション等が，「協働マネージメント」には欠かせない[90]。

また，書記官が行っている事件の進行，処理方法にも関心を持ち，書記官の手元を見て，ムリ，ムダ，ムラな仕事（3無）を排除するよう努め，事務の簡易化，能率化，そして裁判所全体の観点から事務の標準化を図っていくことも重要である。職場全体に関連する問題であれば，書記官の職場の上司にあたる主任書記官，首席書記官等に相談することになる。

チームワークとは，1＋1が2ではなく，3にも4にもなるプラス効果が期待されることである。これをシナジー（相乗）効果というが，このようにパワーアップできる人と人の関係，チーム作りが肝心要である。これは裁判官がリーダーシップを発揮しないと実現しない。

(3)　今後の協働関係の充実

一時期，「裁判官と書記官との協働」は司法政策であり，成果がなければ変更可能性もあるとの説もあったが[91]，確かに今まで使用していなかった言葉が急に組織的に使われ出したという意味では政策的なものだったとも言える。

しかし，今日のどの組織活動でも，その発展を考える場合，「協働」が重要なキーワードとなっている。「協働」の概念は，今ではその組織運営の要として定着している。裁判官の職務も，「協働」なくしては成

---

(90)　前掲・伊藤博「チーム法務における協働マネジメントの基礎技術」3頁

(91)　加藤新太郎「裁判所書記官役割論の基礎－裁判所書記官と裁判官の協働とは何か－」判タ1006号（平成11年（1999））27頁，同「協働的訴訟運営とマネジメント」原井龍一郎先生古稀祝賀『改革期の民事手続法』（法律文化社・平成12年（2000））166頁の注17

り立たなくなっている。もはや後戻りはできない。

「協働」のあり方については，書記官との関係だけでなく，他の職種との関係でも，その協働関係の充実と発展に向けた実践的な検討と工夫が重ねられることが重要である。良好な関係を築き活力ある組織風土として定着していくことが望まれる。

「活力とは，苦痛に耐える能力，創造的かつ進取的な行動，そして他からの強制によらず，正しいが故になさんとする内的要求を意味する強い倫理的責任感を通して人々が発揮するものである。」（F・R・カッペル）[92]。

以上のような協働関係の形成は，弁護士事務所と事務職員との関係でも共通したところがあるように思われる[93]。

(4)　裁判所内のもう一つの「協働」

裁判官と書記官の「協働」の外，近年裁判所内で，もう一つの「協働」関係が増えた。平成21年（2009）5月から裁判員制度が始まったことによる。

平成16年（2004），国民が刑事裁判に参加する方針の下，「裁判員の参加する刑事裁判に関する法律」が制定された。この裁判員には，それぞれの知識経験を生かしつつ裁判官と一緒になって判断することが求められており，これは「裁判員と裁判官の協働」と呼ばれている[94]。

平成29年（2017）には，裁判員裁判の担当裁判官により「裁判員と裁判官の実質的協働を実現するための提言」としての論考[95]が発表されている。

ここでの「協働」は自律，対等な立場での「協働」であり，裁判官

---

(92)　F・R・カッペル著・冨賀見博訳「企業成長の哲学」ダイヤモンド社（昭和37年（1962））6頁

(93)　前掲・伊藤博「チーム法務における協働マネジメントの基礎技術」10頁

(94)　最高裁判所「裁判員制度」のホームページ中「裁判員制度Q＆A」の「どうして裁判員制度を導入したのですか。」

(95)　前掲・國井恒志「裁判員裁判における評議の現状と課題－裁判員と裁判官の実質的協働を実現するための提言－」172頁

と書記官との上司・部下との関係を基本とする「協働」とは異なったものである。同じ裁判所内の組織運営に関する「協働」ではあるが，同じ言葉を使っても，異なる意味合いのものであることは理解しておいた方がよい。

4　協働態勢の増進

昨年・平成30年（2018）は民事訴訟法施行から20周年だった。その間，裁判官と書記官の「協働」は，どのような形で行われてきたのだろうか。法改正で書記官が新たに獲得した審理充実事務の権限等は活かされているだろうか。

最高裁判所の平成18年の貸金請求事件判決(96)の後には過払金返還請求事件が急増し，平成21年（2009）5月からは裁判員裁判が始まり，裁判所をめぐる状況は一層大きく変化してきた。その頃から，否それ以前から，民事訴訟運営改善に向けた動きは停滞傾向にあることが指摘され(97)，「『口頭の討論』や書記官の審理充実のノウハウと運営改善に向けたエネルギーが失われてしまったとの声が聴かれるようになった」(98)という。

最近の民事訴訟の審理の実態は，現行法前後の熱気が薄れ，期日が書面交換の場になって争点整理手続が形骸化し旧に復しているとして，「失われた20年」とみる話もあり(99)，今改めて弁論の活性化が求

---

(96)　最高裁第二小法廷平成18年1月13日判決（民集60巻1号1頁）

(97)　井垣敏生「民事訴訟の新たな展開を前にして」判タ1118号（平成15年（2003））40頁，高橋宏志ほか「〔座談会〕民事訴訟法改正10年，そして新たな時代へ」ジュリ1317号（平成18年（2006））30頁

(98)　福田剛久「民事訴訟の現在位置」日本評論社・（平成29年（2017））318頁

(99)　古閑裕二「審理の充実・訴訟促進の中興方策案」判タ1438号（平成29年（2017））26頁は，口頭弁論の活性化を考えたはずの「争点整理手続」が準備書面交換の場になっていると指摘し，「失われた20年」となる危険があるとする。福田剛久・笠井正俊対談「裁判手続等のＩＴ化をめぐって」ジュリ1524号（平成30年（2018）10月号）V頁，武藤貴明「裁判官からみた審理の充実と促進」論究ジュリ24号「次の世代の民事訴訟法に向かって一現行民事訴訟法20年を契機に」（平成30年（2018））14頁，杉山悦子「早期の情報共有と争点整理」同27頁

められている(100)。

新民事訴訟法により，審理の充実促進の動きは，外にある「協同的訴訟運営」の輪と，内にある「協働的訴訟運営」の輪との「二輪走行」で改善の道を進んできた。その両輪が連動して同時に回らない限り，前には進まない。動輪が回らなければ空回りしてしまう。動輪を回すのは誰か(101)。

民事訴訟法施行20周年経過を機に，原点に立ち帰って，改めて「協同」及び「協働」のあり方を再考し，改革の理念を失わず，一層の充実促進を求めて，事態を「前へ」進めるべき時であろう。

5　将来の書記官像

(1)　権限拡大の歴史

書記官の権限は，当初，裁判所法60条2項に「裁判所の事件に関する記録その他の書類の作成及び保管」という公証事務が基本であった。

しかし，その後，徐々に権限が拡大されていった。昭和35年（1960）に調査事務（裁60②）が加わり，昭和54年（1979）の民事執行法の制定により，それまで裁判官の命令を要した執行文付与や差押え等の登記嘱託等が書記官の権限となり，平成元年（1989）には民事保全法の制

(100)　西口元「民事訴訟改革三本の矢ー失われた15年となるか？ー」法律雑誌「Law & Practice」8号（平成26年（2014））207頁以下，同「民事訴訟改革と証拠収集ー日本の民事訴訟実務のガラパゴス化？ー」広島法科大学院論集11号（平成27年（2015））15頁以下（いずれもインターネットから取得）

(101)　平成20年（2008）の高橋宏志・井垣敏生・西口元ほかの座談会で，「最近，公証事務が書記官の基本であることを再確認するような動きがあるように思いますが，それは当然ではありますが，公証事務を十分行いながら未来の書記官像を語るような元気のいい書記官が減ってきたのではないかと気になっているところです。」（高橋）との発言があった（「〔座談会〕新民事訴訟法の10年　その原点を振り返って」判タ1286号（平成21年（2009））14頁）。

定により登記嘱託の権限範囲が拡張された。そして平成10年（1998）施行の新民事訴訟法により，これまで見たように書記官の権限と役割は大きく拡大された（7図参照）。

今日では，書記官の権限と役割を抜きにしては裁判の機能や実情を語ることはできない。このことは今日では誰しも認めるところである[(102)]。

〔7図〕

書記官の権限拡大の歴史

昭和24年	書記官制度発足（「記録その他の書類の作成及び保管」が基本職務（裁60②））
昭和25年	裁判所書記官研修所創立（書記官，速記官の養成等）
昭和35年	裁判所法改正による「法令及び判例の調査」事務の追加（裁60③）
昭和54年	民事執行法制定による執行文付与・登記嘱託権限等の拡大
昭和55年	家事審判法改正による戸籍記載の嘱託権限の拡大
平成元年	民事保全法制定による登記嘱託権限の拡大
平成5年	不動産登記法改正による予告登記嘱託権限の拡大（平成14年法改正で予告登記廃止）
平成8年	**民事訴訟法改正による各種権限の拡大**
平成10年	**民事訴訟法施行**
平成11年	民事再生法制定による嘱託権限等の拡大
平成12，14年	「民事立会部における書記官事務の指針」，「簡裁における書記官事務の指針」
平成15年	民事訴訟法一部改正（計画審理の推進，訴提起前の証拠収集等手続の拡充，専門委員制度の創設，少額訴訟の訴額の上限の引上げ等）
平成16年	裁判所職員総合研修所創立（書記官，家裁調査官の養成等）
平成17年	改正民事執行法の施行，新破産法の制定による書記官の執行権限の拡大
平成21年	裁判員裁判制度施行
平成25年	非訟事件手続法施行による書記官の執行権限の拡大

こうした状況を踏まえて考えれば，既に指摘されているとおり，今日，「当事者及び訴訟代理人も，裁判所の第一次的な窓口としての書記官の権限と役割を理解し，その事務に協力することが適正かつ迅速な民事裁判の実現に不可欠なものであることを認識することが必要」と

(102)　西野喜一「司法過程の中の裁判所書記官」法政理論35巻3号（平成15年（2003））122頁

なっている(103)。裁判官と書記官による「協働的訴訟運営」やその他新しく権限が拡張された分野における書記官の活躍には，多くの期待が寄せられている(104)。

(2)　司法補助官への夢

戦後の書記官権限の拡大に伴う書記官像としては，ドイツの司法補助官（レヒツプレーガー）をバックボーンとする理想が描かれてきた。民事執行法改正により書記官の「司法補助官的性格」が論じられ(105)，書協の活動も，将来の書記官の権限の拡張と地位の向上を目指し，行く末の「司法補助官」を夢見てきた。

ところが，近年目にする論考によれば，書記官制度の形態とその役割は国ごとで異なり，日本の書記官のように裁判事務の最初から最後まで全体にわたって担当して支えている重要な職種は，他に類例がないという(106)。

また，平成11年（1999）に関東地方の書記官等から聴き取り調査をした前述の大学の研究者前田智彦氏（現名城大学教授）からは，次の

---

(103)　奥田隆文「裁判所書記官の権限と役割」塚原朋一ほか編「新民事訴訟法の理論と実務（上）」（ぎょうせい・平成9年（1997））308頁

(104)　加藤新太郎「裁判所書記官役割論の基礎－裁判所書記官と裁判官との協働とは何か－」書協会報140号23頁（平成9年（1997）），これに若干加除したものに判タ1006号（平成11年（1999））27頁，木村元昭「裁判所書記官の地位と職務」三宅省三ほか編「新民事訴訟法大系－理論と実務－第1巻」（青林書院・平成9年（1997））350頁，石井浩「新民事訴訟法における裁判所書記官」竹下守夫ほか編「講座新民事訴訟法Ⅰ」（弘文堂・平成10年（1998））69頁，春日偉知郎「新民事訴訟法の概要について－集中審理の担い手としての裁判所書記官の職務権限－」書研所報43号（平成10年（1998））1頁，上北武男「新民事訴訟法のもとでの裁判所書記官の役割」同志社法学49巻5号（平成10年（1998））14頁，加藤新太郎「裁判所書記官役割論の形成－裁判所書記官と裁判官の協働のあり方－」判タ1097号（平成14年（2002））12頁ほか

(105)　竹下守夫「司法補助官」潮見俊隆編『岩波講座　現代法6　現代の法律家』（岩波書店・昭和41年（1966））273頁，中野貞一郎「司法補助官制度への出発－民事執行法の成立と裁判所書記官－」判タ400号（平成12年（2000））123頁

(106)　前掲・福田剛久ほか「変革期にある書記官事務」書協会報165号6頁，前掲・菅野博之「日本の司法とこれからの裁判所書記官（講演）」会報書記官41号（平成26年（2014））27頁

ような指摘がされている。

「従来，書記官権限の拡大が『書記官の司法補助官化』として語られてきたが，後に見るドイツの司法補助官と同じような独立型の裁判補助を担う事件類型が限られていることには注意が必要である。この点で，書記官をドイツの司法補助官になぞらえることはミスリーディングでありうる。」[107]。

その後，この研究者は，ドイツにおける裁判の実態を調査した別の結果報告書で，

「司法補助官については，職務遂行面でも，職業意識の面でも，裁判官とは別個独立の司法機関である点が重視されていることが明らかになった。これは，裁判官とチームを組んで事件処理にあたる日本の書記官とは対照的である」

とされている[108]。

我が国においてこれだけ書記官の権限と役割が拡大したのであれば，今後は，西欧に理想像を求めることよりも，足下を見て，他に類例のない日本固有の書記官の実力を高め，その在り方を逆に世界に示す方がよいのかもしれない。

(3)　将来像の追求

平成12年（2000），書記官により，その将来像を検討した論考「調査官としての書記官－コートマネージャーの発展－」が発表された。それによれば，これまでの書記官像を，①「書き役」としての書記官，②「進行管理役」としての書記官，③「コートマネージャー」として

---

(107)　前田智彦「民事司法における裁判補助の法社会学的考察(一)」法学協会雑誌123巻2号（平成18年（2006））327頁

(108)　前田智彦「科学研究費補助金研究成果報告書（平成23年4月28日）」の研究課題名「日独の民事司法における裁判補助－経験的データによる比較研究」（インターネット記事による），池田辰夫「裁判補助官職の権限と役割」新堂幸司監修『実務民事訴訟講座［第3期］1巻－民事司法の現在』（日本評論社・平成26年（2014））420頁

の書記官と3段階で跡付け，さらに新しい書記官像として裁判所法60条3項を根拠に「調査事務」への積極的関与を提言している。

そこでは調査事務を二つに分け，事実調査として訴状審査や争点整理案の作成が，法的調査では判例・学説，登記・戸籍等の先例調査が挙げられている。この見解の注目点は，ドイツの司法補助官の実情を検討し，ここに我が国の書記官の目標を措定することには疑義が残るとしているところである。調査事務を通じて手続の進行，審理の内容に関わっていき，将来的には「和解カンファレンスや争点整理を担当する準裁判官」を目指すべきとする見解のようである(109)。

これも一つの見解であり，コートマネージャーの範疇での根拠づけと職務充実を考えるものと理解できるが，コートマネージャーの内実として，どのような活動と発展を目指すのかは定かでない。

いずれにしろ，新しい時代の書記官には，それに見合った「あるべき姿」，理想像が求められなければならない。第２章第２の「書記官実務原論」でも触れたが，組織人の成長には，目指すべき高い理想の「塔」と進むべき「道」，そして対岸の塔へと架ける「橋」が必要である。

急激な時代の変化と法制の変革，ＩＴ（情報技術）の進展の中で，書記官の職務の実態は，大きく変質してきた。

平成24年（2012）7月の最高裁判所長官挨拶（裁判所時報1557号）では，裁判所書記官の職務について，「裁判に公証を中心とした事務から広く裁判の適正，円滑な進行を図る総合的な事務へと大きく変化してきました」との認識が示された。

私は，平成元年を迎えた頃「書記官実務原論」を書いていたが，その平成時代は30年余の年月で終わろうとしている。その激動を経た今，その原論が前提とした「書き役」書記官の姿は，もはや見えない。

---

(109) 渡會千恵ほか「調査官としての書記官－コートマネージャーの発展－」（新民事訴訟法施行記念懸賞論文）書記官183号（平成12年（2000））9頁以下

夢にみたコートマネージャーとして活躍する書記官の姿が見える。

これからの書記官は，どこへ向かい何をするのだろう。新しい時代と環境の中で，「広く裁判の適正，円滑な進行を図る総合的な事務」を担い得るために，その行き先に協働の旗がはためく新しい「塔」を立て，そこに向かう「橋」と「道」を探して，前に向かって進んでいくことだけは間違いない。

コラム　江戸の裁判

最近，私は「江戸の裁判－花祭の里の天保騒動記」（風媒社・平成30年（2018）9月刊）を出版した。

これは，江戸時代（天保時代）に山奥の故郷（天領）で商人と百姓が争いになり，江戸表の白洲で審理を受けたという話で，その顚末を造り酒屋の亭主が「議定論日記」全5巻に書き留めていたものを翻刻し，解説を加えたものである。

その日記には，天保時代の議定書や示談書，上申書付等の内容が書き込まれ，勘定奉行所白洲での留役の取り調べぶりや口上，百姓と商人の弁論対決の状況が活写されている。

奉行は最初と最後だけに白洲に立ち，その外の尋問や調書作成，前例調査等は「留役」以下がやっている。留役らが全てをお膳立てしていたようだ。留役は評定所の書記官だった。

現在の制度下ほどのものではないが，一応証拠に基づく裁判が行われ，訴訟は半年間で終えることが求められていた。

また，訴訟関係人が止宿した公事宿亭主は，訴訟書類を書き，白洲への付添いもして，今日の弁護士や司法書士のような活動をしていた。

日本の司法制度は，明治維新によりフランスなどの法制を取り入れたもので，江戸時代とは断絶があるとの見方が有力のようである[110]。

しかし，制度は急激に変わっても，急には変えられなかった部分もあったはずである。奉行は裁判官として急激に西洋式の知識を修得し

(110)　三ヶ月章『民事訴訟法研究第七巻』245～247頁。これに対し，元最高裁長官山口繁氏は、その著「新井白石と裁判」の「はしがき」で「これまでは江戸時代までの司法制度と明治維新後の近代的司法制度との間には断絶があり、いわば木に竹を継いだよう形で理解させられていたように思っていたが，実はそうではないようである」と述べている。なお，同著『日本の司法と新井白石と司法改革ー日本の司法のアイデンティティを求めてー（講演録）』「白鴎法学」24号（平成16年（2004））参照。（インターネットから閲覧可能）

近代化していったが，組織の底辺を支えた留役等以下の事務と役割は急激には変わらず，少しずつ変容してきたのではないかと想像する。

その点では，江戸の法制と現代の法制の底流には連続性があり，現代の書記官の原型は西欧になく，おそらく江戸奉行所の「留役」にルーツがあったのではないかと想像される[111]。

そうなれば，我が国の裁判の歴史は150年を遙かに上回る長い歴史と伝統があることになる。

(111)　山本正名「江戸の裁判」（風媒社・平成30年（2018））314頁

第2章　裁判所書記官の実務

第1　供述調書作成の技術【民事】

はじめに

これは，昭和63年（1988）7月，書協会報103号33～63頁に掲載されたものである。

書記官は，法廷で繰り広げられる尋問と答えを聴取して，法的観点から重要な内容を抽出，整理を加えて文章化し調書の形に仕上げる。その要領調書作成に要求される情報収集力と文章力の技術をまとめたものだった。

その書協会報への掲載後，30年ほどが経過する間に，民事訴訟法改正を機に，①争点中心の訴訟審理の実施，②裁判官と書記官との協働態勢の形成，③尋問に先立つ陳述書提出の慣行化，④録音テープ・ビデオテープ等の調書代用（民訴規68），⑤簡裁における尋問調書省略（民訴規170），⑥録音反訳方式による尋問調書作成（民訴規76後段），⑦録音再生機の高機能化，⑧パソコン利用による効率的な文書作成の一般化等，書記官の調書作成をめぐる方法や態勢，環境は大きく様変わりした。

今日では，録音反訳外注の割合が高くなり，要領調書作成の比率は，昔に比べて相当低くなったようである。最近では，一部の話で詳しいことは分からないが，録音反訳が増え，要領調書すら作成されることがないとの声さえ聞く。

時代が大きく変わった中で，旧套墨守するつもりはないが，書記官にとって調書の作成は訴訟を支える基本的な職務であり，その供述調書の作成は，法律的な目的と根拠に照らし「要領調書」が望ましいとされている基本は変わらない（民事実務講義案Ⅰ（四訂版）227頁，民事調書通達）【1】。

人の話を聞いて，その趣旨を法的な観点から論理的にまとめて要点を文章化する作業（文章力）は，何も書記官に限らず，民事でも刑事でも，法律実務家であれば一番重要な仕事の基本的スキルである。

書記官は，読んで字のごとく「書き記す」法律職のプロである。書くことで法律的な思考力とポイントを押さえた問題解決力が育まれていく。

要領調書の作成をしないまま日々を暮らし，気づいたら，ここぞと求められた時に対応できないというのでは，プロとして失格といわれかねない。書記官の基本を重視し，自己の能力に磨きをかけておき，いつでも必要に応じて対応できるようにしておく姿勢は大切である。

ここで再録した「供述調書作成の技術」は，過去「要領調書の作成が主流であった時代」【2】のものであるが，書記官の供述調書作成について網羅的にまとめたものは他に存在しない。

録音反訳の逐語調書か要領調書かの振り分けができるのであれば，事案が複雑でなく争点が単純な事件については，要領調書作成の方が合理的で，むしろ望ましいといえよう【3】。本稿を参考に，積極的に要領調書作成にチャレンジすることも考えられる。

また，本稿では，調書作成に限らず，訴訟書類としてポイントを得た文書の書き表し方や文章表記法についても触れているので，今後の書記官事務遂行の参考にしていただければ幸いである。

【1】　平成16年1月23日付け最高裁総三第2号総務局長，民事局長，家庭局長通達「民事事件の口頭弁論調書等の様式及び記載方法について」では，「陳述の要領」を記載すべき旨が定められている。

【2】　平成25年度書記官実務研究「供述録取事務の実証的研究ー録音反訳方式を利用した調書作成事務を中心としてー」（裁判所職員総合研修所）26頁

【3】　前掲脚注【2】107頁

今回の再録に際しては，元の原稿に対し，①縦書きのものを横書きに修正し，②漢数字を算用数字に改め，③根拠法条は，これに対応する現行法規の根拠法条を脚注で明らかにし，④注書きは脚注に移し，今回新たに追加した脚注は，その番号を【 】内に表示した。なお，文中の「右の」とあるのは「上記の」と読み替えるものとする。

（本稿掲記以外の参考資料）

1　新・民事実務講義案Ⅰ（法曹会出版・昭和58年（1983））231頁以下掲載の「証拠調調書（証人）の記載要領について」（尋問と供述について，どのように記載すべきかの考え方と記載例を示し，あいまいな証言，間接事実についての証言内容を問答体形式で要領記載した例を解説付きで掲載している。「要領調書」とは何をどうまとめていったらよいのかについて，具体的なイメージがつかめる。）

2　中山弘幸（判事）「供述調書の在り方」書記官169号（平成8年（1996））17頁（当事者，裁判官に要領調書の理解がないこと，書記官自身も，調書は本来逐語的調書であるべきだと考え，なぜ要領調書を作成しなければならないのかについての認識がないことを問題点として挙げている。）

3　團藤丈士・福岡地方裁判所要領調書充実方策試行作業部会「福岡地方裁判所本庁民事部における要領調書充実方策の試行について（実務資料）」書記官169号（平成8年（1996））33頁以下（速記録と対照して，要領調書作成の要点を解説している。）

4　和久田斉（判事）「あるべき供述調書の姿を求めて」判タ1382号（平成25年（2013））20頁以下（本稿中の１章二の1「補助事実に関する供述」について，①一定の留意すべき非言語的行動（供述態度），②供述の内容それ自体の属性に照らして信用性を高めうる供述要素を盛り込む必要があること等を指摘する。また，補助事実に関する供述で，記載を省略してよい場合とその例外を具体的に解説している。）

5　渡會千恵「事実認定における書記官の役割」（『弁論と証拠調べの理

論と実践』（吉村徳重先生古稀記念論文集）法律文化社（平成14年（2002））399頁以下）（人証調べの記録メニューとして，要領調書，逐語調書，録音テープ，ビデオテープによる調書作成の特徴，長所・短所等を比較検討している。）

6　平成25年度書記官実務研究「供述録取事務の実証的研究－録音反訳方式を利用した調書作成事務を中心として－」（裁判所職員総合研修所）

目　　次

序章　技術書の不足

１　供述調書の在り方

書記官作成の供述調書は，逐語調書でよいか，要領調書であるべきか。

この点については，これまで録音機使用の是非等をめぐり，種々論議されてきた。しかし，今日，その結論は出ているとみてよい。あるべき姿としては，「簡にして要を得た要領調書がよい」ということである。

問題は，そうした要領調書の「作成の仕方・技術」にある。要領調書の作成には技術がいる。「何を書くか，どう書くか」，その技術である。

２　技術書の不足

供述調書の作成が組織の根幹を支える問題であれば，体系的な作成技術の手引書があってもよいと思う。しかし，前述の論議でも，要領調書作成の具体的な技術を示したものは，わずかでしかない(4)。

作成技術は，個々人の経験や努力，創意・工夫の積み重ねでしか修得できないものなのだろうか。

私は，昨年（昭和62年）8月，書研研修生の実務修習で，初めて供述調書作成の添削指導をしたが，当初は，何をどう指導すべきかもわからなかった。半年前までは事務局事務に従事し調書作成には相当のブランクがあったし，指導官用の手引書もない。

しかし，「教えることは学ぶこと」であったと思う。調書を添削指導する中で，私は，改めて供述調書の在り方，書き方を考えさせられ，さらに供述調書作成には初心者に共通する技術上の問題点があることを教えられた。

供述調書作成に関し，何とか一般的な技術入門書のようなものはで

---

(4)　柏木秀雄「調書雑感」書研所報24号104頁

きないものか，私は，そう考えるようになった。

3 技術書の要請

一般に技術については，「なすべきこと」が示されれば，その技術は誰でも，より早く修得できる。また，「なすべきでないこと」が教えられれば，少なくとも一定の技術レベルの確保は可能になる。「仕事にも，あらゆる技術と同じく，そのコツがあり，それをのみこめば，仕事はずっと楽になる。」[(5)]のである。

折しも，今，裁判所は書記官の大量退職＝大量創出時代であり，初心者に対する供述調書作成の技術教育は喫緊の課題になっている。しかも，今日，外にあっては供述調書の逐語化の要請が，内にあっては要領調書作成の促進が，それぞれ問題となっており，混迷の時期でもある[(6)]。

ここで，供述調書の本来の在り方と，調書作成の一般的な理論と技術を改めて確認しておくことは，極めて重要なことと思う。こうした考えを基に，私は，供述調書作成の技術入門書の作成に取りかかってみた。

4 技術書の作成

結果は，必ずしも満足のいくものではない。私は，決して立派な調書を書いているわけでもないし，書けるわけでもない。要領調書の作成には人一倍苦労している一書記官でしかない。

そういう者が「入門書」を書くというのも何かおこがましい。結局これは，裁判官や諸先輩の著作や発言内容を基に構成した，「かくありたい」と願う私の理想のスケッチであり，また自分自身に対する指南書でしかないかもしれない。

とはいえ，一つの技術書の体裁としてまとめたものは，初心者にとって，なにがしかの参考にしていただけるのではないかと思う。

---

(5) ヒルティ「幸福論」(仕事の上手な仕方) 岩波文庫
(6) 蔵本貢「書記官と調書雑感」書協会報69号126頁

これを叩き台として，書記官一人一人の要領調書作成の技術がさらに磨かれ，全体として調書作成の効率性が一層高まっていくことになれば，望外の幸せである。

本稿には思い違いや誤りも多かろうと思うが，それは諸先輩のご叱正を得て今後の前進の契機としたい。

5　三つの評

供述調書については，日々これを作成していて，私の頭を離れない三つの評がある。本論に先立ち，これを掲記しておきたい。

ここには，調書作成の技術向上に向けての私たちの希望があり，私たちに対する鞭があると思う。

(1)　「調書というのは人のしゃべっていることを，真相はこうだということを，それをしかも聞いてなかった人に読ませて真相をつかませるというものを書くのだから，これは小説どころの比ではないと思います。これは大変な仕事だと思うのです。」香川保一元浦和地裁所長（現最高裁判事）・座談会「供述録取事務をめぐって」書記官108号43頁

(2)　「現に裁判所の調書などは，最も芸術に縁の遠かるべき記録でありますが，犯罪の状況や時所について随分精密な筆を費やし，被告や原告の心理状態にまで立ち入って述べておりまして，時には小説以上の感を催さしめることがあります。」谷崎潤一郎「文章読本」中公文庫

(3)　「書記官の方々は，これで正確に証言を要約したと信じているのかもしれないが，代理人の立場からは，証人調書の部分訂正では足らず，その人の書いたもの全部が至るところ不正確で，どうにもならないと感じることがしばしばである。」木川統一郎「交互訊問制度の運用と将来」新・実務民事訴訟講座二83頁

1章　供述調書作成の基本

一　供述調書の必要性

1　調書作成の目的

調書の作成は，書記官の重要な職務内容の一つである（裁判所法60条2項【7】）。中でも，証人・当事者本人等の供述調書の作成は，書記官にとって一番時間と労力を傾注する中心的な職務といえる。

一般に，調書は，手続の経過と要領を公証するために作成される公の証明文書である(8)。こうした調書を裁判官とは別の機関である書記官に作成させる目的は二つあると考えられる。

一つは，期日に行われた訴訟手続の公正と，明確性，適法性を担保し，当事者その他の関係人の信頼を維持しようとするためであり，他の一つは，その手続・内容の記憶を物的に確保し，裁判官をして裁判に専念させるためである(9)。

前者は，言うまでもなく，裁判が公正であるというためには，その結論において公正である（司法による正義）ばかりでなく，その結論に至る手続経過自体も公正でなければならない（司法における公正）という理念に基づく(10)。

これらの目的は，裁判の公開のほか，「記憶の記録化」つまり「記憶の物化」(11)により「調書」の形態として具体化される。これにより法廷等の一定の場における個別体験としての過去の手続・内容は視覚化され，他人にも了解可能となり，調書は訴訟関係者共通の一般資料となりうるのである。

【7】　裁判所法60条2項「裁判所書記官は，裁判所の事件に関する記録その他の書類の作成及び保管その他他の法律において定める事務を掌る。」

(8)　裁判所法逐条解説中巻279頁

(9)　兼子一・竹下守夫「裁判法」（新版）236頁，最高裁事務総局編「裁判所書記官等の組織と執務について」23頁

(10)　江藤价泰「準司法家」岩波講座現代法6所収307頁

(11)　加藤秀俊「整理学」中公新書34頁

2　調書の機能

こうして記憶の記録化は,調書として,第一次的には，裁判官の法律判断や事実判断の資料として活用される。具体的なところでは，①裁判官の記憶確保,②裁判官の交替への備え,③上級審の判断資料として機能するが(12)，④当事者の次回期日の準備資料としても機能する。

こうした機能性からもわかるとおり，調書は，作成すること自体に意味があるのではない。それは常に，読み手＝他人の利用を予定している。他人に対し，必要なものを，間違いなく，わかりやすく伝達することは，公文書作成の第一の原則である。

調書の機能としては，①記憶の保存機能，②伝達（報告）機能，③証明（公証）機能の三つが考えられるが(13)，現実の機能面としては，伝達（報告）機能が本質的に重要な役割を果たす。この機能が不十分では，保存や証明の機能を十分果たすことはできないであろう。

3　調書記載の対象

調書に記載される対象は，過去の手続・内容の全てではない。過去の事実を全て完全に再現し，あるいは記録に留めることは，絶対的に不可能である(14)。

一般に記録化には，伝達の目的と機能に即して，保存（記載）の必要性及び実益性からの判断が働き，記録化の対象が選別される。一定の視点から選別されて書かれたものが記録となるのである。供述調書も同様である。

供述調書の記載の対象は，法廷等での証人・当事者本人等の供述内容である（民訴法144条，340条）【15】。しかし，供述内容のことごとくを網羅して記載することが要求されるわけではない。「法が144条において

---

(12)　書研教材116号・公判手続と調書講義案（改訂版）1頁

(13)　平田勝雅「調書の機能」書協会報50号25頁

(14)　本多勝一「事実とは何か」朝日文庫278頁

【15】　旧民事訴訟法144条，340条の「調書の実質的記載事項」（証人，当事者本人及び鑑定人の陳述等）に関する規定内容は，新民事訴訟法下では民事訴訟規則に委ねられ，新民事訴訟規則67条1，2項に規定されている。

記載を義務づける事項は，原則として，訴訟法上の何等かの法律効果の原因となるものであって，期日終了後もその明確化が要求されるものに限る」(16)趣旨と解せられる。

供述調書において記録化が求められるのは，その供述内容が当該事件の争点解決のために役立つ証拠資料となるからである。したがって，保存のため記録化が必要なものは，主として供述中の「争点解決に役立つ供述部分」であり，それで足りると考えられる(17)。

これは，供述調書の目的・機能から，その記載事項を考える場合の基本的視点となる。この視点からの選別を加えた過去の手続内容（供述）の要領記載が書記官作成の供述調書だといえる。

二　供述調書の内容

１　記載内容の範囲

供述調書に書くべき「争点解決に役立つ供述部分」とは何か。

これには，民事訴訟の構造から考えて，主要事実・間接事実に関する供述が当然該当するが，その供述の信憑性に関する補助事実も含まれる(18)。

(一)　主要事実に関する供述

これは，権利の発生・変更・消滅を規定する法規の要件に直接該当する具体的事実に関する供述である。

例えば，不動産所有権移転登記請求訴訟で売買契約の存在が主張された場合，財産権の移転と代金支払いの合意が主要事実になるが（民法555条【19】），現実には，その合意は抽象的にあるわけではない。必ず，

(16)　岩松=兼子編・法律実務講座民訴編3巻382頁

(17)　渡邊昭「供述録取事務の現状と問題点」書記官108号23頁，書研昭55年総合研修教材・民事実務講義要綱69頁

(18)　小野田禮宏「口頭弁論調書の作成と更正」新・実務民訴講座二66頁

【19】　民法555条「売買は，当事者の一方がある財産権を相手方に移転することを約し，相手方がこれに対してその代金を支払うことを約することによって，その効力を生ずる。」

いつ，どういう状況で，どういう行為でなされたかという形で主張され，争いがあれば，証人尋問等により立証活動が展開され，右の合意に関する具体的事実についての供述等が問題になる。

主要事実に関する供述の具体的な要素としては，①日時・場所，②手段・方法・態様，③主要事実に至る来歴・前後の事情，④動機・縁由等が考えられる(20)。

主要事実については，裁判所は当事者の主張に拘束され，事実審理は，最終的にはこの主要事実の認否の確定を目的として進展される。

(二)　間接事実に関する供述

これは，右の主要事実の存否を経験則上推認させるのに役立つ具体的な事実の供述である。

例えば，右の不動産売買契約に関し代理権授与の主張があった場合，「ある者が権利証及び実印を所持していた。」旨の供述は，特段の事情の認められない限り，本人から当該不動産処分の代理権を授与されたことを推認させる間接事実になる(21)。

ある主要事実について何が間接事実になるか，どの程度の推定作用が働くかは，個々の具体的な事実関係によって異なる。

間接事実については，裁判所は，当事者の主張に拘束されることなく，自由な証拠の評価により，主要事実認定の根拠にしうる。

それだけに交互尋問制の下では，裁判官の心証を有利に導くために，この間接事実に関する尋問・供述が，重要なものからそうでないものまで，幅広く取り上げられ展開されていく。

なお，右の不動産売買契約の例で，特段の事情として「右権利証等が盗まれたものである。」との供述は，間接反証事実に関するものである。これも間接事実と同一次元のものとして扱われる(22)。

---

(20)　賀集唱「民事裁判における訴訟指揮」法曹時報24巻4号661頁

(21)　石川義夫「主要事実と間接事実」新・実務民訴講座二27頁，最判昭44・10・17判時573号56頁

(22)　前掲脚注(21)

（三）　補助事実に関する供述

これは，次のような証拠価値に関する具体的事実の供述である(23)。

①　供述者の誠実性（真実を語る意思があるかどうか）に関する供述

これには，供述者の教育程度・社会的地位，当事者との身分上・職業上の関係，当該事件との利害関係の有無・程度等が問題となる。

②　供述者の信用性（供述内容が客観的真実に合致するかどうか）に関する供述

これには，供述者の認識の根拠（直接か，伝聞か），認識時の状況（精神状態，環境等），供述者自体の認識力・記憶力・表現力等の事情が問題となる。

ただ，補助事実は，結局，主要事実・間接事実に関する供述部分の信憑性判断の資料となるに過ぎない。したがって，

①　供述者の誠実性，信用性に一般的な疑いを抱かせない供述内容の場合

②　他に確実な証拠資料があり，明白に認定できる場合【24】

等には，その一部を適宜省略することは可能であるといえよう(25)。

（四）　事情たる事実に関する供述

「争点解決に役立つ供述部分」としては以上の三つが考えられるが，法廷に現れる事実としては，このほかに，いわゆる「事情たる事実」がある。

賀集唱判事によれば，この事情たる事実には，「いわゆる事件の筋その他諸般の情状」として，「紛争の発端・由来・経過・背景，周辺や背後の人間関係，当事者の人柄・財産・評判，訴訟前の交渉，提訴や応訴の真のねらい，等々」の諸事実が上げられる。

(23)　小野田・前掲69頁，前掲総合研修教材72頁

【24】　現在の訴訟運営では証人尋問に先立って陳述書を提出することが定着しており，その陳述書に当事者との身分上・職業上の関係について記載がある。そこに実質的な争いがあるとは認められないような場合には，その関係についての記載は省略が可能である。

(25)　前掲総合研修教材73，74頁

事情たる事実は，主要事実を推認する資料たる意味を持たないものであり，法律的な意味合いのない限り，一般に「争点解決に役立つ」ものとはいえないと考えられる(26)。

しかし，事情にも種々雑多なものがあり，中には間接事実や補助事実を背後から支え，二次的間接事実の機能を営むものがある，とする見解もある(27)。

調書記載の範囲の確定には，書記官の独善に走ることなく，慎重な判断が望まれる。

2　記載内容の分類

右の「争点の解決に役立つ供述部分」は，主要事実にしろ間接事実にしろ，いずれも供述者の過去の経験的事実である。

これを「要証事実が何か」の観点から分けると，「コト（事）」に関する供述と「モノ（物）」に関する供述とに分けられる(28)。

(一)　「コト（事）」に関する供述

これは，要証事実として法律行為（意思表示）の存否等が問題になる場合の供述である。

この場合，通常，契約等の成否をめぐり，一定の日時・場所における関係者の具体的な行為と会話の内容，経緯等について，正確な記載が要求される。

---

(26)　賀集・前掲672頁
(27)　畠山保雄「民事法廷は生きているか」判タ605号27頁
(28)　書研教材118号・新民事実務講義案Ｉ（改訂版）161頁。【以下は再録時の追記】
　同民事実務講義案の該当ページ（161～162頁）には，証人によって立証しようとする事実は，証人の経験した過去の事実であり，これは二つに大別できるとして，次のように書かれている。「その一は，ある法律行為（権利義務の発生・変更・消滅についての意思表示をしたかどうか。）の有無，及び，あるとすればその内容についてであり，その二は，ある客観的な存在とか状態（人とか物，特に土地・建物・機械・工作物等の状態，物を運搬したとか，修繕した部分・程度，あるいは自動車が衝突したときの現場とか衝突当時の模様というように，事案によって異なる。）についてである。したがって，前者については，特定人間のいわゆる「話合いの内容，いきさつ」が正確にとらえられていなければならず，後者にあっては，右のいわゆる「状態」が正確であることを要する。」

（二）　「モノ（物）」に関する供述

これは，要証事実として外形物の客観的な存在及び状態が問題になる場合の供述である。

通常，建物朽廃，意匠権侵害，交通事件等をめぐり，不動産や動産等のモノの存在，形態，状況，位置関係等が正確に記載されることが要求される。

3　調書の便宜記載

供述調書の記載対象は右にみた「争点解決に役立つ供述部分」であるが，争点に無関係の供述であっても，記載が求められるものもある。

例えば，契約履行を求める事件で未だ抗弁として主張されていない履行期猶予の合意成立に関する供述や，和解勧告のための資料となる供述等である。

これらは，記載の実益性の観点から，事案により便宜記載が要請されるものである[(29)]。

三　調書化の方法

1　供述の認識主体

供述調書は，右のように，主として「争点解決に役立つ供述部分」を記載するものであるが，では，誰の認識を記載するのか。

基本的には，書記官の認識を記載するものと考えられる。書記官は，自ら審判に立ち会い，証人等の供述内容（言葉と動作）について感得した自己の認識を調書に記載するのである[(30)]。

もちろん，書記官は，その職務については裁判官の命令に従い（裁判所法60条4項[【31】]），調書作成もその指揮監督の下に行われる。裁判官と

---

(29)　前掲・書研教材118号242頁，内田清「民事調書の作成要領」書協会報45号41頁

(30)　西村宏一「訴訟記録」民訴法講座二502頁，斎藤編・注解民訴法二391頁，小野田・前掲56頁，坂田和夫「調書作成についての一考察」書研所報16号100頁，「通常の場合」又は「一般論として」書記官の認識とするものに，菊井=村松・全訂民訴法Ⅰ追補版818頁，岩松=兼子編・前掲352頁

【31】　裁判所法60条4項「裁判所書記官は，その職務を行うについては，裁判官の命令に従う。」

認識を異にするときは，裁判官の命令に基づき記載しなければならない。

しかし，書記官は，裁判官の命令が正当でないと認めるときは，自己の意見を書き添えることができる（裁判所法60条5項【32】）。真実に反する記載については，裁判官の口授に従ったという理由によっても書記官の責任は解除されないと解されている(33)。

このように調書は，書記官が自らの権限と責任において作成するものである。この意味で，書記官には公証機関として「真実をまげないためには生命をも賭する史家にも比せられるような厳正さが要求される」(34)のである【35】。

書記官は，裁判という利害対立状況の中で，供述内容を公平中立な立場で客観的に把握し，その真実を記載しなければならない。

2　供述調書の記載方法

書記官作成の供述調書の内容は，争点解決に役立つ「供述の要領」である。民訴法144条【36】は調書には「弁論の要領」を記載するとし，ここにいう弁論の要領には証人・鑑定人等の陳述も含まれると解されている(37)。

「要領」というからには，法廷等で行われた供述内容を全部枝葉末節にわたるまで一言一句記載する必要はない。「争点解決に役立つ供述」を中心に，供述の要点＝要領を記載するのである。

【32】 裁判所法60条5項「裁判所書記官は，口述の書取その他書類の作成又は変更に関して裁判官の命令を受けた場合において，その作成又は変更を正当でないと認めるときは、自己の意見を書き添えることができる。」

(33) 西村・前掲502頁，岩松=兼子編・前掲354頁

(34) 団藤重光・新刑事訴訟法綱要七訂版61頁

【35】 今日では協働的訴訟運営の下，書記官には，裁判官とのコミュニケーション（打合せ等）を通じて争点につき共通認識を形成し，争点指向性の高い供述調書を作成することが求められているので，このような特異な場面が生じることは通常想定されない。

【36】 旧民事訴訟法144条「調書の実質的記載事項」 → 新民事訴訟規則67条1，2項に規定。前掲脚注【15】参照

(37) 斎藤編・前掲403頁

判例も，「調書ニ証人ノ陳述ヲ記載スルニ当リテハ其ノ趣旨ヲ害セサル程度ニ於テ要領ヲ記載スルヲ以テ充分ナリト解スヘク陳述ノ一言一句之ヲ掲記スルヲ要セサルハ言ヲ俟タス」とし，逐語的であることを要件としていない（大判昭14・3・17法律新聞4407—12）[38]。

学説も，書記官の調書が要領調書であることは認めている[39]。

昭和53年1月最高裁事務総局編・書記官会同協議要録（民事関係）9頁14問も，「調書の作成は書記官の基本的な職務の一つであり，現行制度の下にあっては，要領調書の作成を原則とすべきである。」（昭48民首中央）としている。

ただし，要領とはいえ，供述内容の全てが一律平板な要領記載でいいというわけではなく，後述のとおり，争点の内容・性質に応じて重要部分には逐語的記載が要求される。緩急自在な素描と細密の書き分けは必要である。

3　供述調書の特徴

調書には，書記官が認識した証人等の供述内容を記載する【40】。この供述内容には，単に言語表現だけでなく，供述者が過去における特定の事実を表現するために示した身振りや動作も含まれる[41]。

しかし，それは，どんなに忠実に詳細な再現を試みたとしても，過去の供述そのものとは異なる。「法廷での供述とでき上がった供述調書との間に，書記官の認識というワンクッションが存在する」[42]のである。

それは，法律専門職たる書記官の頭脳に反映され，法律的な選択の目を通して認識された供述の記載である，という性格を免れない。

---

(38)　判例コンメンタール⑭民訴法Ⅰ476頁

(39)　岩松=兼子編・前掲360頁は，供述の意味内容を書く「書記官の調書は，いきおい要領調書となる。」とする。なお，菊井=村松・前掲835頁，齊藤編・前掲403頁

【40】　裁判所職員総合研修所監修「民事実務講義案Ⅰ（四訂版）」（司法協会・平成22年（2010））226頁

(41)　岩松=兼子編・前掲399頁

(42)　坂田・前掲101頁

こうして作成される書記官調書には，次の二つの特徴が見られる。

①　書記官調書は，供述の意味内容を重視した事実の記載である。

書記官調書は，証人等の供述の意味内容を把握した上で，その思想内容を文章として表現することを任務とする。音声としての言葉を逐語的に録取し，忠実に文字に移しかえることを任務とする速記官の速記録とは異なる(43)。

書記官調書は，供述者の言葉がその文字限りで正確に書かれるということより，むしろ，その言葉によって表現された思想そのものが正確に書かれることを重視した記録である。そこでは，供述の言葉は単なる手段にすぎないともいえる(44)。

速記録と要領調書は，「前者が逐語的同一性ないし表現的同一性を目差し，後者は記述要約的な同一性又は意味的同一性で足る」(45)ところに，それぞれの特色と存在理由を有すると考えられる。

②　書記官調書は，法律的，内容的に整理された事実の再構成である。

書記官調書が供述の意味内容を重視したものとすれば，そこには必ず内容的な「整理」が加わる。「整理」というからには，本質的に①分類（意味的な分析・区分け），②選別（不要・無駄の排除），③並べ換え（合理的な整序）の三つの作業が伴い，そこには，そのための「基準」が求められる。書記官調書の場合，整理の基準となるのは，「争点と立証趣旨」である。

要領調書は，この「争点と立証趣旨」（立証命題）を焦点として，つまり争点指向性(46)を中心として，供述内容に取捨選択を加え，争点の解決に役立つ事実を中心に，内容別に整理して再構成されたものであ

(43)　西村宏一「速記録と調書」判タ53号30頁，岩松=兼子編・前掲360頁

(44)　昭28・民事裁判資料33号「民事第一審強化に関する民事裁判会同要録」152頁・議長（最高裁判事岩松三郎）発言

(45)　平田勝雅「調書の機能(二)」書協会報53号4頁

(46)　木川・前掲90頁

る【47】。

もちろん，再構成とは言っても，現実の供述内容の趣旨を変えることが許されないことは言うまでもない。

この争点（立証命題）指向性により法律的な視点からの選別と整理が加えられている点が，書記官作成の要領調書が速記録と大きく異なる点である。この視点からの調書作成は，法律的な知識と訓練を得た専門職としての書記官でなければ，よくなしえないものといえよう。

4　記載形式

書記官作成の供述調書の記載形式には，問答体方式と物語方式がある。

問答体方式は，問を高く答を低く記載し，尋問と供述を対応させた形式のものであり，物語方式は，問の部分を略し，供述のみを一連の文章にまとめて記載したものである。

「問答体方式＝逐語調書」との誤解が一部にあるが，問答体方式は必ずしも逐語調書とは言えない。要領調書の内容で，尋問・供述の形式を取ることも可能である。また，物語方式で「整理」を加えることなく逐語的に記載した調書もありうるのである。

調書の正確性を確保するためには問答体方式がより優れているとの見解もありうるが，問答体方式にしたからといって必ずしも内容が正確になるものでもない。

要は，争点指向性を基本に，供述者の真意を理解し，それを忠実に簡潔に表現した要領記載であることが大事であろうと思う(48)。

【47】　前掲「民事実務講義案Ⅰ（四訂版）」225頁には，「要領調書の意義」について，記載方式として問答体と物語体の2方式があるとした上で，「要領調書は，このいずれの方式によっても差し支えなく，争点に関する部分を詳しく，そうでない部分を簡潔に，つまり精粗を書き分けた調書であると考えられる。以上述べたことから，要領調書の意義をまとめると，要領調書とは，争点を中心に供述内容を取捨選択し，法律的，内容的に整理して再構成したものであり，①単に供述内容を一律平板に簡略に記載したものではなく，②争点指向性を高め，争点に関する重要な部分は詳しく，③それに応じて心証形成にも役立つ信憑性に関する事項も記載し，④関連事項を分かりやすく，まとめて表現した調書」としており，本稿と類似した表現で同趣旨を記載している。

(48)　前掲資料(44)

どちらの方式で，どの程度の要領記載をするかは，事案の種類・性質・内容､供述の仕方・内容等を勘案し､最適な方法を選択すればよい。

ただ，最高裁事務総長通達は，調書の陳述の要領欄には「問答体を使用する等，正確性を保持するように記載する。」として，問答体方式を期待している（昭和31・5・1民訟甲1号通達）。

問答体方式は，

① 争点とこれに対する供述内容が端的に把握しやすい，

② 争点部分での問と答の微妙な関係が表現しやすい，

という利点がある。

したがって，一般に問答体方式は，

① 複雑困難な事件で争点・立証事項が多岐にわたる場合，

② 争点に対し微妙な内容の供述が多い場合，

③ 争点の核心に触れる部分で，しかも，供述内容が二転三転したり，曖昧な供述が多い場合，

等，逐語的な記載が求められる場合に適切であるといえる。

一方，物語方式は，右のような利点はないが，問・答の交互構成の煩わしさがなく，意味的な要領記載になじみやすく，要を得た簡潔な調書記載を可能にする，という利点がある。

実務での記載形式としては，

① 問答体方式又は物語方式のどちらかで一貫するもの，

② 物語方式を基調として，部分的に問答体方式を採用するもの，

③ 主尋問は物語方式とし，反対尋問等は問答体方式とするもの，

などの方法が取られている。

四　調書作成の3段階

1　調書作成の3要素

書記官が供述調書を作成する場合には，三つの構成要素が考えられると思う。第1に素材，第2に視点，第3に表現である。

供述調書を作成する上で重要なことは，まず素材たる尋問・供述を

どう「収集」(取材) するかということ, 次に, その素材を一定の視点から, どう「選び, 組み立て」るか, そして最後に, これをどう「表現」するか, ということである。通常「供述録取事務」というが, 右の3段階が供述調書作成の基本作業として, 重要な考察対象になる。

第1の素材収集では正確性が, 第2の視点では争点指向性が, 第3の表現では明晰性が, それぞれの作業での主要指針になると思う。

よりよい供述調書作成には、正確性を追究した取材力と、争点指向性に基づく分析・構成力, そして明晰性を目指した表現力が必要となる。

2　素材収集

(一)　素材の限定性

調書化の素材は, 法廷等の場でなされた1回限りの, 時間とともに空間を流れ瞬時に消えていく尋問と供述である。

閉廷後, 書記官が勝手に供述者に連絡を取り, 供述の不明箇所を補充することは許されることではない。ここには素材収集の一回性と限定性がある。

公証機関である書記官は, この目の前で繰り広げられる尋問と供述のやり取りを受け身的な立場で録取し捕捉して行くが, 自ら積極的に発言し取材活動をすることはない。この意味では, 書記官は「沈黙せる公証官」といえよう。

基本的には, この法廷等の場で録取し得たものだけが調書化の素材になる。調書化には, 創作を加えた脚色は決して許されない。供述調書は, 供述の事実を伝達する報告文書であるからである。

それだけに, 書記官にとっては, いかに, どれだけの内容を録取しうるかが, 調書内容の正確性と作成の能率性を確保する上で重要な問題となる。

(二)　素材の収集

素材は豊富なほどよい。加藤秀俊氏は, その著「取材学」(中公新書) の中で, 板前の「材料七分, 腕三分」の話を紹介し, これは, ものを書く仕事にも当てはまるとする。素材収集 (録取) の善し悪しが調書の出来栄えを決定するといってもよい。

豊富な素材収集のためには，

① 自分流の速記技法を工夫し，スピーディな手控え（録取）方法を習練する，

② 事前に記録を読み，事案の概要をつかみ，法廷では，争点，立証趣旨（争点指向性）を念頭において，できるだけ多く録取する（素材収集），

③ 証言の証拠価値を損なわないように，肯定か否定か，経験か伝聞か，断定か推測か等を明確に聞き分ける，

ことなどが肝要であろう。

（三）　正確性

供述内容の正確性という場合，現実の供述との符合性（形式的真実性）と，供述内容そのものの真偽性（内容的真実性）とが考えられるが，このうち後者は裁判官の判断対象であり，書記官調書は専ら前者の符合性を問題とするものである(49)。

しかし，書記官が単に供述の言語的意味のみを追い求め，それを書き表すだけに止どまっていては足りないと思う。

書記官にも，「供述者が過去に真に経験したそのままを知ろうとする」(50)姿勢がなければ，供述の趣旨を的確に把握し，事の真相を描き出すことはできない。

「過去の事実の意味する意味を直接に嗅ぎとって理解しようとする」供述の底を聴く姿勢を持つことにより，簡にして要を得た要領調書の作成も可能になると思う。

3　視　点

（一）　取捨選択の基準

書記官の供述（要領）調書は，法律的な視点で取捨選択され，内容

(49)　平田・前掲「調書の機能」26頁
(50)　毛利与一「自由心証論」司法研修所教材「供述心理」19頁所収

別に整理され再構成されたものである。

書記官は，当該事件の要件事実は何か，そのうち争点部分はどこか，争点の存否認定に役立つ間接事実は何か，それを理解した上で，争点指向性を中心に供述を取捨選択して要領調書を作成する。そのための基本的な法律教育は受けている。

争点指向性の関係では，

① 争点の所在

② 供述者と立証事項・立証趣旨との関連性

③ 供述内容と争点との関連性

の三つが重視されなければならない。

この争点指向性は，書記官が供述調書の要領記載をする場合の不可欠の視点となる。

（二） 書記官の法律専門職性

この争点指向性があればこそ，心証形成者である裁判官と認識方向を共有し，一般に両者の認識に差異は生じないといえる(51)。また，一方で法律専門職たる公証機関としての書記官作成の調書として，高い信頼性と価値が認められることにもなるのである。

もしこの視点を欠いてもよいのであれば，書記官が供述調書を作成する必要はない。録音機の操作と国語力に優れた録音反訳家がいれば足りるだけである。

また，この視点を欠いた供述調書は，不正確で，重要事項を欠落しているとか，不必要な部分を逐語的に冗長に記載してあるとの非難がなされることにもなるのである。

（三） 争点指向性と信憑性

書記官が供述調書を作成する場合，この争点指向性は，素材収集から調書化のための文章の構成，表現に至るまで，一貫して基本線になければならない。

---

(51) 西村・前掲講座507頁注(二)参照

争点指向性を高めるには，主として次のような点に留意しなければならない。

①　幅広く法律知識の修得に努める。

②　記録（弁論関係､証拠関係）を精読し､争点と立証趣旨を把握する。

③　人証申出者に対し，詳細な尋問事項書の提出を促す【52】。

④　争点・立証趣旨が不明の場合は裁判官に聞く（心証形成者と調書作成者との視点の同一性を図る。）。

なお，供述調書の要領記載の中心的な判断基準は争点指向性にあるが，第二次的な判断基準としては信憑性がある。

要領記載には，争点指向性を中心にしつつ，心証形成力に影響する信憑性に関する事実を付加していく「太めの記載」が求められる。

4 表　現

(一)　話し言葉と書き言葉

供述内容を文章化するのは，決して容易な作業ではない。

実際の尋問や供述は，重複や言い直し，無駄な言葉，曖昧な言い回し，主語・述語の不照応などが頻繁にある。話題も本筋から大きくぶれたり，前後転々とし，脈絡も不分明だったりする。

それでも，その場では，身振りや口調，声の調子等の言語以外の状況的な助けを借りて，一応わかったように思われる。

しかし，しゃべったとおりに書いたのでは理解できないことが多い。話し言葉と書き言葉とは「お粥と赤飯ほどもちがう」(53)のである。現実の尋問どおりに逐語的記載をしたのでは，却って調書本来の伝達機能を阻害することにもなる。逐語的であることは，必ずしも正確であることを意味しない。

(二)　文章化の作業

文章化の作業においては，この脈絡不分明で冗長な話し言葉の中に

【52】　新民事訴訟規則107条には，証人尋問の申出をするときには尋問事項書の提出を要し（1項），尋問事項書は「できる限り，個別的かつ具体的に記載しなければならない」（2項）と規定されている。

(53)　井上ひさし「自家製文章読本」新潮社刊41頁

も，供述者の真意を見極め，原則的に文章として一定の秩序と統一を与えなければならない。

書記官が文章化に苦労するところは，雑然として話のもつれた冗長な供述内容にも真意の一本の道筋をくみ取り，事柄の実相を達意簡明に表現することである。

ここには「文章の力」が求められ，同時に，供述の底を聴く事実の忠実な追求と誠実な記述，文章化のための綿密な配慮が要求される[54]。

（三）　明晰性

文章表現は，言語表現としての性質上，「根本的に，時間的・継時的・線条的性格を持つ」[55]。供述の文章化も，言語という一条の糸を織りなして過去の事実を構成し展開させていく知的な組立て作業である。ここでは供述の真意を把握し，的確な言葉を選び，正確な表現が求められる。

また，文章は，「常に同時的全体として把握される」絵画や彫刻などとは違い[56]，必ず時間的経過においてでなければ内容が了解されないという特徴がある。この点からは，文章の一行構造の中で，読み手にとって，読み進むごとに前後の文脈関係が明確に理解しうるような表現方法も工夫される必要がある。

伝達機能を本旨とする供述調書の作成に当たっては，適切な構文と明晰な表現が不可欠である。「明晰」とは，筋道が通っていて，誰にでもすぐ，よくわかるということである【57】。

---

(54)　蕪山嚴「文章の復興」書記官107号2頁，蔵本貢「民事調書に関する覚え書」書協会報5号64頁

(55)　時枝誠記「文章研究序説」山田書院49頁

(56)　前掲資料(55)

【57】　井田良ほか「法を学ぶ人のための文章作法」（有斐閣・平成28年（2016））は，「法律家の文章は，法的情報の提供と伝達のための手段である」（20頁）とし，法的文章が備えるべき基本的性質として「書き手の伝えたいことを正確に・平易に・論理的に伝えること」（37頁）をあげている。

次章以下では，供述調書作成の技術を①録取，②構成，③表現の3段階に分けて考察し，最後に調書作成を書記官事務のトータルな面でとらえて検討したい。

２章　録取の技術

一　要領調書作成の阻害要因

書記官は，「法廷で，時には淡々と，時には丁丁発止と激しくわたり合う尋（質）問者と供述者の一問一答を，瞬時に，正確に録取」[58]していかなければならない。

書記官が正確な要領調書を能率的に作成するには，法廷での録取（手控え）力の充実が不可欠である。この録取は，速記メモによって行われる。速記メモとは言っても，書記官の場合，特別の速記技術教育を受けているわけではない。書記官各自の任意の工夫と訓練による手書きの速記法が取られているにすぎない。

ところが，今日の法廷での実情には，この書記官の手書き録取を一層困難にし，要領調書の能率的作成を阻害する種々の要因がある[59]。

主なものとしては，

1　事件の面では，

①　経済・社会の高度化に伴い，複雑で争点が多岐にわたる事件が多くなり，これにより尋問・供述内容も複雑になり，専門用語が増えたこと，

②　右の事情を反映して，一般に供述調書に対し，訴訟関係人から

---

(58)　法学セミナー1979年7月号67頁コラム「裁判所書記官」

(59)　昭和54年度書記官専門（刑事公判）研修における「裁判所書記官の供述録取事務，特に録音機使用による録取事務に関する問題」に関する協議結果・書記官104号21頁，研究報告「供述の要領記載を阻害している因子とその解消策」書協会報91号23頁，座談会「録取事務の現状と今後の課題」書記官107号8頁以下，座談会「供述録取事務をめぐって」書記官108号34頁以下，「裁判官との座談会」書協会報82号44頁以下等

の逐語的記載の要望が強くなってきたこと，

③　それに対して速記官立会の手当が十分になされない実情にあること，

2　当事者の面では，

①　尋問者及び供述者ともに，一般に昔に比べ早口化し，より詳細な尋問・供述が増えたこと，

②　質問が包括的に，冗長で無駄多くなされ，これに対する供述も，冗長で無駄多くなされること(60)，

③　不整序かつ矢継ぎ早の尋問が多く，尋問技術に工夫がないこと，

④　速記官を付した事件に慣れたせいもあり，書記官の手控えに対しては無関心，無理解であることが多いこと，

⑤　近時のコピーの普及・低廉化により，昔（昭和40年代以前）とは違い，複写した尋問調書等を手元に置き，その一字一句をとらえた詳細な尋問が行われやすいこと，

3　裁判官の面では，

「争点ないし要証事実の整理が充分に行われないまま証人尋問に入る事例も少なくなく」(61)，尋問中，訴訟指揮面での配慮も不足していること，

4　書記官の面では，

①　時間的な余裕がなく，事前に十分記録を読み，争点等を把握することが困難な状況にあること，

②　要領調書作成の技術について，十分な教育と訓練が不足していること

等の事情が上げられる。

しかし，より多くの問題は法廷の場にあるといってもよい。録取が手書きである以上，あまりに早口，矢継ぎ早に話をされたり，数値や

(60)　本間義信「証人尋問に関する制度上の問題点」自由と正義31巻5号69頁

(61)　中根宏「当事者からみた証人尋問」自由と正義31巻5号49頁

専門用語が頻繁に出てきたのでは，いくら優秀な者であっても録取は困難となる。書記官は，しばしばこうした事態に立たされ，事後の調書作成に呻吟難儀することがある。

こうした法廷の実態に対しては，戦後これまで何ら有効な方策も改善も行われないまま推移してきたといってもよい。書記官にとっては，孤独にも，「供述内容確保のための自己防衛」として法廷立会に録音機を携行利用することが，唯一の「改善」と言えば改善であったかもしれない。

二　録音機使用の弊害

録音機の登場と急速な普及は，手控えの補充用具として，また供述調書の正確性を高める用具として，極めて有用なことではあった。

しかし，録音機の録音体は，一覧性を欠く時間的な線条構造であり，その再生には録音と同じ時間がかかってしまうこと，再生時の見出し（検索）機能がないことが，決定的なマイナス点である【62】。

録音機は，調書の正確性の確保にとっては有用であったものの，調書作成の能率性の観点からは，書記官に逆に多くの犠牲と負担を強いる結果になったことも，また否めない事実である。今後，録音機使用が当然化し，録音再生により調書を作成すべきことにでもなれば，書記官にとって録音機は補助用具ではなく，むしろ桎梏でしかなくなる【63】。

この点への反省と批判から，近年，録音機使用の弊害面として，次

【62】 現在のデジタル録音機（ＩＣレコーダー）は，機種にもよるが，ステレオ録音，ノイズ低減，リピート再生，早聞き遅聞きの再生速度調整等の高機能化が進み，パソコンとの接続も可能で，「録音の文字起こし」作業は，昔に比し相当進歩し，容易になっている。

【63】 現在のデジタル録音機の高性能を考えれば，録音機を使用することが直ちに「桎梏」とまでは言えないが，録音機再生利用に依存し過ぎる場合の弊害は，現在でも依然としてあり得ると考える。

のような点が指摘されている(64)。

① 録音機使用により，法廷での尋問者は書記官の手控え速度に対し更に配慮をしなくなり，尋問速度は一層速くなるばかりである。

② 録音機を過信するあまり，録音が不明瞭又は再生不能の場合，調書作成不能の事態も起こりうる。

③ 録音の再生反訳による調書作成に長時間を要し，他の，より重要な書記官事務（訴訟進行管理事務等）がおろそかになってしまう。

④ 作成された調書は，逐語的となり，争点に無関係な供述部分も多く，冗長で読みにくいものになる。

⑤ 書記官の基本的能力の一つである筆記録取力や文章構成力が低下してしまう。

⑥ 録音反訳は誰にでもでき，法律専門職としての書記官に対する評価が低下してしまう。

ここには，単に負担加重や逐語性云々の問題だけでなく，書記官の本質的なものに対する危機感がある。

三　書記官の原点の再確認

書記官にとって，現実の多様な職務範囲と能力，実績に基づき，法律専門職にふさわしい地位と職務権限の獲得，職務能力の向上（書記官制度の改善)を図ることは多年の課題となっている。そのために「書き役」からの解放，供述録取事務の軽減化は，かねてからの悲願ですらある。

録取事務の軽減化の方策としては，録音体（録音テープ）の調書への引用方式や主尋問の書面化（供述書提出）方式等が検討されている(65)。これらが実現されれば，書記官の事務負担の軽減には極めて

---

(64)　小野田・前掲65頁，張替貫一「録音機考」書記官114号53頁，前掲資料(59)

(65)　研究報告「供述録取事務の合理化」書協会報98号24頁，同「供述録取事務の軽減化についての方策」書協会報93号2頁，同「供述録取事務合理化の諸方策（民事関係）主尋問の書面化」書協会報93号17頁等

有効な方策となろう。

しかし，法廷の実態がどうであれ，政策論がどうあれ，書記官は，さしあたり，現実眼前の公証事務を止めるわけにはいかない。

書記官としては，遠くを見通すとともに，足元をじっくり見つめ直すことも，また必要なことである[66]。常に供述調書の本来の在り方，原点を確認し直し，能率的な調書作成の方策と技術を模索し，研究していく必要がある。

その研究と努力の集積の中に，法廷の実態が調書の書き方を制約するのではなく，要領調書の有り様が逆に法廷での尋問方法をリードしていくという方向が見い出されなければならないと思う[67]。

菊井・村松著「全訂民事訴訟法〔Ⅰ〕追補版」822頁は，「最近法廷で録音機を利用することが多く，これが正確な調書を作成するのに役立っているが，逆に録音に頼るため安易な逐語的再現に慣れやすく，要点を把握して簡潔かつ正確な優れた調書を作成するという本来の意図がややもすれば忘れられがちであるように思われる点は，反省を要するところであると思う。いずれにせよ，要領調書の利点がもっと見直されてよい」とする。

また，前出の書記官会同協議要録（民事関係）9頁14問も，「調書の作成は書記官の基本的な職務の一つであり，現行制度の下にあっては，要領調書の作成を原則とすべきである。事案によっては，部分的に逐語を交えることも当然必要であるが，テープレコーダー等を使用して安易に逐語調書に流れることは，一定の国語能力さえあれば供述録取事務ができるということになり，書記官の自滅行為とも考えられ，極めて憂慮すべき問題である。書記官はその法律的知識と素養に基づいて的確に事案及び争点を把握し，事案に応じた適切な要領調書の作成

(66)　小泉祐康「裁判官からみた供述録取調書の問題点」書記官108号19頁，「足もとをみつめて－録取事務再考－」書記官107号巻頭言

(67)　前掲・渡邊昭「供述録取事務の現状と問題点」書記官108号26頁

に精進していただきたい。」としている(68)。

今，求められるのは，姿勢論や掛け声ではなく，要領調書作成の具体策と実務への再起的な定着化である。

四　録音機使用の在り方

こうした観点からは，録音機使用に対し，次のような手控え重視の姿勢と方策が望まれる。

1　録音機の位置づけ

録音機はあくまで録取補助用具と考えなければならない(69)。

録音機は「時間」的経過性を本質的要素とし，再生にも時間がかかる【70】。これに比べれば，「空間」利用の要点筆記の方が，後の処理では，一覧性に優れ，はるかに能率的な方法である(71)。

手控えに基づいて供述調書を作成しなければならないとする基本姿勢を持ち，手控え充実の工夫をすることが肝要である。

2　録音機利用の姿勢

録音機はできれば法廷に持ち込まない姿勢が望ましい。その姿勢が堅持できれば，それに越したことはない。真に録音機を必要とする事件は，そう多くない。録音機を持ち込めば，つい頼りにしてしまい，録取の手も緩んでしまう。

初心者が初めから録音機を持ち込み，それに頼ってしまうと，一生筆記録取力が身につかないといわれる(72)。初心者は，むしろ録音機を持ち込まないことを自らに課した方がよいと思う。

---

(68)　安倍武「四面に対処する実践」書記官72号2頁，坂井芳雄「草書型調書のすすめ」書記官73号2頁，同「草書型調書その後」書記官126号89頁

(69)　斎藤寿郎「アメリカの裁判所における速記制度と録音機使用の関係について」書協会報22号6頁，最高裁刑事局との座談会・書協会報69号7頁，前掲資料(59)

【70】　現在の録音機が高機能化していることは，前掲脚注【62】参照

(71)　加藤・前掲「整理学」44頁

(72)　立花隆「『知』のソフトウェア」講談社現代新書81頁以下「テープレコーダとメモ取り」参照

3　録音機利用の場合

ただ，瞬時に消えていく尋問・供述では，神経をいくら尖鋭に澄ませていても，聞き落としや飲み込めないことなどが出てくる。文章化してみると，重要部分で微妙な箇所において裁判官の認識と違うこともありうる(73)。

録音機持ち込みが一概に全ていけないとは言い切れない。

① 数字や専門用語が頻繁に出ることが予想される場合，
② 争点が多く重要事項についての尋問が予定され，逐語的な記載が要求される場合，
③ 訴訟関係人の癖により，早口，矢継ぎ早の尋問が避けられないと予想される場合

等には，予備的な「安全装置」として録音機の持ち込みが必要とされる場合もあろうと思う。

4　録音機利用の仕方

問題は，録音機の利用の仕方にある。録音機の再生利用は，あくまでも不明な箇所を確認し，不足箇所を補充する補助手段にとどめることが肝要である。

しかも，この場合，不明あるいは不足箇所があったからといって安易に録音再生にかからない。真に録音再生の必要性があるか，再生をし確認・補充を必要とするほど重要な部分かどうか，この点をまず吟味しなければならない。

争点に関係する重要な部分について，早口あるいは矢継ぎ早に微妙な尋問・供述がなされたり，その趣旨が聞き取りにくかったりしたとき，数字や専門用語の聞き落としがあったときなどに限り，しかも，その部分に限って再生利用を考えるのである。

録音再生の利用には，以上のような厳しい節度が一番大事であると思う。

---

(73)　前掲・「裁判官との座談会」47頁

録音再生により初めから手控えを全面的に補充し直し，それから調書を作成するようなことは，法は要求していないし，予定もしていない。書記官の基本能力が疑われるようなことは避けた方がよい。

五　証拠調べの効率化

1　訴訟関係人の協力

書記官がひとり手控えを重視して録取に励んでも，それだけで効果があがるものではない。まずは，「何よりも争点をしぼり尋問事項を整理した要領のよい尋問と証人等の的確な対応等，関係人の協力が必要である。」（菊井・村松前掲書821頁）。

法廷での早口，矢継ぎ早の尋問等が放置されていて，正確で能率的な，よい調書ができるはずはない。書記官調書の正確性と能率性は，裁判官の訴訟指揮と訴訟関係人の尋問技術に大きく左右される。

裁判官にも，訴訟関係人にも，まず要領調書作成と手書き録取の条件作りに対し理解と協力を要請することが必要と思う。

2　条件の整備

次のような条件が満たされれば，書記官の労力も軽減され，調書もより早く完成でき，しかも簡潔で無駄のない要領調書の作成が可能になると思われる。

① いうまでもなく，争点を整理し，争点（立証命題）と書証，人証等の関連，間接事実や立証の範囲まで明確にし，争点指向性を高めた証人尋問を実施してもらうこと(74)。

要領録取には，記録を読み，争点を把握し，事前に尋問・供述事項をある程度予測できることが必要である。

---

(74)　交互尋問制の効率的な運用については，当事者の事前準備と裁判官の訴訟指揮の重要性が指摘されている（石井良三「民事法廷覚え書」42頁以下，近藤完爾「民事訴訟論考」第2巻239頁以下，木川・前掲82頁以下，畠山・前掲26頁），なお，司法研修所教官・裁判所書記官協議会座談会・書協会報91号106頁参照。

証拠調べ段階で初めて，記録上からは予想もつかない尋問や事実が出てきたのでは，予測可能性が崩れ，録取は混乱してしまう。

② できるだけ詳細な尋問事項書を提出してもらうこと。

証人尋問の申出をするには尋問事項書の提出が義務づけられている（民訴規31条【75】）が，「その他関連事項一切」といった包括的，抽象的な形で記載されている場合が多い。

しかし，具体的に記載された尋問事項書を提出してもらえば，それは，証拠調べに視点と要点を与え，「書記官の事前準備の最も的確な資料になるのであり，実際の録取，調書作成の過程でも参考になる」(76)のである。

この尋問事項書の果たす役割はもっと重視されていいと思う。

③ 質問は，原則として事柄の時間的順序に従い，関連事項ごとにまとめて進行してもらうこと(77)。

「場当り的にあちこちに飛んでは戻る式の尋問では，証人，聴き手，録取者が混乱してしまって，無駄と誤解を生じる。」(78)

④ 質問は簡潔に行い，まず質問された事項に対する答＝結論のみが一問一答式に簡潔に供述されるようにしてもらうこと(79)【80】。早口の矢継ぎ早の尋問は録取不能である(81)。

【75】 尋問事項書の提出は，新民事訴訟規則107条に定められている。
同条1項「証人尋問の申出をするときは，同時に，尋問事項書（尋問事項を記載した書面をいう。以下同じ。）二通を提出しなければならない。ただし，やむを得ない事由があるときは，裁判長の定める期間内に提出すれば足りる。」
2項「尋問事項書は，できる限り，個別的かつ具体的に記載しなければならない。」（3項の記載省略）

(76) 川口冨男「裁判官からみた証人尋問」自由と正義31巻5号42，43頁

(77) 前田茂「証人尋問の技術」自由と正義31巻5号65頁

(78) 川口・前掲44頁

(79) 民訴規35条1号で「具体的又は個別的でない質問」が制限されるのは，「一問一答式の方法によるべきことを示した趣旨である。」（民事裁判資料55号・民事訴訟規則の解説71頁）

【80】 新民事訴訟規則115条参照。「質問は，できる限り，個別的かつ具体的にしなければならない。」と規定されている。

(81) 前掲「裁判官との座談会」47頁

必要があれば，さらに理由なり事情を聞いて内容を深めていくという，段階的な積み重ね方式で尋問が展開されていくことが望まれる。包括的な質問や脈絡のない質問，供述者のしゃべくり放置は避けてもらいたいものである。

⑤　法廷での質問と答は，常に「はっきり，ゆっくり，大きな声で」，書記官の手控え速度を考慮しながらなされるよう配慮してもらうこと。

録音機はあくまでも補助手段であり，「尋問の結果は正確に（逐語的に正確という意味ではない。）調書に残されないと無価値に等しいから，尋問者は，録取されるものであることを常に念頭において尋問すべき」[82]ことが徹底されなければならない。

⑥　供述は必ず短く区切り，尋問者において供述内容を再度復唱し，不要部分は除外し，供述の趣旨を要約して繰り返し尋問してもらうこと[83]。特に，固有名詞や数字は反復してもらうことが望ましい。

これでは交互尋問制の妙味と効果が減殺されてしまうという指摘もあろうが，書記官の手許の進み具合を全く顧慮せずに「活発で効果的な交互尋問」が行われたとしても，素手で立ち向かう書記官としては手の施しようがなく，録取不能である。

こうした供述内容の復唱・要約の尋問方法は，むしろ速記官立会の場合は有害であるが，書記官による手書き録取の場合，正確かつ能率的な要領調書を作成する上で極めて有効な方法である。

速記制度の導入前後の時期頃までは，裁判官や訴訟関係人に，この点の配慮がもっとあったのではないかと思う[84]。

---

(82)　川口・前掲45頁

(83)　川口・前掲45頁，畔上英治ほか「速記尋問の要領」法曹時報9巻12号21頁

(84)　畔上英治「民事訴訟における非能率(一)」法曹時報11巻1号55頁は，「書記官の要領筆記は速記と異なるので，筆記のための時間をおく必要があり，書き落とし，聞き落し，聞き間違いのないように，証人等の供述内容を発問者において要領をまとめてくり返すのが慣例になっている」とする。しかし，その後の速記制度の導入と録音機の普及は，速記向きの尋問方法のみを普及させ定着させてしまったように思われる。

以上，①争点指向性を高めた証人尋問の実施，②詳細な尋問事項書の提出，③順序だった尋問，④一問一答式の尋問，⑤書記官の手控えへの配慮，⑥答の復唱・要約尋問と，たった六つの配慮だけでも徹底されたとしたら，事態は相当改善されると思われる(85)【86】。

これは，書記官の事務軽減のためだけにする提言ではない。より本質的には，裁判事務を全体としていかに合理的に運営するかという司法運営に直結する問題なのである。

書記官の要領調書の不正確性を批判するのは，たやすい。より大事なのは，それを阻害している要因の探求と解決策の模索，必要な条件の整備と制度運営面への工夫と配慮であろう。

なお，書記官が事件の内容に精通し，よりよい要領調書を作成するには，法廷立会形式は，曜日担当制よりも事件担当制にする方が効果的ではないかと思う。

六　手控えの取り方

とまれ書記官としては，正確で能率的な要領調書を作成するためには，法廷での手控えを重視しなければならない。

仮に録音機を法廷に持ち込んだとしても，録音機に頼らない心づもりが何より肝要である。録音再生の煩わしい操作と多大な時間の浪費の中で失われていくものの大きさを考えなければならない。

---

(85)　交互尋問の実際の病理と改善策を説くものとして，木川統一郎「戦後最大のエラー・交互尋問の導入」判タ400号96頁，同・前掲新・実務民訴講座二75頁以下がある。

なお，昭和61年12月民事裁判資料第169号「民事訴訟の審理の充実を図るための方策に関する協議要録」82頁以下，同133頁以下，同241頁以下の「証拠調べの効率化」の項参照。

【86】　前掲民事実務講義案Ⅰ（四訂版）では，争点を絞り尋問事項を整理した的確な尋問が行われることを前提に，次のような配慮が必要とされている（226頁）。

①裁判長による適時適切な介入整理，②特に主尋問における時間的，論理的順序を念頭に整理された尋問，③一問一答式の簡潔な尋問及び陳述，④裁判所書記官の手控えを配慮した尋問速度，⑤必要に応じた陳述内容の復唱要約，⑥詳細な尋問事項書の提出，⑦陳述書（争点指向型の詳細なもの）の活用

法廷での手控えを充実させるためには，次のような点に留意するとよいと思う(87)。

1　立証事項の把握

(一)　記録の精読

立会前に記録（弁論関係，証拠関係）や尋問事項書を精読し，事件の概要，争点の所在，争点と証人との関係，立証趣旨を把握しておく。

争点の所在を知るには，訴訟物は何か，原告の請求を理由あらしめる事実は何か，被告の認否・抗弁，原告の再抗弁等はどうかなど，双方の権利主張を分析的・構造的に検討することが欠かせない。

(二)　メモ・略語等の用意

複雑な事件では，主張・認否関係を図解して理解し（視覚化は理解を早める。），そのメモを手元に持参するのも有効である。頻出が予想される特殊・専門用語等は，あらかじめ自分流の略語を決めておくとよい。

2　問より答を重視

供述調書の重点は，問より答にある(88)。尋問内容を詳しく追って録取するよりも，むしろ答の供述部分の録取に力を入れた方がよい。

問の方は，後でも答の部分から推測できる。

3　質より量を

(一)　録取の姿勢

手控えを取るには，「武士が戦場に臨むような真剣さ」と，「証言にくいついて行くような気魄」が必要と思う(89)。

録音機依存の心情傾向を断ち切り，瞬時に時空に消え去る言葉をつかみ取り，記憶確保のため紙面にその痕跡を刻みこまんとするには，

---

(87)　山口軍司ほか・註解書式全書民訴編413頁，大山涼一郎「民事事件における証人調書の作成について」書記官110号22頁

(88)　川上喬市「証人調書作成上の問題点ならびに執行文付与に当っての問題点」書協会報68号4頁

(89)　新村義廣「裁判官からみた民事書記課事務」判タ21号28頁

このくらいの気迫がなければならない。

手を速く動かし，必要と思われるところは，できるだけ多く録取する。

実際の法廷では，事案にもよるが，区切り目で要約し書いていくという余裕はない。初心者は「言ったら即書く」位の気構えがほしい。重要か重要でないか，質の問題は後でも考えられる。量が先である。

(二)　争点指向性

録取段階でも，争点（立証命題）指向性を念頭に入れ，争点・立証趣旨との関連を考慮し，ある程度供述内容を取捨選択していくことが望ましい(90)。

しかし，そのためには，一定の経験の積み重ねによる慣れと冷静機敏な判断力が要求される。

4　要点の明確化

(一)　基本的要素

手控えは単語だけの羅列にしない。後で文章としての脈絡が判然としないことが多い。

争点部分の微妙なニュアンスを書き表すには，できるだけ文の形に書き留めておいた方がよい。

基本的要素としては，少なくとも，

1　6W2H，
2　具体的事実の存否に対する「肯定か否定か」の答弁，
3　その答弁が直接経験か伝聞経験か，断定か推定か，

を必ず押さえておく。

6W2Hとは，

①　Who「誰が　―　主体」
②　Why「なぜ　―　理由」
③　When「いつ　―　日時」

(90)　前掲・座談会「録取事務の現状と今後の課題」18頁中の小仁所教官発言

④　Where「どこで ― 場所」

⑤　What「何を ― 客体」

⑥　How「どのように ― 方法・状況」

の5W1Hに，さらに

⑦　Whom「誰に ― 相手」

⑧　How much「いくらで ― 価額」

を加えた合計八つの要素である(91)。

通常5W1Hの形で取り上げられるが，取引行為では，⑦⑧の要素は特に欠かせない。

右のような基本的あるいは重要な点を漏れなく押さえれば，その「点」を「線」に結び，具体的な供述内容の趣旨を思い出すことは可能となる。

（二）　録取の明確化

固有名詞（人名，地名等）や数字（年月日，金額等），専門用語（医療事故・機械器具関係用語）は正確に聞き取る。これが曖昧だと不正確な調書になってしまう。

5　不明瞭箇所の確認と補充

（一）　不明瞭箇所の確認

不明瞭な箇所は，その場で聞き直し確認する態度も必要である。沈黙の墨守が美徳なのではない。その場で聞き取りにくかったものは，録音再生でも聴取不能と思った方がよい。

しかし，ことごとく確認したのでは，訴訟進行の障害にもなる。尋問中での確認には，事前の裁判官との打合せと，話の腰を折らない配慮が必要である(92)。不明瞭箇所には「？」を付けておいて，尋問終了

---

(91)　扇谷正造「ビジネス文章論」講談社現代新書36頁，坂井尚「ビジネス文書作成要領」日本経営社団体連盟刊16頁

(92)　座談会「供述録取事務をめぐって」書記官108号36頁

後，裁判官あるいは訴訟関係人に確認することもできる。

（二）　手控えの早期補充

手控えの不明瞭な箇所，不完全な箇所については，記憶の鮮明なうちに早めに補充する。

尋問途中の空いた時間又は尋問終了後，早めに加筆修正を施しておくとよい。

6　手控えの方法は自分流に

（一）　手控え用紙

手控えは未だ公の記録ではない(93)。あくまでも自分のためのものである。

用紙はＢ5判のざら紙で十分である。縦書きでも横書きでも，その仕様，書き方は一切自由である。

ただ，日時，金額，数量等の数字や符号などを書くには横書きが便利だと言える。横書きはまた，記載済みの部分を見ながら書け，しかも，その部分や手などを汚さないで済む利点もある。

（二）　速記技法

スピーディに書き取れる自分流の速記技法を工夫する。

筆記具は，一般に筆圧を要するボールペンより，芯の柔らかい鉛筆（ＨＢ乃至Ｂ）の方が走りやすい【94】。

スピーディに書くには，字を小さくし，手首の上下・左右の動きの振幅を少なくする。手控えの一行はＢ5判縦二つ折り位の長さが適当と思われる。

（三）　略字・略号等の活用

手控えの文字は，できるだけ画数の多い漢字は使用しない。カナを

---

(93)　西村・前掲講座494頁

【94】　当時はザラ紙に鉛筆で書いていたが，今日ではボールペン等の筆記具も進歩しているので，状況は違うと思う。

使う。

その上で，自分なりに工夫した略字・略号を使う（アルファベットは筆記体とする）。略字等は，できるだけ連想性のある画数の少ない自分流のものを用いるのがコツと思う(95)【96】。

例　原告＝G　被告＝H
証人＝S　あなたは＝Y
裁判官＝才　弁護士＝弁
昭和62年9月6日＝S62.9.6
建物＝タ　土地＝ト　登記＝とキ
交通事故＝こつジコ

7　調書の早期作成

調書は，記憶の鮮明なうちに，早めに作成に取りかかる（５章参照）。

記憶が鮮明であれば，「その事件の陳述応答の先後，陳述人の口調，姿態，動作，その間の流れつながり等の法廷筆記に載らない末節のことがらをも，回起，反復することができ，要旨の整理もそれだけ容易になる」(97)。

３章　構成の技術

一　全体構成

1　組立て

要領調書の作成は供述内容の文章化であるが，文章化は建築物の組立てに似ている。

---

(95)　手控えの略符号等は，前田覚郎「民事訴訟記録及び判決書の合理化に関する研究（民事合理化研究）」司法研究報告書17輯6号22頁以下に詳しい。なお，倉田卓次「手控の実技」判タ311号42頁には，裁判官用の主張関係中心の略語が披露されている。

【96】　平成元年度書記官実務研究報告書「民事訴訟の審理の充実と書記官の役割」（書研）の資料編【資料3】にも，「法廷手控えの略語例」が掲載されている。

(97)　蔵本・前掲覚え書65頁

建築には，しっかりした柱を必要とするように，調書作成にも柱として争点・立証趣旨（争点指向性）を念頭に置くことが必要である。そして，建築と同様，調書作成も，いい材料を選び，適切な間取り（構成）を取り，全体を効率的に組み立てていくことが要求される。

2　記載順序

（一）　形式的枠組み

供述調書は，形式的な枠組みとして，まず尋問・供述を「尋問者別」に区分して構成されるのが基本である。建物で言えば，棟割りのようなものである。

交互尋問制の下では，通常，①主尋問，②反対尋問，③再主尋問，④再反対尋問，⑤裁判官の補充尋問の順で実施されるので（民訴法294条，民訴規33条）【98】，供述調書も，この順序で，尋問者ごとに記載していくことになる。

この場合，関連事項であっても，原則として，主尋問・反対尋問等での各供述をまとめて記載することはしない。ただ，反対尋問中の事実を前提としない再主尋問中の事項については，主尋問中にまとめて記載することは可能だと思う。

（二）　記述の順序

内容面では，原則として尋問・供述のなされた順序で記載する。しかし，錯雑とした内容は，一般に一定の論理的順序で整理を加える必要がある。

(1)　人物設定

まず調書冒頭では，前提となる供述者の身分経歴，係争事実との関係を明らかにする。

実際上，これは，供述全体の信用性に影響することであるので，冒頭に尋問されることが多い。しかし，そうでなくても，最初に供述者の立場を確認しておく方がよいだろう。読み手にとって，事後展開す

【98】　新民事訴訟法202条，新民事訴訟規則113条参照

る供述内容の理解を容易にするからである[99]。

(2)　時間軸

次に，供述内容の全体的な流れとしては，基本的には時間的順序で「過去から現在へ」と記載していくのが原則である。

時間的な先後関係が入り乱れると，読み手の思考の流れ（方向性）に混乱を与え，理解しにくくなる。信憑性の判断に影響のない限り，実際の尋問の順序に拘泥せず，歴史的順序に整理し直して書いた方がわかりやすくなる。

(3)　空間軸

一定の場面の記述では，「大状況から小状況へ」，「遠景から近景へ」，「全体から部分へ」という演繹的方法による展開がわかりやすいとされる[100]。

特に「コト（事）」に関する記述では，日時・場所を先に出し，出来事の位置を時間的，場所的に特定し，「背景から中心へ」，「原因から結果へ」と，発端→経過→結果の順で記述していくのが原則である。

「モノ（物）」の説明（場所・物体の状況・構造の説明，図表・系図の説明）等については，「全体から部分へ」，「右から左へ」，又は「上から下へ」と，視線の方向性を保ちながら記述すると理解が容易になる。

この論理的な流れ（方向性）を崩されると，読み手にとって，文章全体が非常にわかりづらいものになってしまう。

二　部分構成

1　要領記載の3要素

調書の大枠と記載順序が決まった中で，どう要領記載をしていくか。

---

(99)　前田・前掲司法研究報告書17輯68頁は，証人調書冒頭に「証人と事件等との関係」記載欄を設けることを提案している。

(100)　木下是雄「理科系の作文技術」中公新書42頁以下，永田友市「高校生のための新・文章作法」右文書院102頁

物語方式の要領記載の組立て方法を中心に考えてみよう。

一般に言語的行動は一定の思想の表明であり，その背後には必ず何らかの「意図」がある。数個の尋問・供述が展開されたとしても，その背後には一定の統一された立証意図があり，実質的には1個の質問・供述と言えるはずである。

その限りでは，数個の質問・供述も関連事項ごとに一つにまとめ，整理した方がわかりやすい。これが要領記載の基本発想であろう。

こうした要領記載を考える場合，基本的な枠組みを決定するのは，第1に項目別記載，第2に短文構成，第3にポイント主義の三つの要素ではないかと考えられる。これは，要領記載の3要素といえるだろう。

これら3要素による構成は，

①　意味的なまとまりで区分けされ，要点がつかみやすい，

②　読みやすく，内容の理解，心証形成が容易になる，

③　記載事項と争点との有機的なつながりを明確にする，

という利点を持つ。

２　項目別記載

(一)　1項目1主題

要領記載の第1の原則は，項目別記載である。

供述内容をまとめる場合は，争点指向性を中心に，全体を小主題ごとに項目別に分けて記載する。内容的な枠組み・部屋割りが重要である。

「分ける」ことと「分かる」こととは，人間の頭脳の働きで，どこかつながりがあるようである。分けることで，素材の整理と文章の組立てが容易になり，書かれたものも読みやすくなる。

一つの項目は，原則として一つの出来事等，意味的なまとまりを有したもので構成する。「1項目1主題」にすると内容がつかみやすい。

そして，各項目には，上部に漢数字で一連の通し番号を付し，事後の検索に役立てることになる。

(二)　6W2H

項目別記載の組立てには，6W2Hが役立つ。特に「コト（事）」に関する供述については，これは不可欠の要素である。

6W2Hとは，前述のとおり，

①　Who　②　Why　③　When
④　Where　⑤　What　⑥　How
⑦　Whom　⑧　How much

の八つの要素である。

出来事の構成要素は，環境，人物，行為の三つであるが，その事実は，主体，日時，場所，行為の態様等によって特定され表現される(101)。

①　環　境	When，Where
②　人　物	Who，Whom
③　行　為	What，Why，How，How much

具体的にどの要素とどの要素で文章を構成していくかは，主題に応じて明確に判断する。

6W2Hは，書記官の文章作成事務全般にとって，文章構成と事柄特定のための有用な用具である。

（例）　①原告は，②薬局開設資金を工面するため，③昭和○年○月○日，④被告事務所で，⑦被告に対し，⑤本件土地を，⑧金1000万円で譲り渡す旨，⑥口頭で約束した。

(三)　項目建ての基準

項目建ては，供述内容を一定の基準で小主題（トピック）に区分し，関連事項ごとにまとめることにより行われる。

通常は，

①　出来事の日時・場面ごと，

(101)　書研編・民事実務の研究(一)問題と協議の結果106頁(298問)

② 述べる人物ごと，
③ 扱う対象物ごと，
④ 述べる立場・観点ごと，

というような基準で項目を分け，関連性のある内容がまとめられる。

3　短文構成

(一)　短　文

要領記載の第二の原則は，項目別記載の中身は，できるだけ短文構成を取ることである。

長い文（センテンス）は，組立てが大変であるし，文意が途中でねじれたり，意味が不鮮明になりやすい。

短文構成について，清水幾太郎氏は，「短い文で一つのシーンをピシッと描き，必要があれば，文と文とを強い接続詞で繋いで行けば，決して淡白にもならず，繊弱にもならないであろう。また，その方が書く人間にとっても無理が少いし，読む人間にとっても無理が少い。」[102]と，その効果を強調している。

各文・段落・項目は，必要であれば，最適なつなぎ文句（接続詞）で，きっちりつなげて，文章を組み立てていく。

用いるつなぎ文句には，「なお」，「また」，「ところが」，「しかし」，「というのは」，「その時には」等の言葉がある。ただし，このつなぎ文句も同語反復が多いと単調になる。できるだけ違った表現でつないで行くようにした方がよい[103]。

なお，言うまでもなく，不必要な，あるいは意味のつながりを壊してしまう接続詞の使い方は避けなければならない。

(二)　一文一義

短文にすることは，あれもこれもと，たくさんのことを一つの文に盛り込まないことである。

---

(102)　清水幾太郎「論文の書き方」岩波新書196頁
(103)　板坂元「何を書くか，どう書くか」カッパブックス183頁

作家司馬遼太郎氏は，文章作法について，文（センテンス）は荷車のようなものだとし，「一台の荷車には一個だけ荷物を積むようにしなさい。一個ずつ荷物を積んだ荷車を連ねてゆけばそれでいいわけで，欲ばってたくさんの荷物を一台の荷車に積んではいけません。〈中略〉読み手は，一つのセンテンスを読むのに一つの意味しか理解ーもしくは感ずることーができないものだと思うべきです。」(104)と言っている。

一文一義の短文で構成し，各短文の積み重ねで一項目一主題として項目内容をまとめていく。この方法が要領記載の基本といえよう。

4　ポイント主義

要領記載の第3の原則は，ポイント主義である。

これは，事柄の重要度に応じた書き分けをする，ということである。重要な箇所はできるだけ詳しく明確に記載し，そうでない部分は重要度に応じて簡潔に整理してまとめるのである。

（一）　争点指向性と信憑性

どこが重要な箇所か，どの程度詳細に記載すべきかは，各事件ごとの争点と立証事項，供述の信憑性等との関係で決まる。

「要領記載」とはいえ，一律平板に，終始同じ力の入れ方で供述内容を記載していくことではない。争点指向性と信憑性を2大基準とし，重要度に応じた要領記載が望まれる。これについては，後述する。

（二）　問より答が重要である。

供述調書で重要なのは，何を尋問したかではなく，供述者が争点解決に役立つ事実として何をどう述べたか，である。

一般に，争点・立証趣旨に副った供述があれば，問そのものには，それほどの重要性はないといえる。むしろ答の方が重要である(105)。

---

(104)　司馬遼太郎全集50巻494頁（文芸春秋）
(105)　司法研修所教官・裁判所書記官協議会座談会・書協会報91号103頁中三宅弘人教官発言，川上・前掲問題点4頁

争点との関連性で尋問の意図を考え，その趣旨を踏まえて，言い表さんとする答の趣旨を的確に把握して記載するのである（調書の実質的記載事項は「証人の……陳述」である。民訴法144条【106】）。

まとめる箇所は簡潔に，争点関連部分で重要な点や核心部分は，具体的かつ詳細に記載するようにする。

物語方式で記載する場合，部分的に微妙な点は，「……ではないかとお尋ねですが，あるいはそうだったかも知れません。」というように，尋問内容を織り込んだ記載をするとよい。

また，誘導尋問の場合にも，「……という質問ですが，その点は……」というように，誘導であることがわかるように記載する(107)。

（三）　結論先出し

供述では，その事実があったか，なかったかが問題となる場合が多いが，その場合，結論が大事である。読み手にとっては，「結論早わかり」が望ましい。

問に対する結論部分を端的に先に書き，経過や理由等の説明部分は後に書いた方がよいと思う。

報告文書の一般的な記載順序も，「①結論→②事実の経過→③意見」の順とされており(108)，供述の記載順序も右の順序によるのが適切な場合が多い。もちろん，信憑性に影響する場合は，あまり供述順序を変えない方がよいだろう。

問　山田にその文書の存在について問い合わせをしましたか。

答　私は，原告長山ときちっと約束して，その後スムースに本件建物を明け渡してもらっていますから，必要ないと思い，問い合わせはしていません。

右の答は，要領調書では，結論部分を先に書いた方がわかりやすい。

【106】　前掲脚注【15】参照

(107)　前掲総合研修教材79頁，座談会「民事裁判における証人尋問の現状と諸問題」自由と正義31巻5号29頁中渡邊昭判事発言

(108)　坂井尚・前掲18頁

答　問い合わせはしていません。というのは，私は，原告長山ときちっと約束して，その後スムースに本件建物を明け渡してもらっており，問い合わせは必要ないと思ったからです。

（四）　逐語的記載の部分採用

物語方式で記載していても，その方式で終始一貫しなければならないことはない。

次のような尋問と供述は，一般に要約記載が制限され，事案により，物語方式の中に一部問答体方式を採用した方が適切な場合が多い(109)。

① 争点部分での微妙な供述
② 尋問に対し曖昧な供述
③ 尋問に対し噛み合わない供述
④ 誘導尋問と供述

なお，異議の対象となった尋問と供述は，一問一答式で逐語的に記載した方がよい。そうでなければ異議の対象が不明確になってしまうからである。

（五）　言い方より内容が大事

供述証拠では，その供述の話し方，言語的な表現方法より，供述の意味内容，思想の方が重要である。

一般に，方言や必要以上の敬語，丁寧語は，標準語や通常の用語に直して記載してよいと考える。

例　「田中さんがいらっしゃいまして，……とおっしゃいますので，」

→　「田中が来て，……と言うので，」

ただし，何をどのように話したのか，会話自体が問題になる場合，あるいは信憑性の判断に影響するような場合は，その供述者の個性や

(109)　研究報告書「供述の要領記載を阻害している因子とその解消策」書協会報91号33頁アンケート結果参照

方言，供述のニュアンスを生かして表現することが要求される。

5　問答体方式の留意点

(一)　基本的な考え方

前述のような要領記載は，問答体方式の場合でも可能である。①項目別記載，②短文構成，③ポイント主義は，記載方式を問わず，書記官調書には必要不可欠の要件であると思う。

問答体方式といっても，実際に行われたとおりの一問一答式であることを要しない。争点指向性を中心に，関連事項は整理して簡潔にまとめ，重要事項は詳細に書くことが必要である。

(二)　問の立て方

通常は問に対応する答を記載する。しかし，要領記載では，まず供述内容を重視してまとめ，逆に，それに見合う問を構成し直すという操作も必要になる。

現実に聞いたとおりの逐語的な問しか書けないわけではない。いくつかの問答を争点指向性を念頭に関連事項ごとにまとめ，供述内容を記載する一方，その趣旨に見合った問を包括的な表現で構成し直すのである。問は争点・立証趣旨との関連で見出し的な機能を持たせ，簡潔に書くのがコツになると思う。

要領記載の問答体方式は，物語方式で事項別要領記載をしたものに対し，見出し的な「問」を付したものに過ぎない，と考えることもできる[110]。

問答体方式では，問と答を一対のものとして問の上部に一連の通し番号を付し，後日の検索に役立てる。

三　要領記載の技法

1　素材の削り込み

調書の形式的な枠組み構成が理解された次の段階では，どう要領記

(110)　川上喬市「民事証人等調書作成の基礎的な要領」書記官108号26頁

載をしていったらいいのであろうか。

要領記載の基本は，素材の選別作業と組み立てである。

選別作業は本来必要なものを抽出することであるが，供述調書の作成では，実際上は，主として不要なものの消去という消極的な形によってなされる。争点指向性を焦点として供述内容を収斂させ，あるべき表現形態（イメージ）を求めて無駄を省き，必要部分を削り込んでいくのである。

要領調書の作成というのは，正に，こうして材料を絞り込み，これを組み立てていく作業でもある。

2　要点の鮮明化

要領調書は，速記録を写真にたとえれば，スケッチのようなものだと言われる。スケッチは，写真のように対象を精確に写し取ることはできないが，多角的な視点から，見えない部分も描き込むことができる。

例えば，「ご苦労なことだと思いました。」という原供述も，相当な皮肉を込めて言ったのであれば，要領調書では「ご苦労なことをしたものだと思いました。」と書くことも可能である(111)。

「簡潔なスケッチが写真以上に物の本当の姿を端的に表現しているということも少なくない」(112)のである。

また，伊東秀郎元判事（元書研教官）は，要領記載と絵の描き方とを比較して，こう述べている。「判決だって絵と同様，省略も大事で，力を入れるべき山，すなわち争点にはとことんまで力を入れなきゃなりませんね。省略することにより要点が鮮明になる。〈中略〉すべての箇所に均等に力を入れるから，山もなくなり谷もなくなる。〈中略〉供述調書だって何から何まで全部くわしけりゃいいというもんじゃないんでね。判決だってそうだ。全部くわしいから良いのではなく，大

(111)　平田浩「最高裁調査官から見た書記官事務」書研所報29号191頁
(112)　平田浩・前掲195頁

事なところだけくわしいのが良いのだね」[113]。（傍線は筆者）

ある元新聞記者も，文章上達法として，冗長な文を「削って削って，さらに削り抜く」，「カンナがけ」の作業が必要だとしている[114]。谷崎潤一郎も，「無駄を削っては読み返し，削っては読み返して，削れるだけ削る」ことの必要性を説いている[115]【116】。

何でも削ればいい，というわけではないが，無駄を廃し，焦点に合わせて不必要部分を「削り込む」ことが，逆に盛り上がり部分を作り，重要部分をより鮮明にする。これこそが眼目であろう。

この意味での削り込みは要領調書作成の鉄則といえよう。速記録では，これができない。

3　要領記載の技法

要領記載は，こうして瑣末的な部分を除外し，重要部分の抽出・明瞭化を図ることである。

この要領記載の技法を分析すれば，①筋立て，②整序，③凝縮，④補充，⑤省略，⑥要約の六つの作業が考えられると思う[117]。

①　筋立て

「何が……どうしたか」，「何が……どんなか」，一つの出来事等を基準にして，小主題・趣意に従い供述内容を区分し，6W2Hの要素に着目してまとめる。文章化のための基礎的な作業である。

②　整　序

実際の供述の順序にこだわらず，関連事項の順序を適切に入れ換えて，時間的・論理的な順序にまとめる作業である。

---

(113)　座談会「油絵を描くことへの誘い（中）」法曹277号24頁

(114)　内藤国夫「私ならこう書く」ごま書房

(115)　谷崎・前掲112頁

【116】　供述調書の作成は，文学作品の推敲とは違うので，ここで「削れるだけ削る」というのは，争点指向性を前提にして，関連性や意味のない部分を整理するという意味である。現在のように争点整理が行われ，争点中心の整然とした尋問が行われる限り，尋問結果で無用なものとして削れる部分は少ないはずである。

(117)　樺島忠夫編「文章作法事典」193頁，要約文を書く技術として，骨組み化，凝縮化，簡潔化の三つを上げている。なお，次の資料(118)参照。

③　凝　縮

重複語句を省略し，同一事項ごとに話をまとめる作業である。

例えば

・「それは確か寒い時で，昨年の１２月のことだったと思います。」

・「１２月の下旬でした。クリスマスも終わった後で，２６，７日頃でした。」

の二つの供述を合わせて，

・「確か，昨年１２月２６，７日頃でした。」とする。

④　補　充

供述全体の趣旨から明確である限り，不足事項を補充して，一義的にわかりやすく文章化することである。

例えば，貸金をめぐる問の部分で，「金額は？」というのを，「貸した金額はいくらですか。」と補充する。

⑤　省　略

争点・立証趣旨に関連のない事項を省略することである（後出五の省略可能な事項参照）。

⑥　要　約

まわりくどい表現を避け，原供述の言葉を他の言葉に置き換え，翻訳し，結論的に，端的に言い表そうとする内容に迫る表現をとることである。

例えば，

・「本件建物の売買については，原告から『１２００万円で売りたい。』との話があり，被告は『今は円高不況で，とてもそんなに金は出せない。』と言っていましたが，結局双方折れ合って，１０００万円で売買の話がまとまりました。」

という供述を，結果に重点があれば，

・「原告が被告に本件建物を１０００万円で売ることで契約ができました。」

とする。ただし，話の経過に重点があれば，経過的事実を織り込む必要があり，右の要約では誤りとなる。

以上の要領記載の技法のうち，②整序，③凝縮の二つは形式的（表現的）要約であり，⑤省略と⑥要約は実質的（意味的）要約であるといえる(118)。

いずれの技法も，概念的には程度差のあるものであり，いかなる観点から，どこに重点を置いて要約するか，どういう言葉に置き換えるかによって，結果的には幅広い表現が可能となる。

四　精粗の書き分け

どこをどの程度の要領記載にするか，どこに重点をおいた記載にするかは，争点・立証趣旨との関連（争点指向性）及び信憑性判断との兼ね合いで決まる。

この判断をする段階でも，

① 改めて記録を精読し，争点，立証事項を明確に認識し直すこと，

② 手控えの内容を読み直し，争点指向性を念頭に，供述内容と争点との関係，重要度等を検討すること，

③ 供述内容と主張，他の証拠との関連で不明な箇所は，記録と突き合わせ，明確にすること，

等は必要である。

1　重要度の低い部分

要領記載の場合，争点指向性に関し重要度の低い箇所，例えば，争点事実に至るまでの経過的あるいは背景的事実など，みちゆき部分については，簡潔な要約記載で足りると考えられる。その重要度に応じた範囲・内容で筋立てし，意味的正確性を失わない限度の要約で差し支えない。

数個の問答でも，聞き出さんとする「意図」を理解し，それに対応する答の「趣旨」を的確に把握すれば，それらの問答の内容をまとめ，

(118)　平田「調書の機能(二)」前掲4頁

意味的要約の操作は可能になる。

2　重要部分

重要部分や信憑性の判断に影響する箇所では，表現的な同一性が求められる場合が多く，要領記載は一定の制約を受け，逐語的な記載が要求される。

もちろん，逐語的な記載と言っても，書記官調書の場合，前述のとおり，速記録のような逐語性が要求されるわけではない。実質的要約の操作や言葉の置き換え（翻訳）が，その供述の重要度に応じた割合で制約されるというだけであり，発言の趣旨，要領が的確に記載されていることが基本的な要請事項であることに変わりはない。

しかし，供述の重要な核心部分では，一言半句が争点解決に連なる重要な意味を持つ場合がある。

こうした部分については，

①　実際の供述の順序は基本的に大きく変えない（整序の制約），

②　供述者が用いた言語表現は可能な限り再現する（省略，翻訳の制約），

③　供述内容を具体的かつ詳細に記載する（要約の制約），

ということに特に留意する必要がある。

同じ否定の言葉でも，単に「知りません。」というのと，「とんでもありません。それは，この裁判になって初めて聞いたことです。」というのとでは，心証形成上大きな違いが出てくる。

原供述の言葉，言い回し，ニュアンス等を大事にし（証拠価値を損なわない），事案により，「供述者の性別，老若，教養の高低が調書上に浮かび上がるように意を尽す」[119]ことも必要となる。

ただ，そのために方言なり言葉なりを喋ったまま書いたのでは，読んで理解しにくいものになってしまう。

基本的には供述の趣旨を正確に書き表しつつ，「適当と思はれる或

(119)　山口軍司ほか・前掲414頁

る箇所にその人の言葉つきなり方言なりを，了解を妨げない程度に現はすことが賢いやりかたである」[120]と思う。

なお，適性証人の供述などには，曖昧な供述や問と噛み合わない供述，不得要領や支離滅裂な供述が多いが，そうした供述は信憑性判断との関係で，無理に筋道を立てたり，要約してまとめてしまわない方がよい[121]。

問に対し沈黙の態度をとった場合は，「(答えない。)」と記載する。この場合でも，明確に言葉に出さないもの，うなずくなど肯定の態度を示したようなときは，肯定した陳述とみて記載してよいと思う[122]。

3　精粗書き分けの危険

こうした精粗を書き分ける要領調書においては，調書作成者の能力と主観的な判断が影響することは避けがたいと言われる[123]。過度の省略や忖度（そんたく），要約が，多くの誤謬と不正確を生む原因にもなる[124]。

供述の取捨選択と意味的要約は，書記官作成の要領調書の存在価値と訴訟関係人ひいては国民の信頼性にかかわることであり，これには特に慎重な判断と処理が要求される。

書記官が調書記載の判断を一歩誤れば，記載のない事項は供述がなかったとみなされ，事実認定を誤らせ，当事者の利害に重大な影響を与える結果にもなりかねない。一旦調書として成立すれば公文書とし

---

(120)　三宅正太郎全集1巻「裁判の書」書の六中「調書」144頁

(121)　小泉・前掲書記官108号21頁

(122)　前掲・民事実務の研究(一)147頁(430)

(123)　青木英五郎「証拠評価の方法」司法研究報告書10輯2号142頁

(124)　野瀬高生「供述調書の活用と作成法」125頁＝司法研修所教材「供述心理」所収781頁は，「要領筆記は速記の如く正確でないこと，不必要として省略するのは，専ら録取者の主観的判断により決するものであるから，この取捨選択に不安が存すること，すなわち，客観的には重要である部分が不必要の判断を受けて削除され，不要部分が録取される虞れがあるのである。これが要領筆記の最も危険な点……」とする。当事者や一部裁判官の中に逐語調書を歓迎する声があるのも，この辺に理由があるものと思われる。

なお，小野田・前掲67頁注(36)参照

て事実上強い証明力をもつからである(125)。

正確で要を得た要領記載をするためには，まず事件記録をよく読み，争点を把握すること，その供述者の立ち位置とその立証目的，立証事項を正確に理解することが大事である。また，書記官も，法律知識を深めるとともに，経済，財務，社会，科学等に関しても，幅広い知識と豊かな見識の修得に努めなければならないと思う。

五　省略可能な事項

調書記載について省略可能な事項は種々考えられるが，個別的具体性を有する尋問・供述について，その全てを上げることは困難である。

省略可能な事項として従来から考えられている典型的な例を上げれば(126)，次の六つに分類できると思う。もちろん，ここでの記載省略の可否についても，争点指向性と信憑性の二つが判断基準として働いている。

なお，もし，これらの省略可能な事項を記載するとすれば，その性質は便宜記載といえるだろう。

1　当事者間に争いのない事実

当事者間に争いのない事実は，証明を要しない事実（不要証事実）として省略可能である（民訴法257条【127】）。

事の顛末について一通り尋問される場合があるが，その全てが調書記載の対象になるわけではない。

例えば，契約履行請求の事件で，契約の成立自体を自白している場合，契約成立の経緯，詳細な契約内容については省略可能である。

---

(125)　西村・前掲講座496頁

(126)　前掲・総合研修教材73頁以下，内田・前掲要領40頁以下

【127】　旧民事訴訟法257条「裁判所ニ於テ当事者カ自白シタル事実及顕著ナル事実ハ之ヲ証スルコトヲ要セス」　→　新民事訴訟法179条「裁判所において当事者が自白した事実及び顕著な事実は，証明することを要しない。」

2　争点に無関係な事項

要領調書は,「争点解決に役立つ供述部分」を中心に記載すれば足りる。従って，争点に関係のない事項，枝葉末節的な事項は省略できる。

例えば供述者の緊張緩和のためにだけなされる質問と供述，質問事項以外についての過剰な発言は，省略可能である。

また，緊張のあまり頓珍漢な答をする場合，それを正すための質問と供述が行われたときは，結果的に正しい質問と供述のみを記載すれば足りる。

3　要証事実導入に至る経過的事項

(一)　争点の前提となる事実についての質問と供述

本題に導くための周辺的，前提的な質問と供述は省略できる。

例えば，甲号証について「これを知っていますか。」,「はい，知っています。」というような質問と供述は記載を省略し，それ以降の要証事実に関する供述のみを記載すれば足りる。

「これを知っています。」というだけの供述には一般に意味がない。「誰が，いつ，どうして書いたのか。」，その内容がポイントになる。

(二)　人，物，時期等を特定するための前提となる質問と供述

尋問者と供述者の認識の同一性を得るためにいろいろと問答があった末，両者の認識が一致したときは，結論を記載すれば足りる。

例えば，建物の所在地，構造等について聞いても，それが本件建物であれば，端的に「本件建物」と記載してもよい。

(三)　供述者の記憶喚起・思い違いの補正のために繰り返される質問と供述

要証事実に関する供述を求めているわけではないから，省略可能である。

しかし，日時が重要な争点になっている場合は，信憑性の判断に影響を及ぼすから省略できない。

(四)　駄目押しの重複質問と供述

交互尋問制の下では裁判官の心証がわからないために，駄目押し質

問がよく行われる。また，反対尋問の中で主尋問中の供述を反駁するため，主尋問の供述を再度確認する場合もある。

こうした場合，前後の質問と供述の内容が全く同一のときは，二つとも記載しても無意味であり，後の質問と供述は省略できる。ただ，争点部分について再確認により曖昧な供述が明確にされた場合には，省略できない。

4 結果的に無意味な事項

(一) 同一期日内で変更された供述の変更前の供述

変更前の供述は，結果的に無意味に帰するから，省略可能である。

しかし，供述内容を途中で変更したこと自体が証人の誠実性，証言の信用性に関し問題となる場合は，省略できない。

例えば，供述変更が反対尋問あるいは再主尋問によって導き出されたときなどは，心証形成上重要であるから，省略できない。

(二) 不知証言

「その点は知りません。」という供述は，尋問者の証拠資料獲得のもくろみが不奏功に終わったわけであるから，省略可能である。

しかし，証人の関与度，供述態度等から信憑性が問題の場合は，心証形成上重要であり，省略できない。この場合，知らないことについての理由を述べたときには，その理由も省略できない。

5 証拠として無価値な事項

(一) 噂や風聞に関する質問と供述

噂や風聞は，一般的に真偽確認の方法がなく，証拠価値がない。これは，省略して差し支えないと考えられる。

(二) 証人の意見

証人は，自己の直接経験した事実を陳述する者であり，根拠のない単なる意見や推測は，一般的に証拠価値がない【128】。これも記載を省

【128】 証人又は当事者本人に対する尋問で，「意見の陳述を求める質問」，「直接経験しなかった事実についての陳述を求める質問」は，いずれも禁じられている（旧民事訴訟規則35条5,6号，40条，新民事訴訟規則115条2項5,6号，127条）。

略できる。

しかし，根拠となる経験的事実に基づいて供述されたときは，推測事項（刑訴法156条【129】）になるので省略できない。

6　補助事実に関する事項

これについては，1章二の1「補助事実に関する供述」の項で述べた二つの基準に照らし，信憑性の判断に影響のない限り，適宜省略可能である。

一般に供述者の身分経歴などは省略してもよいと思う。ただし，当事者との身分上，職業上の関係や利害関係は，信憑性の判断に影響する事実であり，省略できない。

4章　表現の技術

調書は，事実を正確に伝達報告することを目的とする。その文章は，何より正確・明晰・簡潔でなければならない（民訴規7条【130】参照）。

文章を①自己表現型の文章と②情報伝達型の文章に分けるとすれば(131)，「事実」に基づく調書は後者に属する。

調書は，小説や随筆などの自己表現型の文章とは違って，文芸的な要素が要求されるわけでもなく，人に芸術的な感興を生じさせる必要性も全くない。正確な内容で，他人が読んですぐ理解できる「一読全解」型の機能的な文章であることが第1に要求される。

そして，忘れてはならないことは，事実の伝達文書においては，単に「理解できるように書くだけでなく，誤解できないように書く」(132)

【129】　刑事訴訟法156条「証人には，その実験した事実により推測した事項を供述させることができる。
2　前項の供述は，鑑定に属するものでも，証言としての効力を妨げられない。」

【130】　旧民事訴訟規則7条「訴訟書類は，簡潔な文章で整然かつ明りょうに記載しなければならない。」→ 新民事訴訟規則5条「訴訟書類は，簡潔な文章で整然かつ明瞭に記載しなければならない。」

(131)　安本美典「説得の文章技術」講談社現代新書156頁

(132)　木下是雄・前掲125頁

ということである。

右のような観点から，供述調書作成の場合の表現技法としては，次のような点に留意する必要があると思う(133)。

一　文章の基本

1　短文構成にする

(一)　供述調書の文は短い方がよい

長い文は，要点がつかみにくく，読み手の読む気を失わせる。短文構成の方が，素材の効果的な整理ができ，早読み・早分かりも可能となる。

次の文は，一文302字で，長すぎる例である（昭和49年1月書研配布・参考証人調書から引用，以下「冒頭例文」という）。この事案は保証債務金請求事件で，本田三郎に対する消費貸借の成立が立証事項になっている。

（例　文）

本田三郎さんは，太郎さんの弟で，太郎さん経営当時から神田書房に勤めていましたが，原告が経営を引き継いでからは店にあまり出ず，出ても仕事を全然しなかったので，原告は，太郎さんを通じ「正式に退職するか，そうでなければ真面目にするよう」話していたところ，三郎さんは昭和４７年３月１１日神田書房に来て，私も同席の場所で，原告に「独立して店をやるから開業資金として２００万円貸してくれ。自宅を担保にして銀行から金を借りる予定なので１か月以内には返せる，金を貸してくれたら店はやめる。」といったので，原告も承諾し，「明日金を渡すから会計に取りに来てくれ」といい，翌１２日三郎さんが来たので，私は２００万円を渡しました。（傍線は筆者）

(133)　表現の技術全般については，本文中の各引用文献のほか，梅棹忠夫「知的生産の技術」岩波新書，尾川正二「文章の書き方」，扇谷正造「現代文の書き方」，板坂元「考える技術・書く技術」（正・続）（いずれも講談社現代新書），能戸清司「文章はどう書くか」ワニ文庫，國文学・臨時増刊「文章表現公式帖」學燈社，馬場博治「文章教室二〇講」大阪書籍等，文章作法関係の書籍多数を参考にした。

長い文では，最後にくると，最初に何が書いてあったかを忘れてしまう。適当な長さで切るべきであろう(134)。

（二）　一文の字数に注意する

読みやすい字数としては，一文平均45字前後，1段落200字前後が一応の目安になる，と言われている(135)。新聞記事（社会面）の一文の長さの平均値は51字だと言う(136)。

もちろん，より本質的な問題は，順に読み下していって，そのまま理解できるかどうかであるが，一応の目安として心得ておいた方がよいと思う。

冒頭例文は，六つの短文に分解し，その間を適切な接続詞でつないでみると，読みやすく，わかりやすくなる。

（修正文）

本田三郎さんは，太郎さんの弟で，太郎さん経営当時から神田書房に勤めていました。ところが，三郎さんは，原告が経営を引き継いでからは店にあまり出ず，出ても仕事を全然しませんでした。それで，原告は，太郎さんを通じ「正式に退職するか，そうでなければ真面目にするように」と話していました。

その後，三郎さんは昭和４７年３月１１日神田書房に来て，私も同席の場所で，原告に「独立して店をやるから開業資金として２００万円貸してくれ。自宅を担保にして銀行から金を借りる予定なので１か月以内には返せる，金を貸してくれたら店はやめる。」と言っていました。それに対し，原告は承諾し，「明日金を渡すから会計に取りに来てくれ」と返事をしました。

翌１２日，三郎さんが来たので，私は２００万円を三郎さんに渡しました。

(134)　篠田義明「コミュニケーション技術」中公新書44頁
(135)　扇谷・前掲「ビジネス文章論」93頁，加藤秀俊「自己表現」中公新書162頁
(136)　樺島忠夫「文章構成法」講談社現代新書166頁

（三）1項目を短文で組み立てる

1項目は，全て一文で書かなければならないこともない。一文一義で組み立て，複数の文を積み重ねて，1項目としてまとめていく。

1項目は，あまり細切れにせず，争点指向性を重視した出来事や小主題（トピック）ごとにまとめる。この場合，一つの小主題の下で，さらに日時・場所ごとに段落分けをし，1項目を数段落で構成することも考えられる。

こうすると，文意はより明瞭になり，読みやすくなる。

2　主語を明示する

通常，話し言葉では主語は省略されやすい。また，日本語では，書き言葉でも主語のないのがむしろ普通の文だとも言われる。

しかし,書き言葉で,行為・出来事を表す場合，主語の明示は不可欠である。複数人関与の出来事の表現では,主語がないと誤解が生ずる。

ただ，いちいち「私は」「私は」としては文章がくどくなる。省くべきときは省かなければならない。

3　主語と述語は近づける

日本語では，述語は最後でないと現れて来ない。「日本語の著しい特色のひとつは，その文末決定性にある」(137)といわれている。主語と述語の間に長い語句が入り，入れ子構造になっていては文意の把握に戸惑う。主語と述語は近づけた方が文意は明快になる。

○　私は田中が被告が支払わないので催促に行ったと思いました。

右の文は,「被告が支払わないので田中が催促に行ったと，私は思いました。」とする方がわかりやすい。

4　主語と述語の照応に注意する

文の基本型は，言うまでもなく，主語・述語が照応した「何が……どうした。」,「何が……何である。」,「何が……どんなである。」の三形

(137)　井上ひさし・前掲110頁

態である。

長文になるほど，この主語・述語の照応関係がねじれやすい。

（一）　一文の主語は一貫する

主語が途中で変わってしまう「ねじれ文」は，文意の把握を困難にする。

○　念書の署名を被告が書かなかったのは，被告が「目が悪いから書いてくれ」と佐藤さんに言い，代筆したのです。

右の文では「書かなかったのは……だからです。」という照応がない。また，「代筆したのです。」の主語がなく，途中から主述がねじれている。

なお，冒頭例文は，主述の照応はあるが，一文中で主語が二転，三転し，読み手を混乱させ，端的な文意の把握を困難にしている。

（二）　「が」，「ので」などの接続文を多用しない

一文中での使用は1回に止どめた方がよい。

○　印鑑は私のものですが，そこへ持って行きましたが，私は押しませんでしたが，……

○　本件建物は建築後３０年以上たつので，屋根に穴があき雨漏りがするので原告に修理を頼みましたが，なかなか修理をしてくれないので，……

右の「が」，「ので」などは便利な接続助詞ではある。しかし，これを多用すると，文章の事実記載に立体的な構造が生まれず，「万事が曖昧な流れに融けてしまう」(138)おそれがある。

なお，冒頭例文では，一文中で3回も「ので」が出てくる。

（三）　中止法を多用しない

中止法とは，連用形で一旦文の流れを中止し，次に文を続けて行く方法をいう。「……し，……しました。」というのが，その文型である。

その前半と後半で，主語がすり変わったり，文の照応がねじれたり

(138)　清水幾太郎・前掲60頁

する危険がある。こうした場合は，前半と後半の主述の照応に十分注意するか，文章を分離し，一文一義の構成にした方がよい。

○　被告は私に「このとおり返済ができたので，お礼に来た。」と言い，領収書を見せてもらいました。

右の文では，領収書を見せたのは被告，見せてもらったのは私であり，主述の照応がねじれている。

主語を一貫し，

○　被告は私に「このとおり返済ができたので，お礼にきた。」と言い，領収書を見せてくれました。

とした方がよい。

（四）　動詞の並列受けの場合の照応に注意する

複数のことを不用意に一つの動詞で受けようとすると，妙な文理になる。

○　朝はパンと牛乳を飲んで済ませました。

パンは飲むものではない。「朝はパンと牛乳で済ませました。」とした方がよい。

二　文の語順

１　大状況，重要事項を先に出す(139)

（一）　行為・出来事の記述は，日時・場所を先に出す

行為・出来事は6W2Hの要素で組み立てるが，まず，大状況から，時間・場所（いつ，どこで）を先に記述するのが原則である。

行為・出来事には必ず背後の「場」（状況）があり，まず時間的，空間的に場の位置を規定することが前提になる。昔話も一般に「むかし，ある所に……」から始まっている。

○　昭和６２年３月２日，原告会社で，契約についての説明会が

(139)　本多勝一「日本語の作文技術」朝日文庫44頁第三章（語順に関し詳しく論じられている。）

ありました。

（二）　題目語，重要語は先に出す

主語や話題の中心になる語，重要語は先に出すのが自然である。

○　その出資金を出したのは，私の父です。

右の文は，「私の父が，その出資金を出しました。」としても，事実にそう違いはない。しかし，出資金を誰が出したかが問題になっているときは，右のように重要語を先に出した方がよい。

また，「交通事故で」「頭に」「丸山さんが」が「けがをしました。」に係る場合の語順はどうか。

第1に，誰がけがをしたかが重要な場合は，「丸山さんが交通事故で頭にけがをしました。」の語順がよい。

第2に，けがの原因が重要である場合は，「交通事故で，丸山さんが頭にけがをしました。」の語順が適切と思われる。

2　長い句・修飾語は先にする

例えば，「大きな」「ポストのそばにある」「古い」が「建物」に係る場合の語順を考えてみよう。

○　大きなポストのそばにある古い建物

右の文では，「大きな」は「ポスト」に係るようにも一瞬読める。これは，「長い句を先に」して，「ポストのそばにある大きな古い建物」とした方がよい。

3　修飾語は被修飾語に近づける

「美しき水車小屋の娘」も，娘が美しいのであれば，誤解を避けるために「水車小屋の美しき娘」とした方がよい。

○　私は，気持ちよく本件建物から出ていく被告に立退料を支払ったのですが，……

右の文では「気持ちよく」が「出ていく」に係るようにも読める。「気持ちよく」を本来の被修飾語に近づけ，「私は，本件建物から出ていく被告に気持ちよく立退料を払ったのですが，……」とした方が適切である。

三　文の明確

1　人・日時・場所は特定する

（一）　人の特定

原告，被告は，単に氏名で書くよりも，そのまま原告・被告の呼称を使用した方がよい。調書記載中，当事者の関与部分が端的に把握できるからである。

複数いるときは，「原告○○は，……」と特定する。

「特定」は，ある物事を他のものと区別して一義的に明瞭に規定することであり，書記官の書類作成には常に必要とされる観念である。

（二）　略称の活用

長い名称で頻繁に出てくるものは，略称を用いると，簡潔な記載が可能になる。この場合，最初にフルネームで示し，略称を指定してから用いる。

○　「××工業株式会社（以下「××工業」という。）は，……」

（三）　特定のための補充

供述中で明確になっている限り，日時，場所は補充して「特定」すると，記述内容が明瞭になる。

○　「昨年２月」 →「昨年（昭和××年）２月」

○　「栄の店に」 →「名古屋市内の栄にある店に」

2　事実の存否及び認識の根拠を明確にする

（一）　事実の存否

肯定か否定か，存在か不存在かは，供述部分で最も重要な部分であり，正確な録取が必要になる。しかし，正確に録取しても，表現方法が悪いために存否が不明になっては何にもならない。

文章化では，まぎれのない表現，つまり一義的にしか読めない表現を工夫する必要がある。

⑴　「……していません」の文型

○　父は死んでいません。

父は死んだのかどうか，不明である。

○　急いで事務所に行くと，彼は出掛けていませんでした。

彼は結局事務所にいたのかどうか，不明である。

(2)　「……と，……した」の文型

○　私は，友だちの加藤と昔よく行った喫茶店を訪ねました。

右の文は，次の3通りに読める。

私は，

・加藤を訪ね，その後喫茶店を訪ねた。

・加藤と一緒に喫茶店を訪ねた。

・昔加藤と行った喫茶店を訪ねた。

(3)　「……のように」＋打ち消しの文型

○　弟は兄のように大きくない。

書き手は一つの意味しか考えないが，右の文では，次の3通りの解釈が成立してしまう。

・弟は兄と同じように大きくはない。

・弟は兄と違って大きくない。

・弟は兄ほどには大きくない。

(二)　認識の根拠

証人尋問等で語られるべきは過去の経験的事実であるが，伝聞や推測，意見が混在することが多い。

その供述が経験か伝聞か，認識か推測か，供述内容を正確に聞き取り，誤解のない明確な表現をする。

例えば，「やくざの人と来た。」というのと「やくざと思われる人と来た。」というのとでも，受け取りようで両者には差異が生じる。

3　同語反復を避ける

同語反復は，文をくどくし，文意を不明瞭にする。これは，できるだけ避けるのが明快な文章を書くコツだといわれている。

○　私は被告はその時事務所ではは金は出さなかったと思います。

これは，「私は，被告はその時事務所で金を出さなかったと思います」とし，できるだけ「は」の繰り返しを避けた方がよい。

なお，右の「私は」の次のテンは，逆順の場合に必要なテンである。

○　栄の地下街の私の店の近くの喫茶店で会いました。

これも，「栄の地下街にある私の店の近くの喫茶店で」とし，「の」の連続使用は，せいぜい三つ位に抑えた方がよい。

○　この意味は，互いに相殺したことを意味しています。

これは，「この意味は，互いに相殺したということです。」とし，言葉の重複は避けるようにする。

○　私が森山宅に行ったところ，被告がいたので，解約の話をしたところ，被告は「承服できない」と言うので，社長に電話をしたところ，「連れて来い」と言われたのです。

「ところ」，「ので」を繰り返さない。右の文は，次のように修正した方がよい。

○　私が森山宅に行ったところ，被告がいたので，解約の話をしました。被告は「承服できない」ということでした。それで，私が社長に電話をしたところ，社長から「連れてこい」と言われたのです。

4　「はい」「ええ」に注意する

「……ですか。」という問に「はい」とか「ええ」の返事がなされるが，これには，問に対する単なる相槌の場合と，肯定の意味を込めた返事の場合がある。

いくつかの問に対して全て「はい」，「はい」の答弁だけで記載したのでは，内容的に正確な調書といえるかどうか疑問が持たれる。

録取時に確認しておく必要もあるが，前後の供述内容のニュアンス，趣旨をくみ取り，真意を把握して適切な表現をすることが必要であろう[140]。

---

(140)　川上・前掲・問題点・4頁，蔵本・前掲覚え書・66頁，同・前掲調書雑感・127頁

四　読点の打ち方

句読点のうち句点については，ほとんど問題がない。しかし，読点（テン）は，論理的な文章表現では重要であるのに，一般にルーズに用いられている。

読点は，ある程度語句を続けたら適当に打つぐらいに考えられているが，読点は単なる「息継ぎ」ではない。

「句読点は文字の一つである。」と言ったのは佐藤春夫だそうであるが，読点は，文章を読みやすくし，文意をより明確にする機能を持つ。

１　一般的な打ち方

読点の打ち方にはいろいろ説があるが，主な原則は次のとおりである(141)。

① 比較的長い文のとき，題目語のあとに打つ。

○　この念書は，被告の家で被告本人に書いてもらったものです。

② 長い修飾語がいくつか並ぶとき，その各語句のあとに打つ。

○　東京都新宿区にある，ＯＡ機器を販売する大手の会社に勤務していました。

③ 述語がいくつか並ぶとき，その各語句のあとに打つ。

○　私は，部屋の掃除をし，鍵をかけ，玄関から帰りました。

④ 条件句（順接・逆説）のあとに打つ。

○　返済してくれないので，請求しました。

○　請求しましたが，支払ってくれませんでした。

⑤ 二つ以上の文を中止法でつなぐとき，中止のあとに打つ。

○　本件土地は原告の所有であり，本件建物は被告が原告から買ったものです。

⑥ 接続詞のあとに打つ。

○　しかし，私は承諾はしていません。

---

(141)　尾川正二「原稿の書き方」講談社現代新書24頁，今井盛章「文章起案の技術」学陽書房117頁

⑦　誤み誤りを避けるために打つ。

○　２，３０人がいました。

○　ここで，はきものを脱いでください。

2　二つの原則

右の外にも読点の打ち方はまだあるが，ジャーナリスト本多勝一氏は，読点は次のたった二つの原則だけで処理できるとし，その外は「自由なテン」だとする[142]。ただし，氏は日本語に主語を認めない点に特徴がある。

第1原則

述語にかかる長い修飾語が二つ以上あるとき，その境界にテンをうつ（長い修飾語の原則）。

例えば，「刑事は血まみれになって逃げ出した賊を追いかけた」の文で考えてみる。

「刑事」が「血まみれになって」いる場合，「刑事は血まみれになって」と「逃げ出した賊を」の修飾語が「追いかけた。」に係ることになるが，この場合は，長い修飾語の間にテンを打ち，「刑事は血まみれになって，逃げ出した賊を追いかけた。」になる。

第2原則

修飾の順序が逆になっている場合にテンをうつ（逆順の原則）。

右の文で，刑事が「血まみれになって逃げ出した賊」を追いかけた場合どうなるか。

「長い修飾語を先に」の語順原則からは「血まみれになって逃げ出した賊を刑事は追いかけた」が正順であるが，「刑事は」が前にくれば逆順になる。

この場合のテンの打ち方は，「刑事は，血まみれになって逃げ出した賊を追いかけた。」になるとする。

---

(142)　本多・前掲「日本語の作文技術」73頁第四章，同「わかりやすい表現のために」みずさわ書店（いずれも，句読点に関し詳しく論じられている。）

本多氏のこうした見解は極めて卓見であり，明快で覚えやすい。

3　誤解のない表現

読点については，以上①〜⑦の打ち方と第1，第2の原則を念頭に置いて文章を書けば，まず誤解のない表現が可能になると思われる。

なお，一続きの論理的な意味のまとまりのある文は続けて書くが，論理的なわかりやすさを崩してしまう「打ってはならないテン」にも注意を要する。

○　そこの寮の管理人は無断で外泊したり，夜遅く帰宅する者をいつも厳しく叱っていました。

右の場合，管理人が「外泊したり」「叱って」いるように読める。

これは，むしろ，次のように書いた方がよい。

○　そこの寮の管理人は，無断で外泊したり夜遅く帰宅したりする者を，いつも厳しく叱っていました。

五　文　体

文体には「です，ます」体と，「である」体，「だ」体などがあるが，「供述」を表現する場合には，基本的には「です，ます」体で統一するのが適切と思われる。

供述を「です」体で始めて，途中で「である」体になったりするのは奇異な感じを与える。文体が首尾一貫して文章のリズムが崩れないことは文章の基本的なポイントになる。

ただ，実務では，問を「……したか。」の文体にして，答は「です，ます」体にするものもある。問はできるだけ簡潔にし，本体の答の方の文体を「です，ます」体で一貫する，というのであれば，これは一概にいけないともいえないだろう。

なお，文章のリズムの関係でいえば，文中に—（ダッシュ）や（　）（まるがっこ）を挿入し，供述として説明文をはさみ込む記載方法もあるが，これは，一文が長くなるばかりでなく，読み手の思考の流れを中断してしまう。また，書き手の説明なのか，供述なのか判然としない場合も起こりうる。供述調書の記載では避けた方がよいと思う。

六　調書記載の技法

１　表記法

調書記載には，以上のほか用字用語等の表記法にも注意しなければならない。

そのためには，座右に国語辞典【143】は欠かせない。疑問に思ったらすぐ辞典を引く，この習慣を身につけることが，正確な表記法修得の近道と思う。

なお，表記法では，次の点に注意する。

① 原則として常用漢字を用いる。

② 訴訟書類独自の数字の表記法等に留意する。

（例）　１万０２５７円(144)

５．６メートル（小数点）

５，６人（概数）

③ 誤字，脱字のないように注意する。

④ 手書き【145】では，読みやすい字を記載する。

２　書証提示行為の書き方

尋問中に書証が提示されたときは，調書作成段階で必ず該当の書証を確認し，中身を見ながら調書を書く必要がある。

この場合，単に書証番号のみを示さず，「甲第1号証（契約書）を示す。」とし，書証の標目も記載した方がよい(146)。

【143】　当時は，調書の作成が手書きからワープロ専用機利用に移行する時代であった。現在では，電子辞書，パソコンの日本語変換機能の利用，スマートフォン，インターネット利用による辞書の利用がたやすくできる。

(144)　倉田・前掲60頁は，「例えば一二八万〇七三六円と書く表記法（これは福沢諭吉の考案だそうである）を是非お勧めしたい。」とする。現在，この表記法は，判例集登載用語方式になっている。

【145】　現在の調書は，手書き作成はなく，公文書として，パソコンのワープロソフトを利用して作成されるのが通常である。

(146)　前掲・書研教材118号41頁，平田浩・前掲199頁

① 読み手にとって内容の理解がしやすいこと
② 書証番号の記載間違いがあったとき，該当書証の調査が容易になる

などの利点がある。

3　間（空白）の効用

ぎっちり黒い字で埋め込まれた紙面を読むのは，人を疲れさせる。間（空白）は目にやすらぎを与え，思考の流れに適度な区切りをつけてくれる(147)。

調書でも，間の取り方は，視覚的な効果を持ち，読みやすさ，わかりやすさに大きく影響する。

こうした観点からの主な留意点は，次のとおりである。

① 文頭を1字下げる。
② 段落ごとに行を変える。
③ 句読点をはっきり打つ。
④ 行間隔，字間隔を詰めすぎない。
⑤ 必要以上に漢字を多用しない。

4　ワープロの利用の仕方

最近ワープロで調書を作成する人が増えてきたが【148】，この場合，さらに別の注意が必要になる。

ワープロは，タイピングに慣れれば，楽に文章が作成でき，単に文書浄書機の機能にとどまらない。ディスプレー（表示画面）が大きく，操作性に優れ，高速処理が可能なものであれば，文章の創作，加除修正，推敲はたやすくできる。要領記載の文章作成機として，ワープロは極めて大きな力を発揮しうる。

しかし，ワープロの高速入力に高性能の録音再生専用機を併用すれ

(147)　扇谷・前掲「ビジネス文章論」148頁

【148】　この原稿作成時はワープロ専用機であったが，その後パソコンが書記官に1人1台配布され，ワープロソフトが使用されている。

ば，より速い録音反訳も可能になる。そうなると，供述調書は一層逐語記載に堕しやすいという危険もある【149】。

また，そうでなくとも，ワープロでは，同音異義語の漢字変換ミスを見過ごしたり，常用漢字にない字まで漢字に変換し，一文中の漢字含有率を多くしたりして，文章を不正確で読みづらいものにするおそれもある。

ワープロを利用する場合でも，

① 書記官は，同じ書き役でも速記官とは違い，法律的に整理してまとめたものを書く，という認識を忘れないこと，

② ワープロの推敲機能をフルに活用し，要領記載に努めること，

③ 入力後の文字確認や印字後の紙面の間（空白）の取り方等に注意し，正確で読みやすい調書の作成に努力すること，

等の注意が大事だと思う。

七　調書記載の実際

以上の構成・表現の技術を前提とし，調書記載の一例として，次の建物明渡請求事件の調書記載（部分）について，考えてみたい(150)。争点の一つとして占有権限が問題になっている事例である。

1　調書記載例

甲第１号証を示す。

(1)　私は，この契約書を見たことがありますが，これは，現在紛争になっている本件建物についての原告と伊藤加代との間の賃貸借契

【149】 現在では，高性能のデジタル録音再生機，フットスイッチによる操作，パソコンのブラインドタッチ入力等の同時利用により，昔に比べれば高速の録音反訳による逐語調書作成がはるかに容易になっている。

(150) 具体的事例に基づき供述調書の要領記載の仕方を示したものは数少ないが，前掲・書研教材118号231頁以下，川上・前掲要領・26頁，民事執務資料56号「民事書記官事務の手引」166頁以下が参考になる。同掲載の原供述と，その要領記載とを突き合わせて読めば，要領記載の仕方，技法は，より早く，より具体的に理解できるものと思う。

約書です。

(2)　私達一家は原告から本件建物を借りて，昭和の初めから住んでいました。

(3)　私の妻は洋子と言い，私は結婚して妻の姓を名乗り，伊藤方に養子に入りました。妻の洋子の母は和子と言い，その父は太郎です。

(4)　甲第１号証で借主になっている加代は伊藤太郎の後妻です。太郎の先妻は京子と言いました。和子は，太郎と京子との子でした。私は加代とは養子縁組を結んだことはなく，同人の相続人でもありません。

(5)　私が養子に入ったのは昭和４０年で，洋子と結婚して本件建物に住みました。その時一緒に住んでいたのは，私達夫婦と和子，加代の４人でした。

2　留意点

右の調書記載は，実際の尋問・供述の順序に忠実に従って記載されたものと思われるが，これに対しては，私は，次のように考える。

①　提示された書証については，その題目を記載した方がよい。

②　「契約書を見たことがある」旨の記載は省略できる。

③　実際の尋問は，供述者の身辺的な事柄から徐々に事件の核心部分へと展開されていくことが多い。

　しかし，調書の記述では，逆に，事件やその中心人物，提示の書証を中心にして説き起こしていった方がよい（事件中心主義）。

④　系譜（親族関係）の説明は，子を基準にして遡及的に説明するよりも，親から子へ，つまり「上から下へ」下降的に記述した方がわかりやすい。

場所的「関係」についての供述なども，信憑性の判断に影響のない限り，最もわかりやすい表現方法を工夫した方がよい。

書記官調書は，逐一供述の言葉を追って書くことより，その趣旨・思想を整理して書くことの方が大事だと思う。

したがって，私としては，右の調書記載は，次のようにしたらどうかと考える。

3　参考記載例

甲第１号証（賃貸借契約書）を示す。

(1)　これは，本件建物についての原告と伊藤和代との間の賃貸借契約書です。

この契約書の借主欄記載の加代は，私の妻・洋子の祖父・伊藤太郎の後妻です。

太郎の先妻は京子といい，その子が和子で，和子の子が洋子です。

(2)　私は，昭和４０年に結婚して養子に入り，本件建物に住みましたが，加代とは養子縁組はしていません。私が結婚した当時，本件建物には，私ども夫婦のほか和子，加代の４人で一緒に住んでいました。

(3)　家族は，昭和の初めに原告から本件建物を借り，ずっと住んでいました。

八　読み返し

「過ちは人の常」，これは文章にも当てはまる。

過ちを防ぐのは，文章を書き上げた後の読み返しと自己チェックしかないと思う。「第三者の眼で」客観的に，厳しく見直す必要がある。

チェックポイントは，

①　主述の照応，修飾語の位置はいいか，

②　読点（テン）の打ち方は適切か，

③　誤字・脱字はないか，

④　数字に誤りはないか，

⑤　名前（固有名詞）に書き間違いはないか，

等である。

「調書は書記官が責任をもって作るべきものである。つまらぬことで裁判官を労さないようにすることが必要である。」[151]

(151)　新村・前掲29頁

５章　調書作成の事務管理

一　調書作成の時期

調書の作成時期については，法律上明確な規定はない。しかし，期日ごとの調書作成が要求され（民訴法142条【152】），また，申立により法廷での調書の読み聞かせ・閲覧が必要とされていること（同法146条【153】）からみて，法律は，当該期日終了時点では調書が完成していることを前提としていると考えられる（従来の通説）。

ところが，実際の訴訟では多数の事件が連続審理され，右の原則どおりでは不可能を強いることになり，実際的でもない。

そこで，判例も，「口頭弁論調書は，当該期日ごとに，かつ，その期日中に法廷において作成されるのが原則である」と認めつつ，「事務の都合上その作成が期日後にわたる場合であっても，権限ある書記官によって法定の形式を具備して作成されるかぎり，必ずしも調書としての効力を否定すべきでない」（最判昭42・5・23民集21巻4号916頁）としている。学説も，これを肯定している。

とはいえ，調書作成に全く時間的な制約がないというわけではない。学説も，手続が段階的，発展的に進行していくことを考えると，一般的には次回期日までに完成されていることが望ましい，とする。遅くとも，判決言渡期日までに，当事者が言渡期日前に調書を閲覧して正確性について異議を申し立てうる時間的余裕をおいて作成されればよい，と解している(154)。

しかし，実務では，当事者から次回期日の準備等のために当該調書の閲覧謄写申請がなされることが多く，また，次回期日までには通常

【152】　旧民事訴訟法142条 → 新民事訴訟法160条
【153】　旧民事訴訟法146条 → 新民事訴訟法160条
(154)　鈴木忠一「民訴に於ける調書の作成と更正」判タ244号18頁，菊井＝村松・前掲820頁，小野田・前掲62頁

少なくとも2，3週間位の時間的余裕はあることから，調書は，一般に，当事者の準備期間を見込んで，当該事件の次回期日より前までに完成されるよう努力されているのが通例である。

二　事務管理

調書は，右のように制約された時間内に完成しなければならない。組織において仕事をする以上，時間的な制約を無視するわけにいかない。

しかも，書記官には調書作成事務の外，①訴訟記録の作成，保管（裁判所法60条2項），②訴訟記録の正本・謄本・抄本，訴訟に関する事項の証明書の作成・交付（民訴法151条【155】），③送達に関する事務（民訴法161条【156】），④訴訟記録の送付（民訴法34条【157】，369条【158】）等の固有事務があり，さらに調査等の補助事務（裁判所法60条3項），訴訟進行に関する裁判官補佐事務等がある。

これらの事務を限られた時間内に適正かつ円滑に処理するには，書記官各自において，書記官事務全体の事務管理と調書作成に関する目標（時間）管理を行うことが必要であると思う。

書記官は，ある程度の職務の独立性が認められているので，書記官の固有事務の範囲内では，当然自らの権限と責任において，適切な事務の運営と処理を図らなければならない。

この意味で，書記官事務の基本には，まず主体的な書記官固有の管理事務（進行管理事務）があるといえる。それが裁判部における書記官においては，適正迅速な裁判を実現するための訴訟進行管理事務の大枠の中で認められるというにすぎないと思う。

書記官の事務は，行政事務とは違い，階層的な職務系列もなく事務

【155】　旧民事訴訟法151条 → 新民事訴訟法91条
【156】　旧民事訴訟法161条 → 新民事訴訟法98条
【157】　旧民事訴訟法34条 → 新民事訴訟規則9条
【158】　旧民事訴訟法369条 → 新民事訴訟規則174条

処理上の稟議制もない。裁判官との関係だけで自己完結的な事務処理が求められる面が強い。

そうした中では，ともすれば自己の職務のみに専念し，独善的な処理に陥るおそれなしとしないが，裁判官とも報告・連絡・相談（この三つを「ホウレンソウ」(159)という。）を密にし，他の書記官と情報を交換し協働し，円滑な事務処理を図るよう自らを律して行くことも必要になる。

調書作成も，そうした自己管理と係全体の書記官事務を適正に運営処理する中で効率的に行わなければならない。

三　調書作成の計画と手順

調書の作成事務を効率的に行うためには，次のような目標（時間）管理の方法が考えられる。

① 尋問1時間当たりの供述調書作成に要する自己標準所要時間を設定する。

② 調書作成事務以外の進行管理事務等を含めた全体の仕事の管理との関連で，優先度，重要度等を考慮して，計画的な処理を図る。

具体的には，次回の指定期日を念頭に入れ，他の仕事の繁閑，手持ちの調書作成事件の数，作成すべき調書の内容の多寡，難易度，記録謄写申請の有無等を考慮して，具体的な目標時間を設定し，実行する。

③ 全体としては自己の標準時間内で（例えば1週間以内で）調書を仕上げるよう最大限に努力する。

こうした自らの目標設定と計画的な調書作成が，能率的な調書作成にとって極めて重要な要素になると思う。

(159)　山種証券社長山崎富治氏の言葉。【再録時の補筆】山種富治「ほうれんそうが会社を強くする―報告・連絡・相談の経営学」（ごま書房・平成元年（1989））に発案の経緯が掲載されている。

なお，法廷立会後の具体的な事務処理としては，次のような手順を踏むのが適切と思われる(160)。

①　期日簿，担当簿へ次回期日を記入する。これは，立会日のうちに済ませるのがよいと思う。

②　証人・当事者の呼出しが必要なものは，早めに手続きを取る。

③　文書送付嘱託・調査嘱託の必要なものは，手続きを忘れない。

④　終結した事件の調書は，裁判官が判決を書く必要があるので，優先的に早く作成する。

⑤　証人のない弁論のみの事件の調書は，先に作成する。

⑥　和解調書は，履行期の関係もあるので，早めに作成する。

⑦　右の処理をした上で，できるだけ早く証人等供述調書の作成に取りかかる。

四　書記官のカキクケコ

目標管理とか事務管理とかいうと，それは管理職にでもなってから考えれば足りるという考え方もあろう。しかし，組織体の構成員として，しかも，ある面で独立して職務行為を遂行する書記官にとっては，任官段階から右のような合理的な事務管理の方法と技術を修得することも，また必要不可欠のことである。

その事務管理の要諦は，必ずしも難しいことではない。次のカ・キ・ク・ケ・コの五つの基本を念頭に置けばよいと思う。

①　カは「型」である。

実務の処理方法や文書の記載の仕方には必ず「型」がある。「型(処理方法)」は，これまでの一般的な処理の仕方・方法として実務に定着し，大方の支持を得ているものである。

実務の初心者は，まず，この基本「型」を覚えることから始めな

(160)　新村・前掲25頁

ければならない(161)。

「型」は技術の集積であり,「型」の確立は，正確で効率的な事務処理を可能にする。この「型」の集合が記録を成り立たせている。

② キは「記録」である。

記録の作成・保管は書記官の基本的な職務内容である（裁判所法60条【162】）が，もろもろの書記官実務の対象となる「事件」は，何よりも記録に基づいて段階的に処理されていく。

記録は書記官実務の基礎である。記録をよく読み,内容を法律的,分析的に理解し，的確に事務を処理していくことが，裁判事務の適正な進行と処理を図る確実な礎になる。

③ クは「工夫」である。

書記官実務は,「型」の修得から入るが，その「型」は常に最善最適なものではありえない。常に「どうあるべきか」を追究し，場合によっては，一層の正確性，効率性を高めるため，従来の型を変更し，あるいは改善していくことも必要になる。

常に具体的な事案や状況，目的に応じた最適，最善の方法を工夫し研究する姿勢がなければならないと思う。

④ ケは「計画」である。

ものごとの処理は，必ず時間軸を中心として，一定の目標と手順,経過に基づいてなされる(163)。時間的限界のある中で効果的な処理を図るには,「どうすべきか」を考える。

事務処理は，目標と手順の最適な組み合わせを考える「計画」の契機を抜きにしてはできない。特に大量の錯綜した書記官事務を適正かつ効率的にこなしていくためには,計画的な処理は欠かせない。

(161)　安本・前掲157頁
【162】　裁判所法60条2項「裁判所書記官は，裁判所の事件に関する記録その他の書類の作成及び保管その他他の法律において定める事務を掌る。」
(163)　加藤昭吉「計画の科学」講談社ブルーバックス

⑤ コは「根拠」である。

書記官実務は，一定の手続規範に基づいて手続処理をするものであり，法規に基づいて適正に処理されなければならない。書記官実務の外形的な「型」や「記録」も，法律的あるいは伝統的な何らかの根拠や理由に基づいている。

型や記録は「あるもの」であり，工夫や計画は「するもの」であり，根拠は，それを支える。

一つ一つの仕事について，常に「何故か」，その根拠にさかのぼって理由を考える姿勢がなければ，いい工夫も計画もできないし，その結果，いい型や記録も生まれてこない。根拠や裏付けのない工夫や計画は，どこか脆さを隠せないし，知的な生産性と納得性にも乏しい。

こうして，訴訟進行管理を考える場合でも，調書作成事務を考える場合でも，書記官にとって，この五つの基本を忘れることはできない。

書記官にとって大事なことは，適正迅速な裁判実現のため，記録（事件）の正確かつ効率的な処理を目指し，日常の実務処理について，

「型は何か」（書式，処理方法の確立）

「何故か」（根拠の探求・裏付け）

「どうあるべきか」（理想の追求・工夫）

「どうすべきか」（方法の模索・計画）

を常に考えていくことだと思う。

五 三かき三多

これまで要領調書作成の技術を録取・構成・表現の3段階に分けて考えてきたが，これも，右のような五点思考に基づき，一応の一般的な「型」を示したにすぎないともいえる。

「型」は，最善のものでもないし，全ての場合にすぐさま使えるものばかりでもない。

では，具体的な各事案に応じた要領調書はどう書くべきか。

それは，結局，一般的な原理，基本技術を踏まえて，個々人が日々の職務に励み，技術を磨き，さらによりよい技術を追求していく熱意と努力と工夫の中にしかないと思う。

かつて流行った歌の文句に合わせて言えば，「汗かき，恥かき，調書書き」が大事だといえる(164)。どんなに技術の知識を得ても，1人1人の技術の修得そのものは，調書作成者自らの「汗」と「恥」と「経験」の積み重ねの中でしか身につかないものである。

文章の上達法といわれる「三多の法」(「多く読み，多く書き，多く推敲する」＝唐の文章家・欧陽修の言葉）も，ひたむきな努力と修練の積み重ねの重要さを説いたものであろう。

もちろん，こうした「三かき三多」も，ただ多く書くことのみを求める経験至上主義を言うのではない。明確な指針と理論を持ち，さらに有用な技術を模索して，「1日1歩，3日で3歩」，着実に能力を高めていくものでなければならない。絶えざる自己啓発と研鑽が必要と思う。

六　「書き役」からの脱皮

しかし，そうした職務能力の開発も，単に調書作成だけに限定されるものであってはならない。

書記官は，現に裁判官の補佐役としての面を含めて広範な裁判事務の運営管理に従事している。調書作成はその一場面であり，その能力開発も書記官事務の総合能力開発の一階梯にすぎないといえる。

有能な書記官の力が交互尋問の悪しき結果の整理と録音機操作に疲弊され，調書作成事務に埋没しているとしたら，その組織的損失はあまりに大きい。高い学歴と広範な見識，高度な実務処理能力を備えたこれからの書記官には，調書作成事務に埋没することなく，もっと高

(164)　山崎宗治「カンカラ作文術」カッパブックス30頁も，よい文章を書くための一般的心得として，「汗かく，恥かく，手紙かく」の「三かく主義」を唱えている。

次の職務が期待されるべきであろう。

「書き役」を通じ，書き役の能力を高め，「書き役」からの脱皮が図られなければならない。

効率的な司法運営には，その裁判事務の中核的な担い手としての書記官の一層の活用が期待され，書記官には，今後，より多く裁判事務の適正な処理能力と進行管理能力の開発・充実が要請される時代になると思う(165)。

そうした方向でのたゆまぬ能力開発と実績の積み重ねは，やがて制度としての書記官の地位と権限の向上をも真剣に検討されるべき時代を迎え，それがさらに書記官の一層のモラールと能力を高め，組織内部を活性化し，適正迅速な裁判の実現に資することになる——そういう時代の到来を念願したい(166)【167】。

---

(165)　事務手続（裁判手続）は全て「問題解決」の過程でもある。そこでは，必ず①解決主体，②役割，③課題目的，④要件，⑤手順の五つの要素の有機的な結合の下に一定の結果が生み出されていく。これは一つのシステムと捕らえることができるが，そのシステムの構成要素の有機的な関連の最適化を考えることはシステム思考（システム工学）といわれる。

裁判手続もシステム思考で考えれば，適正迅速な裁判の実現に向けた「分担と協働による問題解決のシステム」と観念される。訴訟進行管理事務を考える場合も，一定の分担職務の中で，前述のカキクケコ管理術を基礎に，主体的な立場で効率的な進行管理を考える発想があってもよいと思う。

OA化の進展に伴い，従前の事務処理方法にも根本的な見直しが要求されるようになった今日，特にこのシステム思考の重要性が痛感される（佐藤允一「問題の構造学」ダイヤモンド社，山内八郎「訴訟進行管理論の現状と課題」判タ400号86頁参照）。

(166)　①書記官制度改善に対する書記官の意識と行動の実態を類型的に考察したものに，中村満「裁判所書記官」法学セミナー1959年10月号62頁

②書記官の地位と権限をめぐる問題状況を説くものに，佐々木史朗「裁判所書記官の現状と課題」ジュリ700号269頁，白石悦穂「裁判事務と書記官の役割」新・実務民事訴訟講座Ⅰ211頁以下，江藤价泰「準法律家」前掲「現代の法律家」所収294頁以下

③書記官等の職務権限の調整に関する民事裁判官会同要録として，昭和34年民事裁判資料68号

④書記官の司法補助官的役割を期待するものに，竹下守夫著「司法補助官」前掲「現代の法律家」所収273頁以下

⑤書記官の裁判官事務の補佐的能力を高く評価するものに，坂井芳雄「地裁判事に助手を」判タ201号105頁以下

技術と能力の開発向上には，各人の進取の気概とともに，駆り立てられるべき理念的な目標と明確な方向性を持つこともまた必要なことである。

あとがき

本稿は，私のわずかの調書作成の経験を基に，短期間に関係文献を読みあさって書いたものである。本論には，断定的な言い回しもあるだろうが，全ては「……と今の私は思う。」との条件付きの試論でしかない。

今後も続く調書作成の経験の中で，更に供述調書の作成技術と技術論の確立に向けて研究を進めていきたい。

なお，本稿を書くにあたっては，今井盛章氏（現窪川簡裁判事，元高松高裁書記官等を歴任）の著書「文章起案の技術」（学陽書房）を初め，引用したさまざまな著作や書協会報等掲載の座談会での諸先輩のご発言から学ぶことが多かった。

記して感謝の念を捧げたい。

---

⑥民事執行法の成立を書記官の司法補助官制度への出発点（「司法小改革の重要な一歩」）とみるものに，中野貞一郎「司法補助官への出発」判タ400号123頁

⑦組織の効率化（組織力沈滞防止）と構成員の自己発現の要求充足のため職務と能力の一致を説くものに，占部都美「能力主義をはばむもの」人事院月報1972年261号1頁

⑧やる気を起こす内発的経営の重要性を説くものに，日本生産性本部創造性開発委員会「人間性と創造性の開発」

【167】　新民事訴訟法になって書記官の権限と役割が拡大され，その社会的評価も高くなっている。ここに記載した念願は，平成31年（2019）現在，形としては実現されていると考えられる。

第2　書記官実務原論　20の眼【民事】

はじめに

これは，書協会報109号95～118頁（全国裁判所書記官協議会事務局・平成2年（1990）1月発行）に掲載されたものである。文中の「ＯＡ化」を「ＩＴ化」に読み替えれば[1]，基本的なところでは，現在でも通用する内容だと思う。

この掲載後，民事訴訟法が改正（平成10年（1998）から施行）され，種々の制度改革が行われた。平成21年（2009）には裁判員制度が実施され，平成25年（2013）には改正家事事件手続法が施行されるなどして，裁判所書記官の権限と役割も大きく変わっていった。

しかし，それでも，裁判所書記官の基本的な職務は何ら変わっていない。むしろ，権限と役割の拡大と今後の「司法のＩＴ化」を考えれば，書記官の能力発揮と期待される役割は，ますます大きくなっていく。ここで，改めて裁判所書記官の基本と行動原理的なものを確認しておくことは重要だと考えられる。

今回の再録に際しては，作成当時のままの内容，表記としたが，次のような修正を施した。

① 縦書きのものを横書きに修正し，漢数字を算用数字に改め，誤字を訂正した。文中の「右の」とあるのは「上記の」と読み替えるものとする。

【1】 ＯＡはOffice Automationの略で，パソコン，ファクシミリ等の利用により事務を自動化し，能率化を図ることをいう。その後，これに加えインターネットによる情報活用を目的とした「ＩＴ（Information Technologyの略）化」が重要視されている。これは一般には「情報技術」と訳されている。

近年では，情報技術の急激な進展により，ＩＴに代わる言葉としてＩＣＴ（Information and Communication Technologyの略称）が使われることが多くなり，コンピュータとインターネットの活用による情報の伝達，知識の共有，コミュニケーションの充実を図ることが重視されている。

② 内容の理解を図るため，新たにまとめの図解を挿入した。
③ 注書きは「脚注」に移し，今回新たに追加した脚注は脚注番号に【○】と表示した。旧法条と現行の法条についても，脚注で明らかにした。

はしがき

平成元年2月，私は，名古屋地裁民事首席書記官の命により，書記官任用試験実務試験（民事）受験者及び書記官研修所入所予定者に対し，それぞれ調書作成に関する講義を担当しました。

そこでの話は，民事の供述調書作成事務を中心に，事務管理の理念と要点，手順を説明し，書記官の実務処理の基本について理解してもらおうとするものでした。

本稿は，その時のレジュメを基に，自己の主張，見解を織り込み，大幅な加筆を施したものです。

内容的には，大仰なタイトルをつけ，浅学な未熟者が何を偉そうなことを，と思われる向きもあるでしょうが，これは，多分に私自身に向けて理想と励ましを込めて書いた私流の原理論でもあります。

しかし，他に書記官実務の原理論を説いたものがないところをみれば，かいなでの勉学の成果でしかないものでも，初任書記官の自己開発に一つのたたき台，あるいは幾ばくかの触媒を提供するくらいの価値はあろうかと思います。

本稿には認識不足や思い違いもあると思いますが，その点は今後読者諸賢のご教示，ご指導を切にお願いする次第です。

平成元年6月

目　次

序　新しい時代に

1　転換期の中の書記官

今，裁判所では，係属する事件が複雑多様化する中で，書記官の大量退職に伴う新旧世代の大幅な交替と職場のＯＡ（オフィス・オートメーション）化が進展し，内部的に大きな転換期にあります。

こうした環境の変化は，書記官実務にも大きな発想の転換と事務処理方法の変革を求めずにはおかないと思われます。

このような転換期において，書記官には何が求められ，どのような姿勢で仕事を処理することが期待されるのでしょうか。

今日，新任の書記官には即戦力を期待する向きもありますが，それは，当座間に合う枝葉末節的な知識や技術の修得と発揮だけを望むのではないでしょう。真に求められるのは，片々たる知識や小手先の技術力ではなく，むしろ，実務の背後に潜む原理・原則的なものの修得と，新しい時代にも即応する柔軟な精神と発想でなくてはならないはずです。

「知は力なり」（ベーコン）と言われますが，知識には，それを活かしうる知恵が伴わなければなりません。仕事のやり方の基本，原理・原則となるものが分かっていることの方がよほど大事だと思います。

この基本が分かり，自己の職務と内面の充実を願う主体的な心構えさえあれば，経験とともに必要な知識や技術は急速に身についてくるのではないでしょうか。

2　塔と道と橋と

人が職業に求めるものには経済的，社会的，精神的な三つの価値があると言われますが，現代においては，精神的価値に重きをおき，自己実現欲求の充足を願い，やりがいのある仕事が強く求められています(2)。

では，書記官がやりがいを求め，自己の職務の充実を図っていくには，どういう仕事のやり方がよいのでしょうか。

それには，仕事の処理についてHow（どのようにして）を考えるとともに，その前提として書記官の仕事そのものについて，Why（なぜ）とWhat（何を）を考えておかなければなりません。①書記官はなぜ必要とされるのか（Why），②どんな仕事をするのか，また，すべきなのか（What），③その仕事をどのように行うべきか（How），この3面の総合的な考察が必要だと言えるでしょう。

組織人の成長には，目指すべき高い理想の「塔」と進むべき「道」，そして対岸の塔へと架ける「橋」が必要だと言われます。

---

(2)　坂井芳雄「仕事論」書記官131号（昭62）56頁。なお，経営管理論としては，マズローの欲求段階説，マクレガーのＸ理論・Ｙ理論，アージリスの統合理論等があるが，現代の経営では，人間の自己実現欲求や主体性を重視した人間観が前提とされている。

基本に立ち返った3面の考察は，書記官のあるべき姿を追求し，その司法的役割の可能性と職務充実の在り方を考えさせ，さらに書記官の地位向上の方途をも考える有力な手掛かりを提供してくれるのではないかと思われます。

第1　書記官の存在理由（Why）

1　第1の存在理由（公証官的機能）

さて，書記官の職務充実を考えるには，まず，書記官はなぜ必要とされるのか，これを考える必要があります。

書記官が必要とされる理由は，言うまでもなく，まず第1に，記録を担当する独立の機関を審判に立ち会わせることにより，訴訟手続の適法性，明確性を担保しようとすることにあります。

近代的な裁判では，公正な裁判を確保するために，その裁判が結論において公正である（司法による公正）ばかりでなく，その手続自体も公正であること（司法における公正）が要求されます[3]。

その理念の現実的表現として，裁判機関と記録担当官たる書記官との機関分離が図られ，裁判官には判断官として裁判に専念させ，書記官には公証官として審判への立会と記録の作成が要求されることとなったのです。これにより裁判手続の適法性担保と，訴訟関係人ひいては国民の裁判制度への信頼確保が図られたものと言えましょう[4]。

こうした公証機能のため，書記官は，自己の権限と責任で調書を作成し，その作成に際しては，裁判官から命じられた内容が正当でないと認めるときは，自己の意見を書き添えることができる（裁判所法60条5項[5]）とされ，その職務には一定の独立性が認められているのです。

---

(3)　中村満「裁判所書記官」法学セミナー43号（昭34）62頁，江藤价泰「準法律家」現代法6（昭41）所収307頁

(4)　最高裁訟廷執務資料54号「裁判所書記官等の組織と執務について」（昭59）23頁

(5)　裁判所法60条5項　裁判所書記官は，口述の書取その他書類の作成又は変更に関して裁判官の命令を受けた場合において，その作成又は変更を正当でないと認めるときは，自己の意見を書き添えることができる。

この公証機関としての機能が原初的・制度的な書記官の第1の存在理由と言えるでしょう。

しかし，書記官の機能は，それにとどまるものではありません。

2　第2の存在理由（補助官的機能）

現行制度上，訴訟手続は裁判官が全て主宰すべき建前になっていますが，その権限全部を裁判官自ら直接処理することは事務量的に到底不可能であり，また，自ら行う必要性のない傍系的・派生的な事務的事項も多々存在します。

裁判手続も機能本位に考えれば，適正・迅速な裁判の実現に向けた「分担と協働による手続運営システム」と観念され，このシステムが効率的に運営されるためには，裁判官が訴訟運営の全体的指揮と高度な判断事務に専念できるように，書記官等の他の職員が裁判官と一体となって協働して適切な事務処理が行われるのでなければなりません。

その中では「裁判所の活動を，裁判官と分掌し，これを補佐して，その円滑な遂行に協力すべき中核的職員」(6)としての書記官の役割と活動には大きな期待が寄せられることになります。

書記官が必要とされる第2の理由には，こうした裁判進行の補佐的機能を担いうる官職の配置と活用により，裁判官の負担を軽減し，一層適正・円滑な裁判の実現を図ろうとすることにあります。この補助機関的な機能が書記官の第2の存在理由と言えるでしょう(7)(8)。

---

(6)　最高裁事務総局・裁判所法逐条解説中巻（昭44）273頁

(7)　前掲・執務資料54号23頁，前掲・逐条解説中巻285頁

(8)　兼子一＝竹下守夫・裁判法（昭53）238頁は，書記官は「裁判官の補助官ではないから，裁判官の職務を補助する義務はない。」とするが，白石悦穂「裁判事務と書記官の役割」新・実務民事訴訟講座Ⅰ所収216頁は，上記の見解を「狭きに失する」とする。なお，小島武司「職域問題の今日的問題」ジュリ700号（昭54）260頁は，準裁判官的スタッフの必要性を説く中で，「このような任務はある程度は裁判所書記官によって果たされている」とする。

3　時代の変遷と今後の課題

書記官の存在理由を尋ねれば，確かに近代当初の制度的枠組みの中では，理念的にも司法機能的にも，また補助機構のレベルからも，第1の公証官的機能に重きが置かれ，それで足りたと言えるかも知れません。

しかし，戦後，特に憲法を頂点とする価値体系の変遷と経済・社会の高度な発展，法機能の多様化と情報化時代の到来に伴い，裁判所に持ち込まれる事件は複雑化し，事務量も増え，裁判官の負担も増大しました。それとともに補助機構も拡充強化され，その知的レベルは高学歴化，研修の充実等により飛躍的な向上が図られました。

こうした時代変遷を経た現代では，書記官の存在理由も，決して近代当初の制度的枠組みの中にのみ限定されるべきものではないでしょう(9)。

時代とともに，第2の補助機関的な機能が一層強く要請されてくるようになったことは言うまでもありません。

近年，民事訴訟の促進と審理の充実のための方策案が活発に論議され，一部の庁では既に試行されつつありますが，その中で訴訟運営の協同運営者として書記官の役割と活躍に大きな期待が寄せられている(10)ことは注目に価します。

さらに，今後裁判事務のＯＡ化が進展していけば，どうなるのでしょうか。

いずれ事件のインデックス化，訴訟経過（弁論関係調書）の処理と

---

(9)　民事執行セミナー「座談会」ジュリ増刊（昭56）48頁の中で三ヶ月章教授は「比較的簡単な判断業務であったら，単なる公証という枠をかなり外れても少しずつ書記官に与えていくのが，将来の司法機関のエネルギーの能率的な開発という点からは望ましい」とされる。

(10)　福田剛久「東京地裁の審理充実方策案」ジュリ914号（昭63）62頁，佐々木茂美「大阪地裁の審理の充実方策案」同号66頁，司法研究報告書40輯1号「民事訴訟のプラクティスに関する研究」（昭63）特に212頁以下，座談会「民事訴訟の審理を充実させるための方策」書協会報105号（平元）2頁

期日運用（カレンダー・システム）の管理，各種証明事務等がコンピュータ化され(11)，定型的な法的判断事務（Programmed decision making）はコンピュータによる自動処理に委ねられることでしょう。

そうなれば，司法に果たす書記官の役割と機能は一層拡大することが予想され，こうした状況は，旧来の司法運営の在り方や職務配分に大きな変革を迫らずにはおかないと思います。将来的には，担保取消手続，督促手続【12】等は書記官の権限に委譲されるようになることも考えられます(13)。

こうした状況を踏まえて書記官の在り方を考えるとき，書記官にはどのような職務が課せられ，どのような能力が要求されるのか，どのような仕事のやり方がよいのか，それを考えないわけにはいかないでしょう。

第2　書記官の仕事（What）

1　現在の職務

書記官は，現在どのような仕事をしているか。また，どのような仕事をすべきなのか。書記官の仕事を考える場合には，まず仕事の範囲，つまり権限と責任の範囲を確認しておかなければなりません。

書記官の仕事は広範かつ多岐にわたりますが，上でみた書記官の二つの存在理由に対応して，その基本的な職務を大別すれば，公証官的職務と司法補助官的職務【14】の二つが挙げられると思います(15)。

(1)　公証官的職務

第1の公証官的職務とは，裁判過程での一定の行為又は文書成立の

---

(11)　原田國男「アメリカ合衆国の司法分野におけるコンピュータ利用の動向について(2)」法律のひろば28巻10号（昭50）60頁以下

【12】「督促手続」は，新民事訴訟法（現行法）により裁判所書記官の権限とされた（民事訴訟法382～396条，民事訴訟規則232～237条）。

(13)　竹下守夫「司法補助官」現代法6（昭41）所収293頁

【14】「司法補助官的職務」は，現代の訴訟の場面では，「コートマネージャー」又は「コートマネージメント」の職務にあたる。

(15)　小林俊彦「現代書記官制度の直面する諸問題」書協会報創刊号（昭33）26頁

適正性を公的に証明（公証）することを言います。

これには，①期日における調書の作成（民訴法142【16】，刑訴法48・刑訴規37【17】），②訴訟記録の作成・保管（裁判所法60Ⅱ），③訴訟記録の閲覧・謄写の許否，正本・謄本・抄本の交付（民訴法151【18】，刑訴法46），訴訟関係事項の証明書の交付（民訴法151【19】），判決の言渡及び交付の日の附記（民訴法192【20】），判決確定証明書の付与（民訴法499【21】），執行文の付与（民事執行法26）等の職務があります。

これらの公証事務の中では，現行制度上訴訟の場面では，調書の作成が一番中心的なものであることは言うまでもありません。

記録の作成・保管及び記録を中心とした付随的な公証事務は，書記官固有の権限事項として基本的な第1の職務といえます。

通常，調書作成と送達事務が書記官の2大職務とされますが，送達事務は，訴訟全体の中での機能を考えれば，むしろ次の職務の中で捉えた方がよいでしょう。

(2) 司法補助官的職務

第2の司法補助官的職務とは，権限の一元集中からくる裁判官の負担過重を軽減し，より適正かつ効率的な司法機能を実現するため，その事務の一部を裁判所職員が独立的又は非独立的に担当・処理することを言います(22)。

司法補助官には，一般に①内部補佐型と②権限移譲型，③代行裁判官型があると言われていますが(23)，わが国の現行法制下では，当面，書記官に内部型の司法補助官的職務を認めることができるでしょう。

【16】 旧民事訴訟法142 → 新民事訴訟法160
【17】 刑事訴訟法，同規則上，公判期日調書作成に関する条文に改正はない。
【18】 旧民事訴訟法151 → 新民事訴訟法91
【19】 旧民事訴訟法151 → 新民事訴訟法91
【20】 旧民事訴訟法192 → 新民事訴訟規則158
【21】 旧民事訴訟法499 → 新民事訴訟規則48
(22) 竹下・前掲273頁
(23) 竹下・前掲275頁

これを訴訟手続の流れの中で見れば，書記官は，①事件の受理に関する事務（民訴法223【24】，刑訴法256Ⅰ）を行い，②呼出状・準備書面等の送達に関する事務（民訴法161【25】，刑訴法54）を掌り，③適正・迅速な裁判実現のために手続の進行管理事務を行い，さらに，④裁判官の命により法令・判例等の調査その他必要な事項の調査事務（裁判所法60Ⅱ）等を行っています。

一般には，このうち④の調査事務が司法補助官的職務の中核に据えられますが，それはあらゆる事件に常時必要とされるものではなく，むしろ実際上必要不可欠とされるのは進行管理事務の方でしょう。この進行管理事務は，訴訟を適正・迅速に進行させる目的の下に，事件の受付から終局に至るまでの訴訟手続全体を的確に運営管理するために求められる職務で，司法補助官的職務の中では極めて重要なものと言えます(26)。

(3)　訴訟進行管理事務

この訴訟進行管理事務には，例えば，事件の受付に際し不備な点の任意補正を促したり，答弁書を催促したり，手続履践の有無その他必要事項を調査したり，訴訟関係人に訴訟進行に関する問合せや連絡調整をしたり，簡易・定型的な裁判書の起案・浄書をしたりする等の事務が挙げられます。

その根底には，裁判官の訴訟指揮又はその実体的判断形成に関する固有権限事項を除く進行事務や事務的行為は，書記官の進行管理事務の範疇にあるとの発想があると言えるでしょう。

【24】　旧民事訴訟法223 → 新民事訴訟法133

【25】　旧民事訴訟法161 → 新民事訴訟法98Ⅱ，新民事訴訟法では公示送達が新たに書記官の権限とされた。

(26)　「訴訟手続進行管理研究報告書―（民事班）」書協会報60号（昭52）18頁，山内八郎「訴訟進行管理論の現状と課題」判タ400号（昭55）86頁，大塚正夫「書記官による訴訟の進行管理について」書協会報72号（昭55）2頁，山内八郎「訴訟進行管理という用語のことども」書協会報74号（昭56）125頁，「コートマネージャーとして」書記官112号（昭57）巻頭言，齊藤昭男「家庭裁判所における書記官制度の回顧と展望」書協会報106号（平元）2頁

送達事務も，現行法制下書記官固有の権限事項であり公証作用の一面も有しますが，送達それ自体は独立の意義を有する行為ではなく，訴訟遂行に向けた仲介的手段的訴訟行為であり(27)，機能面からみれば，それは裁判官の主宰する手続への「参与」でもあります(28)。ただ，それが，進行管理の中では唯一，法的に書記官の専属的権限として規定されたものである点に特異性があると言えます。

送達に代表される書記官の「連絡調整」活動により，訴訟は，実際上弁論の機会を保障され，適法な場（期日）の設定を得，必要な準備が整えられ，適切な措置（外部機関への嘱託＝調査嘱託，送付嘱託等）が講じられ，裁判手続の合法的・実効的な展開の確保が図られていくのです。

しかし，書記官が右のような広範かつ重要な事務を現実に処理していても，その訴訟手続上の専属的権限事項としては，送達事務を唯一の例外とし，他に「自己の名と責任で」行えるものは何もないのが実状です。ここに訴訟進行管理事務の限界があり，能力と実体と権限の三者が一体化されていないところに書記官制度改革論議の原点がある，とも言えるわけです(29)。

---

(27) 岩松＝兼子編・法律実務講座・民事訴訟編第2巻（昭33）291頁

なお，送達の訴訟行為性を否定する見解として兼子一・民事訴訟法体系（昭49）187頁，条解民事訴訟法（昭61）410頁，独立の訴訟行為性を肯定する見解として三ヶ月章・民事訴訟法（昭56）359頁がある。

(28) 前掲・逐条解説中巻293頁

なお，同頁は「送達をすべきかどうかについては，裁判官の判断に従うべきであるが，送達をするについて，いかなる送達方法によるべきかは，原則としてー公示送達等の場合を除きー裁判所書記官の独立の判断による。」とする。

(29) 前掲・逐条解説中巻275頁の（注4）は，「現行制度における裁判所書記官の職務の内容は，第三項が加えられた現在においても，なお狭いのではないか」とする。

なお，石丸俊彦「書記官制度について」判タ201号（昭42）113頁，原島克己「書記官制度の進むべき方向」同号114頁，小泉祐康・小林俊彦「裁判所書記官制度の回顧と展望」自由と正義20号（昭44），書協本部書記官制度研究会「裁判所書記官制度改革の変遷」書協会報91号（昭60）2頁参照。書記官への権限委譲の当否及びその範囲については，既に昭和33年に詳細な議論がなされている（昭34民事裁判資料68号「裁判所書記官等の職務権限の調整に関する民事裁判官会同要録」，同書巻末には，委譲されるべき具体的な権限について書記官の意見も掲載されている。）。

現代公務組織の運営は，能率性と民主性に支えられ，「明確な職務配分をベースとした機能主義と，それぞれの仕事を実際に行う人々の能力や意欲を軸とした人間尊重主義」に裏付けられたものであることが要請されます(30)。

書記官の権限の拡大は，「裁判事務の合理化，能率化等の見地から，喫緊の要務」(31)ですが，それは，右の二つの主義に支えられたものでなければならないでしょう。

(4)　職務の特性

上でみた公証官的職務と司法補助官的職務との違いは，どこにあるのでしょうか。

第1の公証官的職務は，既に成立している行為又は現に存在する記録を対象とし，いわば裁判の流れに対し「後向き」（過去志向型）の認識・認証行為と言えるでしょう。その行為の多くは，一定の法的要件に対する事実当てはめの機械的な判断であり，その都度の受け身的な事務に終始し，静態的な点的管理で足ります。

これに対し，第2の司法補助官的職務は，裁判の発展的な手続形成への「参与」であり，ここには，一定の目的を志向した主体的な意思作用があり，効率的な手段の選択と法的判断を伴う事実の創出があります。それは，裁判の流れに対し「前向き」（将来志向型）の積極的・能動的な形成作用であり，そこには適正・迅速な裁判実現に向けた動態的な線的管理が要求されると言えます(32)。

共に「司法における公正」の確保のため厳正な職務意識が要求され

---

(30)　日本経営協会・社会通信講座公務管理者コース・昭和57年教材「公務管理者とマネジメントの実践」（執筆担当・斉藤和春＝福島大学教授・元人事院任用局企画課長）

(31)　前掲・逐条解説中巻247頁

(32)　田中成明「法的思考とはどのようなものか」（有斐閣平元）11・12頁の思考様式における要件＝効果モデル，目的＝手段モデルが参考になる。前者は書記官の公証官的職務に見られるが，その多くは機械的な判断作用に止どまる。司法補助官的職務では，前者の思考とともに後者の思考がより広く深く発揮されると言えよう。

ることに変わりはありませんが，前者より後者の方が，より幅広い知識と高度な能力・責任が求められるものであることは言うまでもありません。

前者を原初的という意味で旧型職務と言うとすれば，後者は，時代とともに職務の比重を増す傾向にあり，その意味では新型職務と言えます。書記官の社会的地位の向上は，旧型職務に止どまることではなく，新型職務の中にやりがいと能力発揮の場を見い出し，適正・迅速な裁判の実現に奉仕し国民の信頼を得ることの中にあると考えられます(33)。

なお，裁判官の命令権との関係で右の職務を考えれば，書記官は，その職務を行う場合，それが裁判官の主宰する手続に関するものである限り，裁判官の命令に従う必要があります（裁判所法60条4項【34】）が，その命令は，必ずしも具体的，個別的に与えられることを要せず，包括的，抽象的に与えられることもあり，また黙示の命令でも差し支えないと解されています(35)。しかし，書記官がその専属的な固有権限事項を自ら独立した手続担当者として行う場合には，裁判官の命令を受けることはないとされ(36)，その限りでは一定の職務の独立性が認められていると考えられています。

2　新型職務の動向

(1)　民事執行法上の権限の拡張

新型職務の関係では，これを昭和54年に改正された民事執行法の分野に見れば，多年にわたる先輩書記官の努力と実績の積み重ねにより，書記官の固有権限が大幅に拡張されていることが分かります。

---

(33)　書記官の司法補助官化に消極的な見解もある。宮沢洋夫「司法制度と補助機構」自由と正義20号（昭44）8頁参照，なお，全国書協札幌高裁地区書記官制度研究会「裁判官補助事務についての考え方」書協会報90号（昭60）2頁には積極・消極の2説が論拠を示して掲記されている。

【34】　裁判所法60条4項　裁判所書記官は，その職務を行うについては，裁判官の命令に従う。

(35)　前掲・逐条解説中巻293頁，252頁

(36)　前掲・逐条解説中巻293頁

執行文付与については全面的に書記官の単独権限に改められ（民事執行法26），さらに，登記の嘱託（同法48，54，82，150，164），催告・告知（同法49・64），供託（同法91）等に見られるように，従前裁判官の権限であり書記官は履行補助者的な地位しか認められなかったものが，書記官の固有の権限として認められるに至りました。

立法当事者は，これらを従来の「書記官＝公証官」の枠組みから出たものではないと説明していますが(37)，一方で「高度な法律判断を要する条件成就や執行当事者適格の調査判断」(38)が書記官に委ねられたことから，学者の中には，「裁判官と裁判所書記官との相互関係の変革であり，それに関する従来の基本的な観念の立て直しが始まった」とし，「裁判所書記官の司法補助官化への道を踏み出したものと位置づけ」(39)，あるいは「日本的な司法小改革の一つの前進」(40)とみる見解もあるほどです。

(2)　将来に求められるもの

上でみた民事執行法上の権限拡張も，他面では，旧態依然たる訴訟法上の書記官の権限体系とは整合性を欠き，同じ登記嘱託事務でも訴訟法（例＝予告登記）と執行法（例＝差押登記）とでは嘱託権限者が違うなど，なお法制上は跛行性を存している状況にあります【41】。

しかし，時代の流れは，いずれ訴訟法の分野でも，書記官の司法補助官化に向け，確実に書記官の権限拡大をもたらさずにはおかないでしょう。

---

(37)　前掲・「民事執行セミナー」49頁宇佐見隆男法務省民事局参事官発言

(38)　吉村徳重「執行力の主観的範囲と執行文」民事執行法の基本構造（昭56）139，146頁

(39)　中野貞一郎「民事執行法における執行機関」前掲民事執行法の基本構造58，60頁，同「司法補助官制度への出発」判タ400号（昭55）123頁

(40)　三ヶ月章・民事執行法（昭56）34頁

【41】　その後平成5年に不動産登記法改正により予告登記の嘱託権限が書記官の権限として拡大されたが，平成14年の法改正で予告登記が廃止され，この問題は現在では解消されている。

こうした時代を前に，私たちは，第1に，言うまでもなく，個々人が理想を高く掲げ，自己の資質・能力の開発と向上に励み，着実に実績を積み上げていくことが大事だと思います。

第2に，書記官相互の横の連帯を考え，共通の理想の「塔」を打ち立て，書記官全体の能力と地位の向上を目指し相互啓発と相互研鑽を積むのでなければなりません。

少数の能力精鋭者ではなく，全体の能力のレベル・アップこそが課題なのです。

かつて，書記官制度の在り方をめぐっては組織を分けての論争がありましたが，「分かれ争う家は立つこと能わず」(42)と言う言葉があります【43】。新しい時代のニーズに応え，真に国民のための裁判所の担い手として国民の前に立つには，「書記官が一職種の利害を超えて，裁判制度全般の検討の上にたって，書記官制度はいかにあるべきかの真摯な検討，問題提起」(44)が望まれると思います。

今私たちは，権限の拡大を裏付ける資質と能力が備わっているかどうか，書記官全体としてどの程度の実力と実績を持つのか，それが国民に試され，真価を問われる時代に生きていると言えるでしょう(45)。

第３　書記官の仕事の仕方（How）

１　仕事の基本

(1)　仕事の管理

書記官実務をめぐり大きく状況が変わろうとしている中にあって，

---

(42)　アメリカ合衆国第16代大統領リンカーンの演説に引用された聖書からの言葉（高木八尺著作集第4巻305頁）

【43】　平成16年（2004）4月に裁判所職員総合研修所が創立され，同年7月24日，裁判所書記官研修所富士見同窓会（昭和32年発足）と全国裁判所書記官協議会（昭和36年発足）とが一つに統合され，「日本裁判所書記官協議会」が設立された。

(44)　江藤・前掲312頁

(45)　中野・前掲判タ400号125頁，佐々木史朗「裁判所書記官の現状と課題」ジュリ700号（昭54）269頁，山内八郎「書記官制度確立運動への一視点」書協会報77号（昭57）59頁，佐々木史朗「書記官制度の回顧と展望」書記官137号（昭63）2頁

書記官が公証官的職務にしろ，司法補助官的職務にしろ，その重要な職責を的確に処理していくためには，まず仕事の基本を理解しているのでなければなりません。

一般に，仕事は問題の発見と解決の過程であり，それは計画（Plan）ー実施（do）ー検討（see）という三つの管理過程を経て行われることは，今日もはや常識的な理解となっています。

問題とは基準からの逸脱であり，仕事は，「問題に気づく」ことから始まり，ポイントを押さえ，段取りを考えて適切な解決を図り，その検討結果は次の行動に活かされていく，というものでなければなりません。

この管理過程は，発展的な裁判手続の過程で複雑多岐な法的事務を刻々と処理していく書記官の仕事においても，当然認められるものです。殊に国民の権利と利害に直接影響を及ぼす職務を独立的に担っているのであれば，管理職のみならず個々の書記官においても，その仕事の処理過程において，この管理機能を適正に遂行しなければなりません。管理機能は裁判所の組織人全体の仕事なのです。

(2)　管理の志向理念

では，こうした管理機能をも含む仕事を行う場合の志向理念は，一体何なのでしょうか。

書記官が裁判事務を処理する限り，その根底には法律があり，法知識や法理論，法解釈，あるいは法律的な考え方が必要であることは言うまでもありません。しかし，その法律的な職務の原点には，どんな仕事を行う場合でも「正・速・美・安・楽」の五つの志向理念がなければなりません。このことは十分認識しておく必要があると思います。

①　「正」

「正」とは，当然のことながら，仕事を間違いなく「正確」に行うことです。形式的にも内容的にも，正確性の確保は仕事全般に要求される第1の要件です。

とりわけ裁判では，正確性の上に「公正さ」が要求されます。それには，結果における「実体的正義」の実現だけでなく，それに至る訴訟過程での手続保障や「手続的正義」が要請されます。特に最近の民事訴訟法学界では，従来の判決中心の理論から手続過程を重視し，手続保障にこそ裁判の正統性を見い出そうとする学説が台頭してきていることは注目されるところです(46)。

そして，もう一つ裁判で大事なことは，実体的・手続的正義の実現とともに「公正さの外観」が必要とされることです(47)。近代裁判は，結局，人の信頼に基礎を置くからです(48)。

書記官は，司法を担う法律職であれば，こうした意味での「正」の確保・実現に努めなければなりません。

② 「速」

「速」とは，取り掛かりが早く，しかも迅速に処理されることです。

適正かつ迅速な裁判の実現は，言うまでもなく司法の最大の使命であり課題でもあります。

「適正」と「迅速」とは，しばしば対峙的に捉えられますが，その両立は決して不可能ではありません。迅速性の要求の前に適正性が害されてはならない(49)ことは勿論ですが，「適正」を確保しつつ，より「迅速」をめざした効率的な実務処理が模索されなければなりません(50)。

---

(46) 谷口安平「手続的正義」基本法学8（昭53）35頁，田中成明「裁判の正統性 - 実体的正義と手続保障」講座民事訴訟1（昭59）85頁，井上治典「手続保障の第3の波（一）（二）」法学教室28号（昭58）41頁，同29号（同年）19頁

(47) 谷口安平・前掲50頁

(48) ラードブルッフ（尾高朝雄・碧海純一訳）「法学入門」（昭30）181頁「すべての価値判断が主観的であり，争いうるものである以上，司法の正しさとは結局司法に対する人々の信頼ということ以外の何物であろうか。」

(49) 小島武司「裁判運営の理論」（昭59年）21頁

(50) 座談会「訴訟促進・審理の充実問題の展開方向」ジュリ914号（昭56）5頁

③　「美」

「美」とは，仕事を美しく「丁寧に」仕上げることです。仕事は正確で速くできればいい，というものではありません。1枚の文書も，レイアウト，文の構成，文字の大きさ等により，その人のセンスと丁寧さを窺わせます。仕事の成果は，他人が見て判断するものであることを忘れてはなりません。

裁判実務は訴訟書類を中心に処理されていきますが，それが訴訟関係人共通の訴訟資料として活用されることを考えれば，「簡潔な文章で整然かつ明りょうに」作成されるべきことは当然のことです（民訴規7条【51】）[52]。記録は「他人に」見やすく，分かりやすいものでなければなりません。

④　「安」

「安」とは，仕事を「安く」経済的に行うことです。正義の実現が司法の使命とはいえ，コストの問題を無視することは許されません[53]。

国が負担する裁判費のみならず，当事者が負担する訴訟費用についても，実務処理には，費用対効果の観点からコスト意識を持つことは必要なことです。最小入力で最大効果が望まれるのは，何も営利企業に限らず，公務の世界でも同様なのです。

⑤　「楽」

「楽」とは，「楽に」，「楽しく」仕事ができることです。

「楽に」とは，手続上の仕事が簡素化，合理化されていることを言います。そのためには，「ムダ・ムラ・ムリ」（これを「三ム」又は「ダラリ」ともいう。）をなくし，円滑で能率的な事務の運営処理ができるよう工夫する必要があります。

【51】　新民事訴訟規則5条　訴訟書類は，簡潔な文章で整然かつ明瞭に記載しなければならない。

(52)　最高裁事務総局・民事裁判資料55号「民事訴訟規則の解説」（昭31）20頁は，「裁判所の作成する訴訟書類の記載についても，本条の注意を守るべきである」とする。

(53)　棚瀬孝雄「司法運営のコスト」講座民事訴訟1（昭59）191頁

ただ，それは人間性尊重に基づいた発想でなければならず，それによってこそ仕事は，主体的・能動的に「楽しく」行われるものになるのです。特にＯＡ化時代には，人間性と調和し，適正性と効率性の要求を同時に満たすような運営システムが追求されなければなりません(54)。

(3)　志向理念の実現

以上の「正・速・美・安・楽」の五つの基本的な志向理念の重要性には誰もが理解を示しますが，個々具体的な実務処理の中で，それらを真に実現されるのは難しいことです。しかしながら，裁判所という組織の中で組織人として仕事をする限り，この五つの志向理念を片時も忘れるわけにはいきません。

公正さを疑われることはないか。手続履践は適正か。書類の記載間違いや脱漏，呼出手続の懈怠等で関係人に迷惑をかけていないか。わずかなことで何度も呼び出したり，待たせ過ぎたりしていないか。無駄な電話や不必要な送達手続等で関係人に無用な時間や費用を使わせたりしていないか。瑣末なことに余分な時間と労力を取られ，重要なことが疎かになっていないか。

書記官がその職務を行うには，常に「正・速・美・安・楽」の基本に立ち返って考えなければなりません。その基本に忠実なことが裁判に対する国民の信頼と期待に応えることにもなるのです。書記官の仕事の成果は，この基本で決まる，と言えるのではないでしょうか。

2　管理のカキクケコ

(1)　管理の技術

では，書記官は，「正速美安楽」の5点の理念を念頭におきながら，具体的な実務を処理していく上では，どのような点に注意したらいいのでしょうか。

---

(54)　岩尾達男「非システム思考のすすめ」（日本能率協会昭62）

書記官は法律職であり，その公証官的職務にも司法補助官的職務にも，基礎的な法律知識と法律理論を身につけることが第1に必要なことはいうまでもありません。しかし，それだけでは書記官としての職務を全うすることはできないでしょう。

書記官実務は，優れて技術的なものであり，一つ一つの仕事の中で，前述の「正・速・美・安・楽」の志向理念をどう技術的に活かすか，その実践力が問題となります。単に法律知識を振り回しているだけでは実務は動きません。

実務は全て問題解決過程として現れ，そこで書記官がより高度の実務処理能力を身につけていくためには，常に何が基本か，何が重要かを理解し，自ら問題点を発見し，その最適な問題解決に向けた行動を取る訓練を積むことが一番大事でしょう。

そのためには，書記官は，次の「カ・キ・ク・ケ・コ」の5点の管理を常に念頭に置くとよいのではないかと思います。この5点の管理が適正な実務処理と能力向上の礎になるものと思います。

(2)　管理の力点

①　「カ」

「カ」とは，「型・形を知る」ことです。

実務には必ず処理パターン（型）があります。同じものは同じように扱われるべきだという理念と標準化の発想に基づきます。このパターンを時間軸で処理の流れとして見れば「型（手順)」であり，空間軸で見れば「形」となります。

実務で見られるマニュアルや書式集は，標準的な「形」をファイルしたものに外なりません。ＯＡ化の中のコンピュータ・ソフトウェアにしても，事務処理の標準的な「型（手順)」をシステム化したものと言えます。

実務を「学ぶ」ことの出発点は，形を「まねる」ことだと言われます。「学ぶ」という言葉は「まねぶ」，つまり「まねてならう」という言葉からきています。

「型・形」は幾多の論議と検討の末に確立され大方の支持を得た成果であり,「型・形」に従うことは，実務的な妥当性を得るとともに，正確で効率的な事務処理を可能にしてくれます。

この「型・形」の集合が裁判記録を成り立たせてもいるのです。

② 「キ」

「キ」とは,「記録を大事にする」ことです。裁判記録は，事件の全貌を明らかにし，事件の処理上極めて重要であり，裁判所として最も重要な物件の一つです(55)。公証官的職務を行う書記官にとって，記録は，自己の職責の基本的な拠り所となるものでもあります。

平素から記録を点検・整備し，書類の紛失，破損等を防ぎ，記録を利用しやすい形で保存管理することは書記官の第1の務めです。

さらに，裁判の実体である「事件」は，何よりも記録に基づいて手続として段階的に処理されていくことを考えれば，書記官は，記録をよく読み，法律的な観点から問題点を検討し，適切な処理と的確な手続進行を図るとともに，期日が適法かつ充実した形で施行されるよう配慮する必要があります。

書記官は，手続的正義の実現のためにも，手続履践に意を払い，適正な記録（手続）を創っていく手続形成機能を重視しなければなりません。「ある」記録（手続）を管理するだけでなく,「あるべき」記録（手続）を求めて適正な記録を作成し管理する。これも大切な書記官の役目です。この役割を認識した書記官の活動が，適正・迅速な裁判を背後から支えることになるのです。

③ 「ク」

「ク」とは,「工夫する」ことです。

書記官実務は「型・形」の習得から入りますが，その「型・形」は常に最善・最適なものではありえません。書記官実務の進行・処理過程においても，多くのムダ・ムラ・ムリがあり，法律的にも種々の問

(55)　前掲・逐条解説中巻280頁

題点がないわけではありません。こうした不合理を排除し，事務の改善と能率化を図っていくには，積極的かつ多面的な創意工夫と努力が求められます。

安易に先例に追随することなく，既存のマニュアルや書式にも検討を加え，事務を改善するとともに，漠たる実態にも論理の「型」を発見し，新たな実務の「形」を創造していくことが必要になるでしょう。

この仕事の標準化，合理化の発想は，ＯＡ化時代のソフトウェア作りには不可欠なものとなります。職場に電子機器が大量に導入されたところで，それだけでＯＡ化が真に実現したとは言えません。これからは，利用技術，知のソフトウェアの良否が仕事の質を決める時代になるのです。

常に「どうあるべきか」の研究心を失わず，進取の精神で一層の正確性，効率性を高めるための創意工夫を心がけなければなりません。そのためには，謙虚さと，日々研鑽を積み自己啓発，相互啓発を図ることが肝要と思われます。

④　「ケ」

「ケ」とは，「計画性を持つ」ことです。

ものごとの処理は，必ず時間軸を中心として，一定の時間枠の中で，一定の目標と手順に基づいて行われます。迅速性の要求の中で正確で効果的な処理を図るには，「どうすべきか」を考えなければなりません。ここに「計画」の必要性があります。

特に多種多様で錯綜した書記官実務を適正かつ効率的にこなしていくためには，計画的な処理は欠かせません。計画的な処理とは，仕事の全貌と全体量をつかみ，「重要度」，「緊急度」，「難易度」を考慮して処理の優先順位を決め，効果的な実行を図ることを言います。

仕事の「質」のよさは，時間の密度との相関関係で決せられます。実務処理能力を高めることの一つは，結局この計画性を高めることでもあるのです。

⑤　「コ」

「コ」とは，「根拠を知る」ことです。

裁判実務は，当然ながら法規に根拠を置いた仕事であり，この法規の知識と解釈，法理論を基礎にした適正なものでなければなりません。

実務の外形的な「形」や「記録」も，法律や規則，判例，通達等，何らかの根拠や理由，理論に基づいたものです。これが，法的な問題解決に判断基準を与えてくれます。

書記官の実務処理能力を裏打ちするのは，この「根拠」に基づくということであり，書記官が実務を適正・迅速に処理するには，この根拠となる手続法・実体法を確実に知っていること，そして判例・学説等を研究し理論的な検討を加えたものであることが必要となります。書記官に法令・判例等の調査事務が課せられている（裁判所法60条3項【56】）のも，書記官にその調査能力のあることが当然の前提とされているのです。

一つ一つの仕事について，常に「なぜ？」と問う姿勢や根拠に遡って理由を考える心構えが，問題意識を深化させ，揺るぎない問題解決を約束してくれると思います。実務処理や工夫，計画をする際にも，「How？」の前に「Why？」の問いかけがなければなりません。根拠とか基礎理論を知ってこそ「基本」ができ，適切な判断と問題解決ができ，創意工夫や応用力が生まれ，さらに高度の知識や理論，技術の修得も可能になるのだと思います。

(3)　基本の活用

書記官実務にとって大事なことは，①「なぜか？」（根拠の探求），②「どうあるべきか？」（理想の追究），③「どうすべきか？」（効果的な方法の模索）の3点を常に考えていくことだと思います。

それを日々の仕事の中で実践することにより，他律的でなく，自律的，能動的に仕事に取り組む姿勢を培うことになります。この内面の主体性の中にこそ仕事を「苦」から「楽」に転換する契機が潜んでい

【56】　裁判所法60条3項　裁判所書記官は，前項の事務を掌る外，裁判所の事件に関し，裁判官の命を受けて，裁判官の行なう法令及び判例の調査その他必要な事項の調査を補助する。

るのではないでしょうか。

一人一人の書記官がこの基本を自覚し，能力開発に努めれば，書記官全体の資質と実力が増し，書記官実務の質的レベルを向上させることになり，ひいては裁判所全体の適正・円滑な裁判運営と事務処理能力の向上にも資し，裁判に対する国民の信頼を一層高めることができると思います。

実務のカ・キ・ク・ケ・コ

カ	型を知る	○仕事には，し方，やり方(フォーム，類型)がある。 ○型（フォーム)が書類を作り，書類が記録を作る。 ○型を覚えることから，仕事は始まる。
キ	記録を大切に	○裁判にとって「記録」は命，事件処理の基礎 。 ○記録は，関係者協働による情報収集の貯蔵庫。 ○記録の作成・保管は，書記官第一の職務。
ク	工夫する	○仕事のし方，やり方(型)を工夫する。 ○プロは，型から入り，型から出る。 ○手順・方法の改善，効率化，システム化を図る。
ケ	計画する	○仕事には，やるべき内容と期限(納期)がある。 ○仕事のやり方を，時間軸の中で工夫する。 ○計画化とスケジュール管理が仕事の基本。
コ	根拠に基づく	○実務には根拠が求められる。 ○「何故？」から，自分の頭で，主体的に考える。 ○処理の「原則」と「例外」を，わきまえる。

3　手順のサシスセソ

(1)　調書作成事務

現在，書記官の中心的な職務は調書の作成ですが，中でも一番時間と労力を要するのは供述調書の作成事務です。

戦後，交互尋問制の採用により，昭和32年には速記官制度も成立しましたが，当初の期待ほどには書記官の負担は軽減されず，むしろ，その後の録音機の普及，外部からの一層の逐語記載の要請等により，供述調書作成事務は依然として大きな負担であり，これが，書記官の新型職務展開への隘路ともなっています。

今後，録音体の引用や高度なＯＡ機器の活用等により録取事務は幾らか軽減されるでしょうが，基本的なところでは，書記官が書記官である限り，調書作成事務から完全に解放されることはないでしょう。

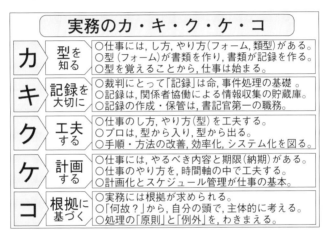

そうであれば，書記官は，この現実を見据えて，調書作成能力の向上と合理化への努力を忘れてはならないと思います。理想とする塔へのかけ橋を模索しつつも，此岸の足場固めも必要なことです。

これを前提に考えれば，調書作成には，次の「サ・シ・ス・セ・ソ」の5点を念頭に置くことが肝要ではないかと思います。書記官が「書き役」であるにしても，この5点の「眼」を持っていることこそが，他の官職とちがい，書記官の書記官たる所以であると言えるでしょう(57)。

ただ，ここで書記官実務を考える場合，高度情報化時代を背景にしたＯＡ化時代にあっては，従来の「事務＝作業」という伝統的観念から，「事務＝情報の仕事」という発想への切り替えがなければなりません。このことは，十分認識しておいた方がよいように思います(58)。

(2)　手順のサシスセソ

①　「サ」

「サ」とは「材料」のことで，いい材料を得ることです。

どんな仕事であれ，それは問題解決過程として現れ，その基礎は「情報の収集」(59)にあります。情報の「収集」の後，その「加工」－「整理」の作業を経て，問題解決に供されるのです。

---

(57)　具体的な供述調書作成の技術については，山本「供述調書作成の技術」書協会報103号（昭63）33頁参照。

なお，右論稿掲載後判明した参考文献としては，新村義廣「裁判官からみた民事書記官事務」法曹38号（昭27（1952））【再録時の補筆：同「裁判官からみた民事書記課事務」判タ21号（昭27（1952））1292頁】，首藤祝生「民事調書の作成に関する基礎的なこと」法曹62号（昭30）24頁，遠藤繁樹「証人（本人）調書をめぐる諸問題とその調書の作り方」所報12号（昭37）116頁がある。

(58)　前川良博「システム的問題解決法」（オーム社昭61）70頁

なお，情報理論から心証形成の問題を論じたものに村田宏雄「裁判科学」（勁草書房昭34），情報社会への新たな法的対応，「情報」概念を核とした新種証拠の概念構成を説くものに，梅本吉彦「情報化社会における民事訴訟法」民事訴訟雑誌33号17頁，中谷雄二郎「書証・検証概念の再構成」書協会報106号（平元）130頁

(59)　森谷宜暉「経営管理情報システム論」（高文堂出版社昭60）は，「情報とは，特定の目的をもって収集され，加工され，報告された事実である」とする。

調書も，第1に「録取」，第2に「構成」，第3に「表現」の3段階を経て作成され，訴訟関係人共通の訴訟資料に供されます。

上手な料理のコツは「材料7分，腕3分」と言われるように，効果的な仕事をするには，目的に適った有用な材料の収集が第一歩となります。調書作成でも同様です。

この材料（情報）集めの段階では，その目的に適合した一定の視点と，狙ったものは逃がさない捕捉力が必要になります。

捕捉の要点は，①事実の6W2Hを確実に捕らえること（事実の明確化）と，②供述の肯定か否定か（証拠原因），③直接経験か伝聞か（心証形成要因）(60)を明確に聞き分けること，この三つです。

右のうち6W2Hとは，事実の「特定」のための

「場」の要素としての

①When（いつ），②Where（どこで）

「人」の要素としての

③Who（誰が），④Whom（誰に）

「行為」の要素としての

⑤What（何を），⑥Why（なぜ），⑦How（どのようにして），⑧How much（どれだけ）

の八つの道具を言います。

第1の「録取」段階つまり材料（情報）集めの段階では，「正・速」を基本にした要点把握力とメモ的速記力（スピード筆記法）がモノをいうでしょう(61)。しかし，この能力の習得に即効薬はありません。

---

(60)　安倍武「四面に対処する実践」書記官72号（昭47）3頁

(61)　中根康雄「情報速メモ術」（ダイヤモンド社昭63）は，日本語の特色から割り出した簡易スピードメモ法を紹介している。

なお，山本「供述調書作成の技術」書協会報103号（昭63）46頁には，そのメモ法による略字例の一部を紹介している。

各人の創意工夫と努力，そして経験の積み重ねの中で初めて習得されていくものなのです。安易に録音機に頼っていては，この基礎力は身につかないと思います(62)。

②　「シ」

「シ」とは，「視点」です。

何事もどういう視点・角度から物をみるか，ものの見方，問題の捉え方，「狙い」が基本をなします。その意味では，「視点」は，むしろ材料（情報）収集に先行します。

この視点＝「狙い」が訴訟の場では何かと言えば，それは「争点指向性」です。この視点から効果的な情報の収集と事実の判断が行われ，法規が適用され，一定の法律的判断（判決）が下されるのです。「争点指向性」は訴訟活動の求心点であると言えます。

調書を作成するにも，「録取」－「構成」－「表現」の全ての段階で，この視点＝争点指向性が中心線に貫徹されていなければなりません。争点指向性に即して調書記載の範囲と力点が決まり，事実記載の具体性の要求度が違ってきます(63)。

情報理論によれば，判断（意思決定）に有益な情報の要件は，①目的適合性，②正確性，③信頼性，④適時性の四つであり，いたずらに詳細な記述で情報量の多いのが役立つのではありません(64)。明確な視点＝「狙い」で目的に適合した情報を捕捉してこそ，その情報の価値が高められるのです。

事実の捕捉と記載には，法的な観点から，①争点関連の重要部分は細やかに記載し，②重要度の希薄部分は簡潔に表現し，③争点関連性

(62)　佐々木史朗「法廷今昔物語」法学教室20号（昭57）15頁は「録音を文字になおしながら調書作成に追われる書記官の姿は，書記官の地位の向上という書記官制度の原点から甚だ隔ったものといわなければならない。書記官には他に重要な任務が山程ある」とする。

(63)　村田・前掲11頁は，書記官の調書記載は，「その実体を法律関係という枠組からのみ選択記載したものである」とする。

(64)　森谷・前掲

のない部分は省略を考える。こうした事案に即した判断と記述が必要になります。

この判断には，法律的な専門知識と高度な分析判断力が要求され，さらに記録をよく読み，争点の把握に努めることが前提となります。書記官が法律専門職である以上，この法律的な視点と眼識力は不可欠のものと言えます。

③　「ス」

「ス」とは，「筋立て」です。

材料（情報）収集の次には，その材料（情報）から何を選択して，どのように筋立てするか。第2の「構成」段階の問題があります。

書記官作成の調書も，公的な報告文書である限り，その基本目的は「①他人に対し，②必要なものを，③間違いなく，④分かりやすく，⑤伝達する」ものでなければなりません。

供述調書で「必要なもの」とは，「争点解決に役立つ供述部分」であり，書記官は，基本的には，それを中心に，供述の趣旨，言わんとする内容を書けば足りると言えます。

話し言葉をそのまま表したものが速記録とすれば，書記官調書は，それとは目的が違い，本質的に「整理」という契機を含んだものであるのです。

「整理」というからには，基本的に，①一定の視点からの材料の「精選」があり，②有意味的なまとまりでの「分類」が行われ，さらに③時間的，論理的な順序に直しての「整序」が行われるのでなければならないでしょう。

精選では争点指向性に即した「重点思考」が，分類では項目別整理を目指した「類別思考」が，整序では時系列的，論理的に整理する「論理思考」が必要になります。この3点思考で整理を加えつつ，しかし，軸となる争点部分の重要部分では詳細に，信憑性要素として微妙なニュアンスも絡ませて表現する。これが要領調書と言われるものではないでしょうか。

冗長で繰り返しの多い話し言葉も，こうした筋立ての整理を加えて初めて，他人に「分かりやすく」伝達できるものになるのです。達意簡明な調書は，①視点と筋立てのよさ（目的適合性），②内容的な正確性，そして③心証形成の取りやすさ（信頼性）で決まると思います。

④　「セ」

「セ」とは，正確性です。

一定の視点から捕捉し整理を加えた材料（情報）は，他人に対し「間違いなく」伝達される必要があります。そのための表現方法が工夫されなければなりません。これが第3の「表現」段階の問題です。

表現上の留意点としては，

①　一文一義の短文で文章を書くこと，

②　八つの道具6W2Hで事実を特定し，文章の明確化を図ること，

③　主語・述語の対応関係に注意すること，

④　句読点の打ち方等にも注意を払うこと

等が重要であり，「誤解のできない一義的な文章」を書くことが要求されます。そして，正確な表現・表記を心がけるのであれば，当然書き終えた後のチェック（点検）も欠かすことはできません。

上記の留意点は，調書作成に限らず，電話聴取書の作成から和解調書の各条項の表現まで，およそ文書を作成する以上，常に念頭になければなりません。

文書は「組織の動脈」と言われます。不明確な表現，誤解を生じるような表現があれば，後日関係人に無用な手数をかけたり，組織機能の停滞すら招きかねません。殊に調書に対する信頼感の喪失は，裁判そのものへの不信にもつながっていきます。書記官作成の文書あるいは調書は，まさに正確さが生命であると言っても過言ではありません。

書記官には，法律知識のみならず，豊富な国語の知識と文章の構成力・表現力も要求されます。文章（調書）作成を基本的職務とする法律実務家が文章作法に疎いのでは困りものです。日ごろからの文章作

法の学習と訓練が肝要と思われます。

⑤　「ソ」

「ソ」とは，速度です。

仕事の迅速な処理は，あらゆる場合，あらゆる段階で要求されます。組織目的の効果的達成を図るため，組織人の仕事には，限定された時間内での迅速処理が強く要請されることは当然のことです。

調書も，迅速に能率的に作成されるように努力されなければなりません。それには，自己目標（期限）を定めた計画的な処理が欠かせません。

一定量の仕事を計画的に処理する極意は，

①　仕事の全体を手順化し，全体量を分割して時間軸に適切に割り当てること，つまり分割して一つずつ征服していくこと（Divide and Conquer），

②　自己に対し意識的に期限を課し，自らを切迫状態におくこと，

この二つであると言われます(65)。だらだらとやっていたのでは，事は運びません。

こうした計画的で迅速な処理は，組織機能を効果的ならしめるとともに，仕事の効率性と質を高め，自らの能力開発に資するのみならず，他に有効活用すべき余剰時間をも生み出してくれます。この余剰時間の産出量は，仕事にかける意欲の大きさと時間活用のうまさによります。

そこで生み出された余剰時間は，司法補助官的職務としての裁判手続の進行管理事務に振り向けるのでなければ，書記官の能力開発も地位の向上もないでしょう。司法補助官的職務の充実を図るには，公証官的職務の効率的な処理が欠かせません。

---

(65)　箱田忠昭「時間活用術」（実業之日本社昭62）

情報処理のサ・シ・ス・セ・ソ

サ 材料	事情聴取・法廷供述 ＜情報収集・録取＞	６Ｗ２Ｈで捕捉 要点把握力 メモ的速記力
シ 視点	争点関連中心 ＜争点指向性＞	争点の把握 ←記録をよく読む 裁判官に聞く
ス 筋立て	「争点解決に役立つ部分」 ＜構成＞	情報の取捨選択・ 時系列で整理，分類
セ 正確性	間違いなく，分かりやすい ＜表現＞	６Ｗ２Ｈで特定，記録化 短文・簡潔，要点記載
ソ 速力	迅速・適時な情報提供 ＜納期＞	能率的な 処理方法の工夫

(3)　問題解決のプロセス

上記のようなサシスセソの手順は，何も調書作成に限らず，書記官事務一般に認められる作業過程です。

調書の作成過程は，公証機能という重要な役割を果たしますが，その作業自体は，基本的に「①問題の認識，②情報の収集，整理，組立て，③判断者（裁判官）に対する効果的な訴訟資料の作成・提供」という情報処理過程に要約されます。この作業過程は，司法補助官的職務として事件の進行管理事務を行う場合でも，法令・判例・学説等の調査事務を行う場合でも基本となる過程です。

これをさらに一般定式化すれば，「①法的基準の認識・明確化，②問題点の発見，③問題の調査・分析，④判断資料（情報）の収集，検討，⑤法的基準の当てはめ，⑥的確な判断処理」という情報処理式に表され，各段階が相互作用的に前後循環しつつ進展する「問題解決プロセス」を踏む，ということが分かります[(66)]。

---

(66)　必ずしも法的判断の作業過程を分析したものではないが，考え方で参考になるものに，佐藤允一「問題の構造学」（ダイヤモンド社昭56），同「問題構造学入門」（同昭62）がある。

なお，法的思考の実践知としての特質と現代的役割を説く田中成明「法律家の役割の拡大とそのディレンマ」ジュリ700号（昭54）247頁，同前掲「法的思考とはどのようなものか」が参考になる。

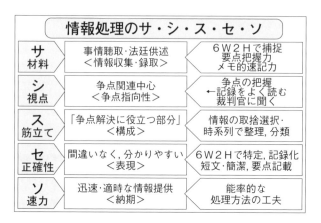

このプロセスは，大前提たる法的基準に小前提たる具体的事実を当てはめ判断を導き出す法的三段論法を機軸としたものであり，これは，書記官固有の権限として執行文付与等の高度な調査判断を行う場合には，もっと自己完結的な形で辿られる法的判断の過程でもあります。

サシスセソの手順に従う「問題解決のプロセス」は書記官の実務処理の基本であり，公証官的職務にしろ司法補助官的職務にしろ，その基本は一つだと言えます。両者の違いは，権限の発揮というよりも，多分に職務の場面ごとに活かされる目的意識や役割認識の仕方，取り組む主体の精神的姿勢で決まってくる問題だと言えるでしょう。

(4)　システム思考

こうした「問題解決のプロセス」の基礎には，手続的正義実現の理念とシステム思考がなければなりません。

システム思考は，戦後の科学技術の発展とともに生まれて来た考え方ですが，対象とする問題について，全体の目的との関連で各要素間の役割と機能を考察し，その最適化を図ろうとする思考態度だと言えます。その思考は，手段を目的から（目的志向），部分を全体から（全体志向），現実を理想から（理想追求）考えようとするところに特徴があります(67)。

訴訟進行管理事務を考える場合も，視点を単に書記官実務の枠内に止どめることなく，審理・裁判の充実と促進を目指した裁判所の訴訟運営全体の目的，手続的正義実現との関連において，書記官の役割・機能をどうシステムとして確立し，どう貢献できるかを考えるのでなければなりません。管理は，上位目的への役立ち＝貢献度によって，その価値が決せられるのです(68)。

進行管理も，単なる事務の能率化のための「進行」管理ではなく，その「適正手続」を如何に図るかという「適正」管理の発想でなけれ

(67)　前川良博・前掲22頁，佐藤允一・前掲「問題の構造学」69頁
(68)　前川良博編「経営情報管理」（日本規格協会昭61）8頁

ばなりません。

送達事務も，単に訴訟書類を機械的に送達をし，その結果だけで公証作用が果たせたというのではないのです。真に国民に信頼され，国民のための裁判所であろうとすれば，国民の裁判を受ける権利（憲法32条）が害されないよう，送達方法の選択や送達要件の充足性の判断等，その手続履践には慎重な判断と処理が要求されなければなりません[(69)]。

書記官も，その動態的な訴訟進行管理作用の中に手続保障と手続的正義実現の一翼を担っているのです[(70)]。

(5)　書記官の思考原理

こうしたシステム思考による問題解決法は，前述の「正・速・美・安・楽」の理念との対照で，「カ・キ・ク・ケ・コ」の管理に着目し，「サ・シ・ス・セ・ソ」の手順で行われなければならないことは理解されたことと思います。

重要なことは，書記官は，この問題解決法を身につけることにより，仕事に追われるのではなく，自らを問題の発見－解決者，自主管理者として主体的，能動的に実務に取り組むことができるのではないか，ということです。

この姿勢で訴訟の進行管理が行われれば，そこでの「争点把握」は，調書作成の「争点指向性」に直結して活かすことができます。これにより書記官の仕事は質的に高度化し，全体的に効率的な司法運営の実現に資するところ大であると思われます。

その意味では，公証官的職務の次に司法補助官的職務を考えるのではなく，司法補助官的職務を基本に，その延長線上に公証官的職務を考える方が真に公証官的機能が果たせると言えるかも知れません。

書記官は，近代司法の中で裁判官に対置され，独立的な職務に従事する面があるとはいえ，より大きくは「司法における公正」（手続的正

(69)　東孝行「郵便に付する送達の諸問題」判タ640号（昭62）36頁，なお，高松高判昭63・9・6判タ684号（平元）238頁，東京地判昭63・9・21判時1292号（平元）110頁

(70)　谷口安平「手続的正義と裁判」法学教室91号（昭63）116頁には，手続保障と訴状送達の関係が取り上げられている。

義）の実現に向けた司法運営体の参画員であり，その協働的構成員でもあります。

「補助官的職務」と「公証官的職務」も，その発現態様と作用こそ違え，組織行動としては「協働」と「緊張」の拮抗関係の中で，手続的正義の実現に奉仕する者として統合された職能として成立しうるでしょう。それによって，書記官は自己の職務のアイデンティティを確保し，真に「国民のための裁判所」の実現に貢献しうるでしょうし，そのことがまた，社会的地位の向上にもつながっていくものと考えられます(71)。

4　主体のアイウエオ

(1)　制度を支えるもの

一つの事件を処理するには，もちろん前述のような仕事の理念や管理の要点，作業の手順を念頭に，問題解決思考を働かせていくことが大事でしょう。しかし，そうした機能的，効率的な「仕事」の仕方を重視する反面で，「人間」的な要素が見失われてはなりません。

訴訟運営システムがその機能性を発揮するためには，これに関与する人々の間に，①共通した目標意識があること，②行動意欲があること，③組織内外に相互に緊密なコミュニケーションが存在することが必要となります。システムを支えるのは，結局は「人間」なのです。

組織の中での「仕事」は，自己閉鎖的な系の中で成り立つわけではなく，一定の目的の下，組織内外での活発なコミュニケーションに支えられた，人と人の間の連鎖的な協働活動の中で成り立って行くものです。このコミュニケーションによって，組織システムも血の通った

(71)　小島武司「職務問題の今日的課題」ジュリ700号261頁は，法律職の多元的な構成の下では，「各プロフェッショナルは法的正義の実現に異なる側面から相協力する本質的には対等な専門家であるが，その任務において上位にあるプロフェッショナルに対して行きすぎた従属性を感じたり無意味な対抗意識を燃やしたりしかねないのであって，このような事態は法的プロダクトの質を著しく低下させることになりかねない。」としている。

人間的な共感が得られ，所期の目的を効果的に達成することができるのです。

(2)　コミュニケーションの活性化

コミュニケーションとは，人と人との間で，必要な①情報の交換，②意思の疎通，③感情の交流を実現することを言いますが，コミュニケーション（Communication）は，元々はラテン語のCommunisから派生した言葉で，その原義は「共に分かち持つ」意であると言われます(72)。

コミュニケーションの目的は，結局，共通の目標実現を意欲しての「情報の共有化」の作業であり，裁判も，それにより訴訟関係人の間に共通の問題意識の基盤を形成し，それによってこそ初めて，真に円滑な訴訟運営と適正な真相究明が可能となり，実体的正義の実現をみることができるのです。

書記官は，そうしたコミュニケーションの重要性も認識しなければなりません。

訴訟進行管理事務においても，

ア　裁判官との間では，①訴訟進行の方針や方法をよく相談し，適切に指示を受け，②的確に連絡・処理し，③適時報告し，さらに相談をし指示を受ける，といったサイクル的な活動を積極的かつ緊密に行い，

イ　同僚書記官とも広く問題を討議，研究し，自らの権限事項は自ら解決すべく問題処理能力の全体的レベル・アップを図り，

ウ　対外的には訴訟関係人との間でコミュニケーション・チャンネルとして適切な折衝と連絡調整活動をすること

などが重要となります。

---

(72)　社会科学大辞典8（鹿島研究所出版会昭44）11頁

こうして書記官の力により協働的に問題の共有化と深化が図られ，円滑・迅速な訴訟進行と適正かつ充実した審理が行われることが慣行化すれば，書記官はコート・マネージャーとして一層の能力を増し，国民の信頼を得ることもできるようになるでしょう。

(3)　個別性への配慮

しかし，国民の信頼を得るには，事件そのものの円滑な進行だけでなく，その背後に潜む「人間」にも留意しなければなりません。

「幸福な家庭は皆一様に幸福であるが，不幸な家庭はそれぞれに不幸である。」（トルストイ「アンナ・カレーニナ」）

裁判所で扱う事件は，我々にとっては皆似たような事件かも知れませんが，その背後には，それぞれに違った不幸や悩み，悲しみが込められた人生があります。定型的・画一的処理の中にも，個別性・特殊性への配慮が必要です。

裁判所利用者に対する接遇では，情報や意思の交換という機能面だけでなく，感情面の交流にも意を払う必要があります。調停の受付相談等で，当事者の生の声を聞いた経験のある人には，すぐ分かることと思います。

「裁判は怒りに始まる」と言われます。役所の窓口で起こるトラブルの多くは，感情のぶつかり合いや行き違いが人の判断を狂わせることを教えています。

接遇では，

①　相手の目的を確認し，

②　公正・中立な立場を堅持しつつ，

③　冷静かつ的確な指示・説明と迅速な事務処理を心がけること，

④　誠実な態度と思いやり，気配りのある対応で，

⑤　相手の納得を得るよう努めること

等が大事だと思います。

私たちの仕事がどんなに正確・迅速になしえたとしても，接遇時のたった一度の不注意，たった1人の不誠実のために，書記官層全体ある

いは裁判所に対しての信頼を損なうようなことになっては何にもなりません。人の信頼感は築きがたく，崩れやすいものです。「一行失すれば百行ともに傾く」という古諺を吟味したいものです【73】。

裁判所に対する国民の信頼も，訴訟関係人に日々接する私たちの日常の組織人としての行動の在り方にかかっているといっても過言ではありません。

(4)　主体のアイウエオ

組織人としての行動の在り方を決めるものは何か。それは，前述の「管理のカ行」や「手順のサ行」の活用だけから決まるものではありません。基本は，「主体のア・イ・ウ・エ・オ」の活用にあると思います。

アは「愛」，イは「意気」，ウは「潤い」，エは「叡知」，オは「思いやり」です。

多くの解説は不要でしょうが，「愛」とは，人間への愛，仕事への愛などと言うように，尽くしたい対象に向けた情熱であり，対象をより輝かしく活かそうとする惜しみない営みを言います。それは生きがい感そのものでもありましょう。

「意気」とは，生きがいを求めての意欲的な働きかけであり，果敢に挑戦してやまない「やる気」であり，無気力とは反対の極にあるものです。「意気」はまた，ひるむべきでないときにひるまない「勇気」でもあります。

「潤い」とは，「愛」と「意気」に燃えて得られる心の充実感を言います。その経験の豊かさが心の幅や奥行きを増し，人間的な潤いと品位を感じさせることになるのだと思います。

「叡知」とは，知性であり，物事を深く見通し，正しく判断することを言います。それは洞察力であり，誠実さに支えられた適時適切な気働きでもあります。

【73】　同様の趣旨に「築城3年落城1日」あるいは「築城10年落城1日」の言葉もある。

「思いやり」とは，相手の身になって考えることであり，相手の立場に対する気配りです。相手の地位，教養などに左右されない，相手の人格，生きがいへの尊敬でもあり，それには逆に自分自身に対する謙虚さがなければなりません。

あらゆる人生論で説かれているのは，結局このア・イ・ウ・エ・オではないでしょうか。このア行の「五段活用」が人の心を満たし，人と人の心を通い合わせるのです。これは人間にとって基本的なものであり，コミュニケーションや接遇の基礎も，ここになければなりません。これがなければ，どんな組織運営も仕事も活気を失い，人々の共感や納得，そして信頼を得ることもできないと思います。

(5)　司法を支えるもの

このア行活用の心の持ち方は，また組織人としての行動の在り方を決め，高邁な人格と識見を形作る礎にもなるものと言えるでしょう。書記官の仕事に対する姿勢や国民の評価も，結局，書記官のこの心の持ち方で違ってくると思います。

この心の持ち方により情熱や意欲や希望が掻き立てられるのでなければ，どんな知識も技術も活かされることはないでしょう。

①「アイウエオ」で熱い心を燃やし，②「正速美安楽」を導きの星とし，③管理の要点「カキクケコ」を念頭に，手順の「サシスセソ」で処理能力を高める。ア行は精神面の推進力を支え，カ行は思考面の制御力を高め，サ行での処理系をフル回転させ，情報面の効果的な出力アップを導く。

私は，これが書記官を支える行動原理だと思うのです。

変革期に求められるのは，大過なく自己の小さな穴の中で狭い権限に安住する人間ではなく，右のような行動原理を内に秘めた主体的な人間でなければなりません。さらに言えば，組織の協働体系を認識し，自己の権限を拡張的に捉え，絶えず自己研鑽と努力を重ねて行く積極人間でなければならないと思うのです。自分では何も努力せず文句や愚痴ばかり言ったり，常に「どうしましょうか」と聞いてばかりいる主体性のない人間ではいけないことは確かです[74]。

豊かな人間性と知的レベルの高さ，主体的な姿勢と高度な事務処理能力なくして書記官の社会的地位の向上は望みえないでしょう。

アメリカ合衆国の詩人・サムエル・ウルマンの詩「青春」の一節に，心の持ち方をうたったものがあります。

「青春とは人生の或る期間を言うのではなく心の様相を言うのだ。逞しき意志，優れた創造力，燃ゆる情熱，怯懦を却ける勇猛心，安易を振り捨てる冒険心，こう言う様相を青春と言うのだ。

年を重ねただけで人は老いない。理想を失う時に初めて老いがくる。歳月は皮膚のしわを増すが，情熱を失う時に精神はしぼむ。」[75]

心の持ち方に若さが失われア行活用のないところに，管理のカ行活用も，手順のサ行活用も活かされることはありません。そこでは人の共感も信頼も得ることができず，事務の停滞を来し，やがて組織力も老いることになります。

「法の支配」と国民の幸福・人権を実現する裁判所で，その舞台裏を支える者が，その若い力を失うようなことがあっていいのでしょうか。

「一国の司法制度は，究極において，それを動かす法律家の水準よりよりよいものではありえぬ」とはアメリカの法律家ヴァンダビルト

---

(74)　戦後の書記官の意識と行動を類型的に分析したものに，小林俊彦「現代書記官論―戦後派書記官の意識―」書記官創刊号（昭33），潮見俊隆「裁判所と試験中心主義」法律時報31巻4号（昭34）18頁，中村満「裁判所書記官」法学セミナー43号（昭34）62頁がある。

なお，主に書記官層を対象に組織人の在り方を説くものに三好達書研元所長「組織人とその育成」書記官122号（昭60）32頁，森大輔「『裁判所書記官』を考える」書記官132号（昭62）6頁等がある。

(75)　宇野収・作山宗久「『青春』という名の詩」（産業能率大学出版部昭62）8頁中に引用の松永安左エ門訳とされる日本翻訳版。なお，同頁には，原文も掲載されている。

の言葉ですが(76)，このことは，書記官に対しても言えるのではないでしょうか。

（参考文献等）

本文全体に関しては，脚注の文献の外，人事院の「監督者研修（ＪＳＴ標準課程）」の教材，公務研修協議会の「接遇研修」の教材，平野耕一郎「仕事にはやり方がある」日本実業出版社（昭63），黒川康正「仕事術」ごま書房（昭62）等を参考とした。

(76)　三ヶ月章「司法制度の現状とその改革」現代法5（昭40）所収42頁

第３章　裁判実務の基本

第１　書記官事務の思考法―システム的問題解決法―

これは，平成8年（1996）頃の原稿を基に修正し，平成14年（2002）頃に縦書きのものを横書きに修正したものである。

裁判実務では，平成24年（2012）以降「書記官事務の整理」として，日常的に「事務の根拠を確認し，目的を見定め，合理的な事務のあり方を検討する」ことが重要視されている。

そうした状況を考慮して，「送達事務」を取り上げて，システム的問題解決がどのようなものかを追加して考察してみることとした。

実務での基本的な思考様式を図式化し，下図で案件処理に役立つ思考（チェック）手順を示しているので，参考にしていただけるのではないかと思う。

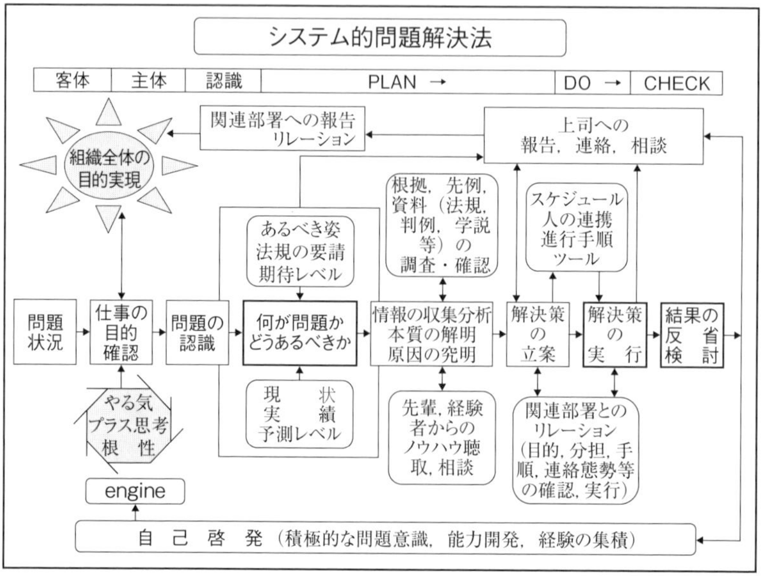

1　システム的思考法

(1)　仕事は問題解決

仕事＝問題解決である。仕事は問題解決の過程だとも言われる。

ここでの「問題」とは，「あるべき基準（理想・目標，法規）からの逸脱，ギャップ」を意味する。このギャップの気づき，認識が問題意識，課題と言われる。

組織における仕事では，その持ち場，持ち場で生起するあらゆる課題，問題を適切に解決していくことが求められる。そのためには，常日頃から積極的な問題意識を持ち，実務知識を活かして，状況に応じた有効適切な問題解決が図られるのでなければならない。

裁判官や書記官の日常の法律実務は，常にこうした問題解決との取り組みである。ただ，事務処理の一つ一つが法規に直結し，「法規に従う」という明確な解決基準に規制される度合いが強い点で，一般実務との違いはある。

(2)　問題解決の手順

適正な問題解決のためには，合理的な思考法がなければならない。問題解決を有効適切に導く，それ相応の効果的な考え方，方法が必要である。

その合理的な思考法とは何か。

「何が問題なのか」，「なぜ問題なのか」，「どうしたらよいのか」，このＷＨＡＴとＷＨＹ，ＨＯＷの3つを考えることである。この3つの課題を導きの糸として，順次適切な解を下していくのである。

一般的な問題解決の手順は，

①　何が問題なのか（ＷＨＡＴ）

を考えることによって　問題の明確化

②　なぜ問題なのか（ＷＨＹ）

を考えることによって　原因の究明化

③　どうしたらよいのか（ＨＯＷ）

を考えることによって　解決策の策定

を図る。

どのような問題解決も，基本的に，「問題の明確化」→「原因の究明・解決策の検討」→「解決策の策定」の3段階をたどる。

これをもう少し仕事に関していえば，

問題解決の手順は，

「問題状況の把握」→「問題の明確化」→「原因の分析・解決策の検討」→「解決策の決定」→「実行」→「結果の反省，評価，フィードバック」というプロセスになる（前掲図参照）。

(3)　問題解決の要件

こうしたプロセスを経て的確に問題解決を図っていくためには，第1に，主体的な問題解決力がなければならない。主体的というのは，他に強制されたり，盲従したりすることなく，自分の意思に基づいて積極的に，的確に判断・行動ができることである。仕事には，知的に考える頭脳（Head）と磨かれた技能（Hand）と取組の熱意（Heart）の3Hが必要だ。

主体がしっかりしていてこそ，早めに問題に気づき，知識を活用し，「根拠」に基づき，合理的な思考法により有効適切な問題解決を図ることができる。問題解決の中心は，主体である。

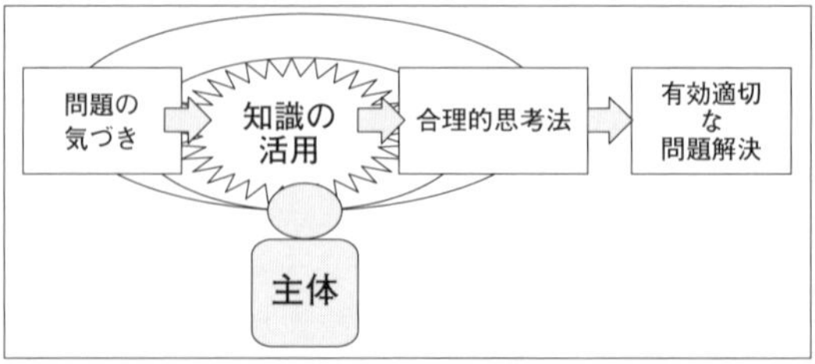

第2に重要なことは，問題解決には「情報」が核になるということである。

情報とは,「あることがらについての知らせ」という意味のほか,「判断を下したり行動を起こしたりするために必要な，種々の媒体を介しての知識」（広辞苑），あるいは「ある特定の目的について，適切な判断を下したり，行動の意思決定をするために役立つ資料や知識」（大辞林）の意味で用いられている。

問題解決の手順の中では，情報の収集，分析，活用，必要部署への伝達等が組織の動脈として有効に機能するのでなければならない。情報が不足したり間違っていたりしたのでは，有効適切な問題解決は得られない。

情報理論によれば，判断（意思決定）に有益な情報の要件は，①目的適合性，②正確性，③信頼性，④適時性の四つであり，いたずらに詳細な記述で情報量の多いのが役立つのではない。目的適合性の中には，その組織活動，意思決定に役立つこと（情報の有益性，有用性）が求められる。

情報の収集・活用のためには，状況や物事に対する分析力，先見力，洞察力，対人能力での気遣いや交渉力等の総合的な能力を磨かなければならない。

第3に大事なことは，組織に勤める各人の仕事は一人では成り立っていないということである。チームワーク，協働の認識が大切になる。組織に勤める以上，対外的には，その組織の代表として，組織として行動しているとの認識を持たなければならない。

(4)　協働の要件

実務の基本は「正確な処理とチェック」が第1に求められる。それと同時に，組織内では組織としての仕事をするのであるから，必ず人と人を結ぶ「情報の伝達と確認のし合い」がなければならない。

状況をよく読み，必要な情報を得ること，情報を必要な部署に伝達し，組織として連携して対応できることが求められる。仕事では「ホウ・レン・ソウ」が大事だと言われる所以である。

紛争解決機関に勤める者が扱う情報は，対立当事者の秘匿性のある個人情報であるから，その情報の扱いには，格別の注意が必要になる。

もう一つ心得るべきことは，「期限」である。紛争解決主体の能力が高く，情報を密に活用し，人との協働関係を得て結果を出し得たとしても，それだけでは，有効な問題解決とは言えない。状況やニーズに応じた「適時」適切な解決が求められる。仕事は，時間軸の中でスケジューリングし，「計画」して行わなければならない。

(5)　問題解決の思考法

以上のような仕事＝問題解決を的確にこなしていくためには，問題解決をシステム的に考える必要がある。システム的というのは，その処理の①目的と根拠，②処理主体の位置，役割，③全体との関連の中で考えるということである。

そのためには，第1に，目的指向で考えることである。何のためにその仕事をするのか，目的から手段，方法を考えることが大切になる。

この目的指向の前には，考える主体の立ち位置と役割の認識がなければならない。

第2に，全体指向である。全体との関わりの中で，個々人あるいは主体の役割機能を考えることである。法規や通達，執務基準等の規範適用の仕事では，上位規範あるいは憲法規定との関連等，大元にある目的，理念との整合性を考えることも大事になる。

そのためには，自己の立場，役割を自覚しつつ，1ランク，2ランク上の立場に立って，組織や物事を全体的な観点からみることも必要になる。また，組織の目的，方針を理解する中で，自らの役割のやり方，やりがいを求めていく主体的，積極的な取組も重要な意味を持つ。

さらに第3に，理想指向である。自分が取り組むべき仕事のあるべき姿，理想から，現実的解決を導き出そうとする理想指向がなければならない。現状で満足したり，この程度，この範囲の仕事で足りるとして勝手に線引きしたりしていては，仕事のレベルは停滞し，理想も「あるべき姿」の追求も失われる。

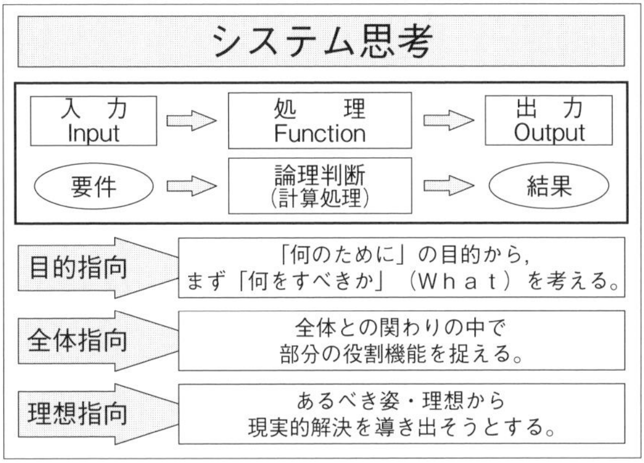

この3点の指向を欠けば，仕事自体の進歩はないし，また，仕事を通した自己自身の成長もない。

以上の要点を図解して示せば，冒頭の図（「システム的問題解決法」）のとおりである。

法律実務においても，生活の種々のシーンで，この図式の手順での思考様式に沿った行動が重要になる。

(6)　問題解決への取組

昔は，組織における仕事は，「指示を受け，適切な処理（Ｐlan－Do－Ｓee）を経て，報告で終わる」と言われたが，仕事の起点が「指示待ち」であってはならない。

常に自己啓発意欲を持ち，自発的な問題意識をもって仕事に取り組む。そうすれば，仕事の内容やレベルは違ってくるし，人の見る目も違ってくるだろう。これらの経験と評価の厚みが自己能力の拡充にも繋がっていく。

自分で，自分の仕事の夢を設計することが大事である。夢は小さくてもいい。そして，行動を起こすときは，前述の思考経路に則してじっくり点検し，過誤や失敗を避け，思考法に磨きをかけることである。

2　適正処理の思考様式

第2章第1で書記官の事務管理（カキクケコ）でも触れたが，日々の仕事を遂行する上では，その仕事の「目的」を意識し，「型」を念頭に，「工夫」し，「計画」的に，「根拠」に基づいた処理をしなければならない。とりわけ法律的な事務では，その「根拠」に従った処理が何より大切になる。

法律実務の判断処理では，「法的三段論法」と呼ばれるものがある。大前提となる「法」に小前提となる「事実」を当てはめて処理結果（結論）を出していく。「法」とは法律であったり，規則，通達，執務基準であったりする。ここでは，問題意識をもって，法の正しい解釈と客観的な事実の認定をすることが適正な問題解決を導くことになる。

このことを常に意識して処理をするクセをつけておかないと，肝心な所で判断を誤ってしまう。

その根拠が不明又は曖昧だったり，現実目の前の案件処理が法規の要請レベルに満たなかったりするような場合には，明確な根拠を求める。そして，どこが問題なのか，何が問題なのか，あるべき姿はどうか，考慮すべき要素は何か，どう処理（解決）すべきか，目的に適った合理的な処理（解決）方法はどうかと，さまざまな角度から検討しなければならない。自分で先例や判例，学説，ガイドラインやマニュアルを調べる。分からなければ経験者に処理方法を尋ねたりして，情報を収集分析し，真の問題の所在，原因を調べ，最適な解決策を導き出していく。これは，どのような仕事でも同じである。

さらに，組織の中で仕事をする場合には，関連部署との連携や上司への報告・連絡・相談が欠かせない。また，一つの仕事は他の仕事に関連しており，Plan→Do→Checkの行程で，計画的に行われなければならない。冒頭の図「システム的問題解決法」は，こうした問題解決の手順を図解したものである。

裁判所の仕事は，法規に従った事務処理が中心であり，適正手続をどう実現するか，誤った結果を出さないためには何をすべきかを考えなければならないことが多い。「あるべき姿」が法規の中で示されている場合も多いから，これに従って熟考すれば問題の発見は容易になり，適正処理につなげられる。

しかし，今は「目に見えない所」で，後に重大な問題につながりかねない問題が伏在しているかもしれない。文字に書かれたマニュアルに従っているだけでは，そうした問題に気づかない。この「目に見えない」問題を先取りして，自分の頭で考え「あるべき姿」を追求し，問題の早期発見，発生の予防につなげていくことも大切である。これにより更に全体的にレベルの高い仕事の仕組みへと導いていくことも可能になる。

目的指向，全体指向，理想指向のシステム思考で積極的に仕事に関わるか否かで，問題の見え方，解決の仕方が違ってくる。

案件の適切処理に役立つ思考様式

案件の提示（受付）	プロとして自ら最適解を出す手順
①根拠との照合	根拠はどこにあるか
②問題の発見・分析	あるべき処理（解決）はどうか
③処理（解決）案の検討	どこが, どのように問題か
	どう処理（解決）すべきか
	処理（解決）方法は相当か
④合理性の検討	目的に適うか
	緊急度, 必要度, 効果はどうか
⑤多角的な検討	法適合性, 適式性はどうか
⑥処理・引継ぎ・報告	最終案の正確性・確実性のチェック

3　問題の発見と適正処理（問題解決行動）

ここで，システム的問題解決法に関連して，書記官の送達事務のうち訴状の「郵便に付する送達」（付郵便送達）の問題について考えてみたい。

(1)　付郵便送達が行える場合

訴訟書類の送達事務は，裁判所書記官の固有の職務権限であり（法98条），民事訴訟法の規定に従い独立して権限を行使する。

訴状は送達を必要とし（法138条），通常，特別送達の郵便により被告の住所，居所等において交付送達される（法103条1項）。しかし，不在等で送達不奏功の場合には，就業場所送達が不奏功（法103条2項）か，就業場所が不存在又は不判明のとき，住所宛に付郵便送達ができるとされている（法107条）。この場合には，被告に書類が到達しなくても，「発送の時」に送達の効力が発生するとされている（法107条3項）。原告の早期権利実現には適うが，被告の訴訟関与の機会（裁判を受ける権利）が失われる危険性を内包する。

(2)　付郵便送達が問題となった最高裁判所の事例

これに関し，かつて，裁判所書記官が，原告からの誤った回答に基づいて被告の就業場所が不明であるとして実施した訴状等の付郵便送達に対し，被告から，訴訟関与の機会が与えられなかったとして損害賠償請求がなされた事案があった。就業場所不明との原告担当者の報告に対し，積極的に調査報告書等の認定資料を提出させなかったことが問題とされた。

この事案で，最高裁判所は，平成10年に，次のように一般的な判断基準を示し，本件の事実関係の下では，付郵便送達は適法であると判断した[(1)]。

①　受送達者の就業場所の認定に必要な資料の収集については担当裁判所書記官の裁量に委ねられている。

②　担当裁判所書記官としては，相当と認められる方法により収集した認定資料に基づいて，就業場所の存否につき判断すれば足りる。

③　後に就業場所の存在が判明したときであっても，その認定資料の収集につき裁量権の範囲を逸脱し，あるいはこれに基づく判断が合

(1)　最高裁第一小法廷平成10年9月10日判決（判タ990号138頁，判時1661号81頁）

理性を欠くなどの事情がない限り，その付郵便送達は適法であると解するのが相当である。

この判決では「書記官の過失はない」と判断されたが，この問題は国民の「裁判を受ける権利」とも関係し，論議があった。本件事案に対しては，裁量権の逸脱を認める見解(2)，過失を肯定的にみる見解(3)があり，また，過失を否定しつつも「もう少し調査を促した方がよかったのではないか」という見解(4)もある。積極的認定資料の提出を求めずにした付郵便送達は違法であるとする見解が有力であるとされている(5)。

なお，新民事訴訟法では，送達をより確実なものとするため旧民事訴訟法の規定よりも送達場所届出の制度が拡大されており（法104条1項前段）(6)，問題発生の場面は限局されている。また，新民事訴訟規則44条は，付郵便送達を行う際には受送達者に通知する制度を設けている。さらに，実務的には，積極的認定資料（調査報告書等）の提出を求める執務基準(7)に加えて，付郵便送達実施の要件判断が厳密に行われるように実務上工夫され(8)，より慎重に処理されるようになってい

(2)　中山幸二「付郵便送達と裁判を受ける権利（上）」ＮＢＬ503号（平成4年（1992））44頁

(3)　山本和彦「付郵便送達の適法性と手続関与の機会がなかった被告による損害賠償請求の可否」私法判例リマークス2000（上）（平成12年（2000））127頁，山本研「郵便に付する送達」民事訴訟法判例百選［第4版］87頁，渡部美由紀「郵便に付する送達」別冊ジュリスト169号平成15年（2003）101頁

(4)　新堂幸司「郵便に付する送達について－手続保障に関する一つのケース・スタディー」『民事法学の新展開』（平成5年（1993））531頁。同534頁は，「のちになって過失責任を追及されない程度に事務処理をすればよい，それで十分であるという立場ではなく，そうした方がベターであるという視点で考えるべきものである」としている。

(5)　兼子一ほか「条解　民事訴訟法〔第2版〕」（弘文堂・平成23年（2011））487頁

(6)　旧民事訴訟法170条1項でも送達場所の届出制度はあったが，受訴裁判所の所在地内に限定されていた。

(7)　東京地裁昭和63年9月21日決定（判時1292号110頁），最高裁判所事務総局民事局編「信販関係事件に関する執務資料」（民事裁判資料152号）36頁は，積極的な認定資料（相手方の調査報告書）の提出を求めなければならないとしている。

(8)　最高裁判所事務総局民事局監修「新しい民事訴訟の実務」（法曹会・平成9年（1997））53頁には，送達の要件判断の経路を明らかにした手続の流れ図が示され，こうしたものが活用されている。

る[(9)]。

(3)　公示送達の処理

付郵便送達は被告の住所が特定可能な場合の送達方法であるが，調査しても送達場所が分からない場合があり，最後の手段として「公示送達」が認められている（法110条）。この公示送達の許可は，以前は裁判官（長）の判断事項であったが，新民事訴訟法になって，新たに裁判所書記官の権限とされた。

その公示送達の要件である「当事者の住所，居所その他送達をすべき場所」（法110条1項1号）が「知れない」とは，「単に申立人が知らないというのではなく，通常の調査方法を講じて探索したが判明しないという客観的なものであることを要する」とされている[(10)]。

その公示送達の要件に該当するか否かの判断，同要件の調査の要否・方法等については，個別事案の処理内容を見て裁判所書記官の裁量権の逸脱・濫用の違法は認められないとした裁判例[(11)]がある一方で，裁判所書記官に慎重な判断処理を求め違法無効とした裁判例[(12)]もある。

---

(9)　名古屋高裁平成20年11月27日判決（判タ1301号291頁）は，競売開始決定正本等の公示送達について，前記の最高裁平成10年判決を踏襲し，裁判所書記官による認定資料の収集に裁量権の範囲の逸脱はなく，合理的判断を欠く事情があるとはいえないとして、適法としている。

仙台高裁秋田支部平成29年2月1日判決（判時2336号80頁）は，訴状等の付郵便送達について，発送時点での担当裁判所書記官の措置に落ち度があったとはいえないが，結果的に，発送時において住居所でない宛先を送達場所とした行われたことになり，無効とした。

(10)　裁判所職員総合研修所監修「民事実務講義案Ⅱ〔3訂版〕」42頁

(11)　競売開始決定正本等の公示送達に関する名古屋高裁平成20年11月27日判決（判タ1301号291頁）

(12)　訴状等の公示送達に関する大阪地裁平成21年2月27日判決（原審差戻し）（判タ1302号286頁）。判決理由中で，「公示送達の要件については相当慎重に判断する必要があるというべきであった，その認定は相当な資料に基づいてなされなくてはならず，その認定の根拠となる資料についても記録上明確にしておく必要があるというべきである」としている。控訴審判決であって，裁判所書記官の判断処理が問題とされた損害賠償請求訴訟ではない。

(4)　送達の適正処理

上記の最高裁判所判例及び高等裁判所の裁判例（原審判決を含む。）を基に考えると，今後の送達事務に関する裁判所書記官の判断処理に関する重要点は，次の3点に要約されると思う。

第1は，「法的根拠（要件）に基づく処理」ということである。付郵便送達の目的と根拠，そして交付送達の原則に対し例外的措置となっていることを考えれば，慎重に判断すべきことは言うまでもない。

第2は，「相当な方法による客観的な資料収集による判断」ということである。原告担当者から積極的に調査報告書等の提出を求めるなど，相当な方法による客観的な認定資料を収集した上で認定するのでなければならない。

第3は，「裁量権の範囲内の合理的な思考判断」である。これまでの照会・回答の内容や当事者の提出資料に前後矛盾がないか，疑問を差し込む余地はないかを検討し，合理的な判断でなければならない。その認定の根拠となる資料については記録上明確にしておくことが求められる。

裁判所書記官は，適正迅速な裁判及び審理充実促進の役割を担っているのであるから，個々の事案に応じて，送達による手続が無駄なく円滑に進行するように工夫するとともに，被告側の手続保障にも気配りをして，合目的的かつ合理的な措置の選択と認定判断(13)が自律的に行われるべきことが期待されている(14)。

なお，送達事務の重要性については，第２章第２の「書記官実務原論」でも取り上げており，次のように書いている（177頁）。

「進行管理も，単なる事務の能率化のための「進行」管理ではなく，その「適正手続」を如何に図るかという「適正」管理の発想で

(13)　加藤新太郎「民事訴訟の運営における手続裁量」『民事訴訟法理論の新たな構築』上巻（有斐閣・平成13年（2001））200頁，201頁では，「手続裁量の担い手は，裁判官のほか裁判所書記官である。」としている。ただし，「限られた範囲にとどまる」とする。
(14)　前掲・新堂534頁

なければなりません。

送達事務も，単に訴訟書類を機械的に送達をし，その結果だけで公証作用が果たせたというのではないのです。真に国民に信頼され，国民のための裁判所であろうとすれば，国民の裁判を受ける権利（憲法32条）が害されないよう，送達方法の選択や送達要件の充足性の判断等，その手続履践には慎重な判断と処理が要求されなければなりません。

書記官も，その動態的な訴訟進行管理作用の中に手続保障と手続的正義実現の一翼を担っているのです。」

問題の発見と適正処理
（問題解決行動）

①法的根拠（要件）の確認

②相当な方法による客観的な資料の収集

③裁量権の範囲内の合理的な判断

最一小判平成10．9．10　集民189号703頁，判タ990号138頁，判時1661号81頁

受送達者の就業場所の認定に必要な資料の収集については，担当裁判所書記官の裁量にゆだねられているのであって、担当裁判所書記官としては，相当と認められる方法により収集した認定資料に基づいて，就業場所の存否につき判断すれば足りる。

担当裁判所書記官が，受送達者の就業場所が不明であると判断して付郵便送達を実施した場合には，受送達者の就業場所の存在が事後に判明したときであっても，その認定資料の収集につき裁量権の範囲を逸脱し，あるいはこれに基づく判断が合理性を欠くなどの事情がない限り，右付郵便送達は適法であると解するのが相当である。

(5)　適正処理のための思考法

裁判所書記官が適正な事務処理を行うためには，送達事務に関してだけでなく，日常の実務処理全般にわたり，次の3点を基本的な思考法として身に付けておくことが重要と思う。

①　事務処理の「目的と根拠（要件）を考える」

②　必要かつ有用な客観的な判断材料「情報を収集する」

③　それらに基づき「合理的な思考判断をする」

平成24年以降裁判実務の現場で行われている，「目的－根拠－合理性検討」の取組（日常的な事務の中で，その根拠を確認し，目的を見

定め，合理的な事務のあり方を検討する）も，以上の趣旨を含んだものと考えられる。

裁判所書記官にとってシステム的問題解決法というのは，①組織運営上の自らの立ち位置を自覚し，②一つ一つの事務処理の目的と根拠を考え，③全体の組織運営の中で効果的な機能を発揮するよう，法規に基づき適正に問題を解決していくことである。

裁判所書記官には，裁判所の窓口から終局場面まで裁判手続の基礎を支える者として，個々の事案に応じた「問題発見力」と「適正解決（処理）力」が期待されている。コートマネージャーあるいはコーディネーターとして日々自己研鑽と切磋琢磨が求められている。

（問題解決技法の参考文献）

・前川良博「システム的問題解決法」オーム社・昭和60年（1985）

・森谷宜暉「経営管理情報システム論」高文堂出版社・昭和60年（1985）

・飯久保廣嗣「問題解決の思考技術　できる管理職の条件」日経ビジネス人文庫・平成3年（1991）

・高橋誠「問題解決手法の知識」日経文庫・平成8年（1996）

第２　事務遂行上のポイント―５Ｗ１Ｈ・６Ｗ２Ｈは実務の友―

> この原稿は，平成8年（1996）頃作成の原稿に基づき，法律実務における５Ｗ１Ｈ等の部分に修正を加えて作成したものである。

１　事実の伝達と報告のツール

(1)　５Ｗ１Ｈ

新聞記事の書き方には，５Ｗ１Ｈという原則がある[1]。

社会の出来事（事実）は，結局「何が何して，どうなった」と表現されるが，これには，

いつ (When)	どこで (Where)	誰が (Who)	何を (What)	なぜ (Why)	どうやって (How)

この５Ｗ１Ｈを書き漏らさない，ということである。

例えば，ある日の新聞記事は，次のような書き方である。

> 「28日午前11時ごろ，○○町の○○鉄道○○線の踏切で，ダンプカーの荷台が上り線の架線に接触した。けが人はなかった。この影響で○○線は上下45本が運休した。
> ○○署の調べでは，ダンプカーは近くの作業現場で砕石を下ろした後，荷台を上げたまま踏切を通過しようとして架線にひっかかったという。運転手の男性（62）が荷台を下げ忘れたらしい。」

５Ｗ１Ｈは，「何時（いつ），何処（どこ）で，何人（なんびと）が，何を，何故に，如何（いか）にして」ということであり，「何」が六つ

---

(1)　記事の書き方として５Ｗ１Ｈを説くものとして，①田村紀雄ほか編「現代ジャーナリズムを学ぶ人のために」（世界思想社，2004年）92頁，②大石裕ほか「現代ニュース論」（有斐閣，2000年）100，180頁，③共同通信社「記者ハンドブック（第10版）」（2005年）10頁，④中央公論新社「読売新聞　用字用語の手引」（2005年）10頁，⑤時事通信社「最新用字用語ブック（第5版）」（2006年）548頁等参照。

なお，③は，「もう一つのＷ」として，「記事が読者に対して持つ意味・値打ち（Worth）の検証も大事だ」としている。

あることから，「六何（ろっか）の原則」とも言われる。

社会の出来事（事実）を新聞記事として客観的に的確に伝えるには，文章作成上，これらの構成要素をきちんと押さえることが大切であるということを教えている。

しかし，５Ｗ１Ｈが求められるのは，何も新聞記事の書き方に限らない(2)(3)。

ビジネスのコミュニケーションは，キャッチボールのようなものであるといわれる。人と人との間の意思と情報が確実に伝達し合うことが大切である。

その意思と情報が確実に伝達し合うためにも，「事実に基づく」ことが重要であり，情報の整理（事実の整理・文章表現）と伝達（報告・連絡）の場面で，５Ｗ１Ｈは重要な役割を担う(4)。とりわけ，出来事（事実）の報告・伝達には，５Ｗ１Ｈは欠かせない。

(2)　６人の賢者

ビジネスの世界では，「計画 → 実行 → チェック → 行動」のＰＤＣＡ（Plan－Do－Check－Action）サイクルが重要だとされる。このサイクルを基本に，さまざまの出来事，事態に応じて，的確に状況を把握し，行動計画を立て，適切にして迅速な判断と処理が求められる(5)。

---

(2)　テレビ放送のニュース原稿の書き方で５Ｗ１Ｈを説くものとして，福島中央テレビ（５Ｗ１Ｈの発音付き）http://www.fct.co.jp/zoomfct/news/5w1h.html。

(3)　作家・元日本経済新聞論説主幹の水木楊氏は，あらたにす（2008年7月2日付け）【現在ホームページ閉鎖】「コラム記者と作家の文章術」の中で，「新聞社内で「雑報」と呼ばれる殆どのニュース記事は，Who，When，Where，Whatの順に並んでいるのです。ときにWhereの入らないこともありますが，Who，When，Whatは必ずこの順で入っています。」「文章のうまさとは，この５Ｗ１Ｈの語順と語尾をいろいろ使いまわすことができるということなのです。」と述べている。

(4)　語源を調べると，古英語（初12～15世紀）では，5W（When，Where，Who，What，Why）の綴りも，実は「H」から始まっていたという。なお，5W（When，Where，Who，What，Why）1H（How）等は，"wh－words"と総称されているようである（「ジーニアス英和大辞典」（大修館書店，2001年），「スタンダード英語語源辞典」（大修館書店，1989年））。

(5)　本章第１「書記官事務の思考法－システム的問題解決法－」参照

５Ｗ１Ｈは，その場合の事実の情報収集や仕事の進め方等について，必要事項に落ちや漏れはないか，そのチェックリストとしても機能する。同時に，社会の出来事（事実）を知り，ものごとの知識を深める上でも，有効な情報収集促進ツールとして機能する。

「５Ｗ１Ｈを友とせよ」というアドバイスがある(6)。

イギリスの作家キップリングは，こうした５Ｗ１Ｈ（「六何」）を「６人の賢者」にみたてて，その詩の一節で次のように書いている(7)。

> I keep six honest serving−men.
> 　　(They taught me all I knew);
> Their names are What and Why and When
> 　　And How and Where and Who.
>
> 私は，６人の正直な召使いを持っている。
> 彼らは，私の知りたいことを何でも教えてくれた。
> その名前は，What，Why，When，How，Where，Who　である。

ビジネスの情報伝達や文章表現では，第1に正確性（Correctness），第2に明確性（Clearness），第3に簡潔性（Conciseness）の3Ｃが求められる(8)。

仕事ができる人は，目的に応じて「６人の賢者」＝「５Ｗ１Ｈ」を

(6)　扇谷正造「ビジネス文章論　続現代文の書き方」（講談社現代新書，1983年）

(7)　キップリング（Rudyard Kipling 1865−1936）は，日本では，「ジャングルブック」等で有名なノーベル文学賞作家。引用の詩は，著作「Just So Stories」（日本語訳で「なぜなぜ物語」）中の「The Elephant's Child」という詩の冒頭の一節。

扇谷正造「ジャーナリスト入門」（実業之日本社，1966年）11頁は，「５Ｗ１Ｈの出典は，これである。」としている。他方，篠田義明「ビジネス文　完全マスター術」（角川oneテーマ21，2003年）185頁は，５Ｗ１Ｈを最初に提唱したのは，エドマンド・バーク（Edmund Burke 1729−97）だとしている。

(8)　文章の3Ｃの原則を説くものとして，①馬場博治「文章教室20講」（大阪書籍，1983年）142頁，②田村紀雄ほか編「現代ジャーナリズムを学ぶ人のために」（世界思想社，2004年）91頁，③大石裕ほか「現代ニュース論」（有斐閣，2000年）179頁，④扇谷正造「ビジネス文章論　続現代文の書き方」（講談社現代新書，1983年）27頁

うまく使いこなすと言われる。

この５Ｗ１Ｈの原則に対しては，さらに近年は，「何人に対し（to Whom)」を加えて６Ｗ１Ｈとしたり[9]，あるいは「どれだけ（How much)」も加えて６Ｗ２Ｈ[10]とするなどのバリエーションがある。

時期	場所	人	物	理由	方法
いつ (When)	どこで (Where)	誰が (Who)	何を (What)	なぜ (Why)	どうやって (How)
		誰に対し (to Whom)	どれだけ (How much)		
		誰と共に (with Whom)			

2　発想とチェックのツール

(1)　仕事の発想とチェック

５Ｗ１Ｈは，これまでみたように，まず情報の整理や文章表現，情報の伝達を適切に行うのに役立つと同時に，今後どうするかを考える行動計画あるいは対策又は企画の立案をするに際しても役立つ情報ツールである。

５Ｗ１Ｈは，指示する，命令を受ける，連絡する，伝言する，計画を立てる等，仕事の進め方を考える上で，必要事項の漏れを防ぎ，発想を促進し，正確度を期すようにチェックリストの役割も担う。

既に一般に周知された基本的な必須ツールといえよう[11]。

(9)　６Ｗ１Ｈを説くものとして，篠田義明「ビジネス文　完全マスター術」（角川oneテーマ21，2003年）185頁

(10)　６Ｗ２Ｈを説くものとして，福島哲史「「書く力」が身につく本」（ＰＨＰ文庫，1997年）87頁，同「「書く力」が仕事力を高める！」（KKロングセラーズ，2006年）76頁等

(11)　東京高等裁判所知的財産第2部平成16年12月27日判決（平成15年（行ケ）第268号審決取消請求事件）は，５Ｗ１Ｈは一般用語であり，仕事の進め方として，可能な範囲で５Ｗ１Ｈをあらかじめ決めておくことには，十分な合理性があるとする。

What	何を	仕事の内容，目的物，種類，性質，分量
Why	なぜ	意義・目的，動機，理由，ネライ，背景，必要性
Who	誰が	人物，組織，担当，グループ，役職，人数
Whom	誰と	相手，関係，人数
When	いつ	着手時期，期限，時間，納期，スケジュール，季節
Where	どこで	場所，位置，職場内外，屋内外，出先
How	どのようにして	手段，方法，段取り，テクニック，進め方，期待度
How much	どれだけ	数量，予算，単価，範囲，頻度

ビジネスでは，６Ｗ２Ｈ等も使用されることが多くなっているが，ここでは，これらも含めて「５Ｗ１Ｈ」と呼ぶことにする。

以上を整理すれば，５Ｗ１Ｈのチェック機能としては，

第1に，これまでに起きた出来事，既にある事態の情報収集（現状把握）を効果的にするとともに，必要事項の把握に漏れが生じないようにチェックするのに役立つ[12][13]。

第2に，これから今後どうするかを考える，行動計画あるいは対策立案（企画）を考えるに際しても，必要項目に漏れやダブりがないようにするチェックリストとしても機能する[14][15]。

(12)　インタビュー（聴取）のチェック方法として，山本弘明「ビジネス・インタビュー入門」（日経文庫454）

(13)　西村克己「論理的な文章の書き方が面白いほど身につく本」（中経出版，2006年）「第2章文章作成のテクニック」中「５Ｗ１Ｈの活用で情報モレを防ぐ」

(14)　”モレなくダブリなくする”問題解決の技法として，ＭＥＣＥ（ミッシー又はミース）("Mutually Exclusive and Collective Exhaustive"の略）がある。

(15)　ビジネス会話で，指示・指令を出す，受ける場合に５Ｗ１Ｈの活用を説くものとして，野村正樹「ビジネスパーソンのための話し方入門」

こうした機能面から，５Ｗ１Ｈ法は，ＱＣサークル（仕事の改善）活動のように[16]，何をなすべきか，どう解決すべきかの職場改善運動の1つとしても活用されている。

①　情報整理・情報伝達のための５Ｗ１Ｈ		・漏れ，ダブりの防止 ・発想の促進 ・必要事項のチェック
②　情報収集・企画立案のための５Ｗ１Ｈ	現状把握のための５Ｗ１Ｈ	
	対策立案（企画）のための５Ｗ１Ｈ	

これらは，結局，情報の収集・整理・伝達という人間の基本的な情報処理過程において，５Ｗ１Ｈが必須のツールであることを示している。

６Ｗ２Ｈを利用したチェックリスト

話を聞く，伝える，記録する，計画する場合等の
6W2Hのチェックリストを使う

場の要素	いつ（When）	時期・時間・期間・頻度
	どこで（Where）	場所・位置
人の要素	誰が（Who）	主体となる人，担当者・関係者
	誰に（Whom）	相手・人数・関係
行為の要素	何を（What）	対象・作業内容・種類・性質
	なぜ（Why）	目的・理由・動機・根拠・背景
	どのようにして（How）	手段・方法・手順・テクニック
	どれだけ（How　much）	数量・単価・範囲
効用	①　大切な点の見落としがなくなる。	
	②　連想の働きが増大する（発想拡大のツール）。	
	③　作業が正確に，能率的になる（過誤防止）。	

（2）　危機管理の発想

この５Ｗ１Ｈの各構成要素は，必ずしも重要度や必要度，構成（表現）の順序が一律に定まっているものでもない。文章表現，事態の把

(16)　ＱＣサークル活動とは，グループ・メンバーの意欲，能力，工夫等により，仕事の管理，改善力を向上させ，「Quality Control（品質管理）」を高めようとする活動であり，そのために，さまざまな方法が考案されている。

握，対策の立案等，その目的に応じた必要度（Need to know）によって異なる。

「いつ（When）」，「どこで（Where）」がいつも文章表現の先頭に来るとは限らないし，「誰が（Who）」が冒頭に来て，「なぜ（Why）」が省かれても支障がない場合もある。強調すべきものが冒頭に位置したり，あるいは重要なものは説明が詳細になったり，当然了知可能なものは省略されたりすることもある。

危機管理のための情報収集と伝達も，５Ｗ１Ｈに即して行われなければならないが，ここでも，そのすべての要素が一律に要求されるわけではない。

危機管理では，

①　まず「何が起きたか」（What）の情報が優先され，
②　次に「誰が」（Who），
③　次いで「いつ」（When），「どこで」（Where）が続き，
④　「なぜ」（Why），「どうやって」（How）は後からでもよいとされる(17)。

現に起きた事態の客観的かつ迅速な把握と伝達が，まず優先される。

優先されるべき重要な情報は何か。５Ｗ１Ｈも，その目的と必要とされる情報，場面に応じて，活用の方法と力点が変えられなければならない(18)。

---

(17)　佐々淳行「危機管理のノウハウ・PART1－信頼されるリーダーの条件－」（ＰＨＰ文庫，1979年）。同書59頁以下では，「六何の原則＝情報の構成要件＝ファイブW・ワンＨ（５－Ｗ・１－Ｈ）」のタイトルの下，危機管理の場合の情報伝達の要点として，ニードツーノウ（Need to know）の原則，ベター・ザン・ナッシング（Better than nothing）の原則，第一報の重要性等を説いている。

(18)　東京都大田区ホームページの「大田区危機管理基本マニュアル」中の「第3章　緊急時の危機管理」3－2：危機情報の伝達「第一報の連絡」の中で，「危機情報に接した職員は，５Ｗ１Ｈ（何を，いつ，どこで，誰が，なぜ，どのように）を明確にして報告するようにします。一部不明な項目があっても，知り得た情報の範囲内で，とりあえず第一報を入れます。その際には，確認，未確認の区別，あるいは「聞き取り」であるか否かなどを明確に伝えます。」としている。

①　何が (What)	②　誰が (Who)	③　いつ (When) どこで (Where)	④　なぜ (Why) どうやって (How)

(3)　創造的な発想

「なぜ」(Why),「どうやって」(How) の事項は,「危機管理」では後順位になるが,「問題解決の技法」では，逆に，これらが何より優先される。

文章表現等とは少し場面は異なるが，一定の問題状況への取組の一例として，有名な「トヨタ式５Ｗ１Ｈ」がある。

これは，もともと，トヨタのかんばん方式の生みの親・故大野耐一氏が,「5回の「なぜ」を自問自答することによって，ものごとの因果関係とか，その裏にひそむ本当の原因を突きとめることができる。」として，数々の改善策を生み出したことに由来する(19)。

これを一般的な問題解決手法として,「トヨタ式５Ｗ１Ｈ」と呼んでいるようである。ここでの５Ｗ１Ｈは,「Why，Why，Why，Why，Why，How」である。

「なぜ？，なぜ？，……」と5回繰り返し問題を深く問う中でこそ，物事の本質，真の原因が突き止められ，そこから「如何にして」の解決策，改善策が生まれるとする(20)。

これは，創造的な問題解決技法を説くものであり，その思考方法は，WhyとHowによる思考の集中と深化が重要だともいえる。危機管理の発想とは逆順である。

(19)　大野耐一「トヨタ生産方式ー脱規模の経営をめざして」(ダイヤモンド社，2006年85刷)。インターネットからの取得情報として,「トヨタの生産方式（トヨタ自動車によるトヨタ生産方式の紹介)」,「トヨタ生産方式（フリー百科事典『ウィキペディア(Wikipedia)』)」

(20)　松林博文「クリエイティブ・シンキング」(創造的発想力を鍛える20のツールとヒント)（ダイヤモンド社，2003年）

危機管理が起きた事態の把握を重視するのに対し，創造的な問題解決技法は，今ある事態に対する今後の変革を促すことに力点がある思考方法といえよう。

①なぜ（Why）	②なぜ（Why）	③なぜ（Why）	④なぜ（Why）	⑤なぜ（Why）	⑥どうやって（How）

3　主体的な問題解決力のツール

これからの時代においては，技術革新と情報過剰が進む中，人が充実した生き方を実現するには，有用な情報を得て，人と人との間の交流，情報活用を図り，生活上，仕事上，それぞれ適切に課題や問題を解決していくことが求められる。

そこでは，情報の収集，取捨選択能力，コミュニケーション能力，創造的な問題解決能力等がなければ，主体的な適応は困難になる。

これからの時代に生きるには，それに資する「国語力」が求められる[21]。それには，５Ｗ１Ｈを基本にした「考える，書く，聞く，伝える」コミュニケーション力が，まずなければならない。

人は，出来事や事実，現象，物事等に対しては，

場	「時間軸（When）」と「空間軸（Where）」を定める中で，
人	特定の「人物（Who）」を中心にして， どのような人的な関わり方（with Whom，to Whom）で，
行為	その関わり方の理由（Why）と方法（How）がどうであり， どんな行為（What）をしたか，

が明確に示されることで，

(21)　「これからの時代に求められる国語力について」（文部科学省ホームページから。2004年2月3日文化審議会答申）

関係	その認識力，イメージ力を高め，意味内容を理解し，人と人とのコミュニケーション関係を保っている[22][23]。

５Ｗ１Ｈは，事実や現象，物事等の対象に対する人間の認識や発想，思考の基本様式を示しているともいえる。

５Ｗ１Ｈの活用は，情報の選択・活用力，創造的な発想力，問題解決力等の育成につながり，人に「生きる知恵と力」を与える。

５Ｗ１Ｈは，これまでみたように文章の構成や展開の仕方を教えるのみならず，問題や状況を論理的，分析的に把握する力を与え，人と人との意思・情報の伝達を確実にする。さらには，現状をより良いものへと改善する発想力，問題解決力を引き出してくれる。そのツールが５Ｗ１Ｈである[24]。

このツールは，法的な問題の考え方，その思考と解決力にとっても，必須のものとなる[25]。

---

(22)　昔話「桃太郎」も，「むかしむかし，あるところに，おじいさんとおばあさんが住んでいました。」と，まず，時，場所，人物を明らかにしている。

(23)　推理小説家の斉藤栄氏は，ミステリー作法の入門書「ミステリーを書いてみませんか」（集英社文庫）の中で，次のように指南している。「小説を考え出す時に一番問題になるのが，いわゆる５Ｗ１Ｈ」，「この六つが決まれば，一つのストーリーが出来る」として，まず what 何を書くのか，テーマの問題。次は，when 時代背景，3番目は where 場所であるが，「いつ」「どこで」は一体をなし，その前に，who 誰，ヒーローとヒロインの人物像を考えなくてはいけない。推理小説の場合，その次が why なぜという動機，最後が how で，どういうふうにやるか，犯行のやり方，事件の展開の仕方ということ……という趣旨の話をしている。

(24)　「仕事＝問題解決」であり，有効適切な問題解決には合理的思考法が求められる。「合理的思考法とは何か。「何が問題なのか」，「なぜ問題なのか」，「どうしたらよいのか」，このＷＨＡＴとＷＨＹ，ＨＯＷの3つを考えることである。」　→本章第１「書記官事務の思考法－システム的問題解決法－」参照

(25)　鳥取市のホームページ中の「鳥取市公文規程」別表（第4条関係）の「公文の作成要領」では，「公文作成の原則」として，正確であること，簡潔であること，平易であることの3つを挙げ，「正確であること」の説明の中で，次のように記述している。「文書は，意志を正確に伝達する重要な手段の一つである。意志が誤って伝えられるようでは，その目的を達することが出来ない。公文の作成に当たっては，次の事項（いわゆる５Ｗ１Ｈ）を明確にして，伝えるべき事項を正確にまとめ，誤解が生じないよう努めなければならない。」

4　法律実務における５Ｗ１Ｈ・６Ｗ２Ｈ

(1)　事実の特定

こうした５Ｗ１Ｈ（六何の原則）は，法律実務の世界でも，基本的に，法律文書の作成や要件事実の整理，犯罪事実の捜査，認定等において，重要な役割を果たしている。

法律実務で行われる法的な判断も，基本的に，法規を大前提とし，事実を小前提として，結論として法的判断（判決）を導き出す法的三段論法（判決三段論法）で行われる[26]。

刑事事件であれ，民事事件であれ，「ある行為又は状態（事実）」に対し，法規を当てはめ，要件（構成要件，要件事実）が充足するかどうかが判断され，法的な判断として，その法律効果の発生，不発生が決せられる[27]。

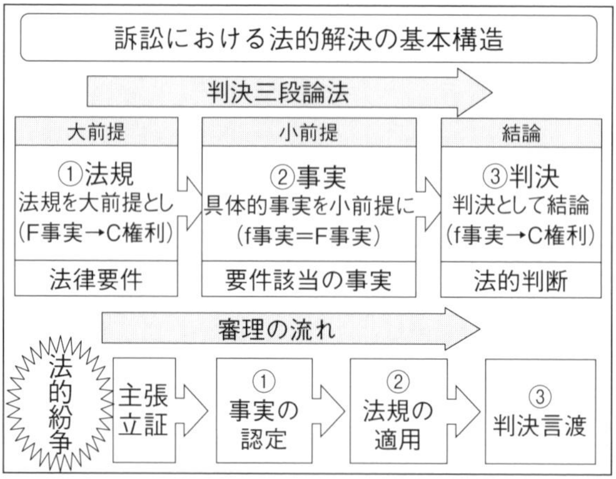

(26)　法的三段論法について，田中成明「法学入門〔新版〕」（有斐閣・2016年）142頁，山下純司ほか「法解釈入門〔補訂版〕－「法的」に考えるための第一歩」（有斐閣，2018年）3頁以下

(27)　アメリカの裁判官（法学者）ジェローム・フランクは，その著「裁かれる裁判所（上）」（弘文堂・昭和35年（1960））の中で，裁判の判断過程を，基本的な当てはめとして，「法規範（R）×事実（F）＝判決（D）」の図式（フランクの公式）により現実分析をしている（参照：「伝統的法学では司法過程は，事件の事実に法規範を適用して判決を得る過程であるとされている。フランクはこれをＲ（legal rule）×Ｆ（facts of case）＝Ｄ（court's decision）という数式に表して説明している。すなわち，判決（D）はＲとＦとの所産であり，ＲとＦが確定すればＤは自ずと明らかになるという見解である。」）。

ここでは，どのような事実があったのか，法的判断のため取り上げるべき（法律要件に該当する）事実は何かが問題となり，具体的な事実が対象となる。その事実は，通常，人に関わる行為又は状態であり，「誰が（主体），いつ（日時），どこで（場所），何を又は何に対し（客体），どのようにして（手段方法），何をしたか（行為と結果）」の５Ｗ１Ｈで特定される。

刑事事件でも民事事件でも，手続的には，５Ｗ１Ｈに即した事件情報（事実）の収集（主張，立証手続）が必ず基本とされ，主張が対立する中で，その事実があったかなかったかが争われると，事実認定の作業が最重要課題となる(28)。

とりわけ刑事事件の場合は，審判範囲の特定と被告人の防御権との関係で，事実の明確化はより厳密であり，その有罪判決には，「罪となるべき事実」を記載することが要求され（刑事訴訟法335条1項），その審理の前提となる起訴状記載の公訴事実にも，訴因を明示し，それには，具体的な「罪となるべき事実」を特定すべきことが要求されている（同法256条3項）。

（刑事訴訟法335条1項）

有罪の言渡をするには，罪となるべき事実，証拠の標目及び法令の適用を示さなければならない。

（同法256条3項）

公訴事実は，訴因を明示してこれを記載しなければならない。訴因を明示するには，できる限り日時，場所及び方法を以て罪となるべき事実を特定してこれをしなければならない。

(28)　事実認定の困難性について，小出錞一判事「刑事裁判と事実認定　一実務法曹の限られた体験から」（「月刊学術の動向」2005年10月号27頁）（日本学術協力財団発行）参照

これらの条文解釈として，注釈書では，

> ①何ぴとが〔何ぴとと共に〕（犯罪の主体），②いつ（犯罪の日時），③どこで（犯罪の場所），④何を又は何ぴとに対し（犯罪の客体等），⑤どのような方法で（犯罪の方法），⑥何をしたか（犯罪の行為と結果）の六項目（いわゆる「六何の原則」）を念頭に置いて，公訴事実を訴因として構成するのが一般である。

と解説されている[29]。

「条解刑事訴訟法〔第3版〕」にも，「六何の原則」の文字こそないが，訴因の明示には事実特定の6項目の記載が必要とされる旨の説明があり[30]，５Ｗ１Ｈは，当然の前提になっている。

(2)　刑事事件における八何の原則

法律の世界は，人と人との争い事（民事）や犯罪（刑事）を対象とする。

その事実の構成要素としては，

①　第1に，行為の主体と相手方（客体）として「誰が（Who），誰に対し（Whom）」が明確にされ，

②　次に「如何にして（How），何をした（What）のか」，行為の方法（How）と内容結果（What）が問題とされ，

③　さらに，その事実が他の事実と識別され，よりその行為の意味内容が明確にされるように，時期（When）や場所（Where）等の特定が要請される。

５Ｗ１Ｈ（六何の原則）は，刑事では，さらに犯罪事実をより明確にするため，「誰とか（with Whom）」（共犯関係），「誰に対してか（to Whom）」（犯罪の客体）が加わり，これらを合せて事実特定の「八何《はっか》の原則」と呼ばれる場合が多い。

(29)　註釈刑事訴訟法第2巻（立花書房，1979年）429頁参照
(30)　条解刑事訴訟法〈第3版増補版〉（弘文堂，2003年）468頁参照

八何の原則については，司法研修所検察教官室編「検察講義案」には，「被疑者の取調べの要点」として，「犯罪の日時，場所，方法，動機又は原因，犯行の状況，被害の状況及び犯罪後の情況等の犯罪構成要件に該当する事実及び情状に関する事実」が必要だとして，次のような記述がある(31)。

> この取調べに際しては，次のいわゆる「八何の原則」（７Ｗ１Ｈ）を落とさないように注意しなければならない。
>
> ①　だれが（who）……………………………………… 犯罪の主体
>
> ②　だれと（with whom）……………………………共犯関係
>
> ③　なぜ（why）………………………………………… 原因・動機・目的
>
> ④　いつ（when）…………………………………………犯罪の日時
>
> ⑤　どこで（where）…………………………………… 犯罪の場所
>
> ⑥　何を（what）又はだれに対し（to whom）…… 犯罪の客体
>
> ⑦　どんな方法で（how）……………………………… 犯罪の方法
>
> ⑧　何をしたか（what）…………………………………犯罪の行為と結果
>
> （注）これはひとつの原則にすぎない。各犯罪の取調べ事項は，事件に応じてその応用を考えなければならない。
> 　この8項目のうち，①・④・⑤・⑥・⑦・⑧の6項目を「六何の原則」ということもある。

これにより起訴状記載の犯罪事実（公訴事実）の書き方の一例を示せば，次のようになる。

> 被告人は，○山○子と共謀の上，令和○年８月１８日午前零時３０分ころ，東京都新宿区○○４丁目３番地先路上において，○川○夫（当時２

(31)　司法研修所検察教官室編「検察講義案（改訂版）」（法曹会，1998年）92頁，又は「検察講義案（平成18年版）」（法曹会，2007年）55頁

5年）から過去の出来事をめぐって注意を受けたことに立腹し，同人に対し，その背後から同人の腕をつかむなどして同所に駐車中の普通自動車内に押し込み，その大腿部を数回足蹴りにするなどの暴行を加えたものである。

(3)　捜査のための八何の原則

八何の原則は，捜査に携わる者にも，捜査全般にわたっての重要な鉄則になる。

警視庁鑑識課出身・長谷川公之氏は，「犯罪捜査」（「推理小説入門」所収）の中で，八何の原則は，「犯罪捜査「八何の原則」」とも呼ばれ，「これらの事項は，現場観察，調書作成，取調などの捜査全般について必要欠くべからざる事柄」だとしている(32)。

斎藤澪氏の小説「この子の七つのお祝いに」(33)には，刑事同士の会話の中で，

「八何の原則」とは，
1　何人《なんびと》が（犯人）
2　何人《なんびと》とともに（共犯）
3　何時《いつ》（日時）
4　何処《どこ》で（場所）
5　何人《なんびと》に対し（被害者）
6　何故に（動機）
7　如何《いか》にして（手段）
8　何をしたか（結果）

だと解説される場面がある。

---

(32)　木々高太郎・有馬頼義共編「推理小説入門」（光文社文庫・2005年）175頁「すべての犯罪の解明には，幾つかの基本的な捜査要項があって，それは，①何時（犯行日時）②何所で（犯行現場）　③何人が（犯人）　④何人と共に（共犯）　⑤何人に対して（被害者）　⑥何故（動機・目的）　⑦如何にして（犯行方法）　⑧何をしたか（犯行結果）など，八つの「何」によって現わされる項目なので，これを普通，犯罪捜査「八何の原則」と呼んでいる。」

(33)　斎藤澪「この子の七つのお祝いに」（角川書店・1981年）74頁（第1回横溝正史ミステリ大賞受賞作）

ここで，刑事は言う。「三つの事件をそれぞれ八何に割りふってみたのですが，結局，どれも一番重要な1と6が埋まらないんです」

1と6とは，「誰が？」，「なぜ？」……。

捜査とは，「？」の穴埋め作業に似ているのかも知れない。八何の原則に即して，一つ一つ調べ追及して穴埋めしていく中で，犯罪を明確にし，犯人を追い求め，真相に迫っていく作業である。

医学評論家・上野正彦氏の「死体は知っている」にも，自らの監察医としての経験を踏まえ，上記の項目が「八何の原則」として説明され，「私は検死や解剖をするときには，八何の原則を念頭に置いてやっていた。」と綴られている[34]。

犯罪事実は，些細な事柄や小さな犯罪の痕跡から，真実を追及する熱意と姿勢の中で，地道な調査，努力を経て，次第に明らかにされていく[35][36]。

八何の原則は，捜査に限らず，事実報告の記載事項としても利用されている[37]。

(4)　「が」と「は」の使い分け

これまでの話で，新聞記事や出来事，物語の書き表し方は，まず時期，場所を示し，「誰が」どうした，という表現形式であった。

---

(34)　上野正彦「死体は知っている」（角川文庫・1998年）174頁

(35)　５Ｗ１Ｈを章立てにしたミステリー（第1章WHO？　第2章WHERE？　第3章WHY？　第4章HOW？　第5章WHEN？　第6章WHAT？）として，岡島二人「５Ｗ１Ｈ殺人事件」（双葉社・1985年），岡島二人「解決まではあと6人－５Ｗ１Ｈ殺人事件」（講談社・1994年）がある。

(36)　平成20年8月26日付け産経新聞記事には，「元名物検事長作の「捜査いろは唄」　47首で捜査の心得，技術説く」として，元高松・仙台両高検検事長歴任，弁護士大塚清明氏が現役時代に豊富な捜査経験をもとに考案した，ユニークな「捜査いろは唄（うた）」が紹介されている。記事には，「《一度にて　良しと思わず　推敲（すいこう）し　八何（はっか）確認　起訴状起案》　47首はこの一首で始まる。八何とは「いつ」「どこで」「誰が」「何を」「なぜ」「どうやって」のいわゆる「５Ｗ１Ｈ」に，「誰と」「誰に対して」を加えたものだ。」とある。

(37)　対馬市のホームページ「対馬市火災予防違反処理規程事務処理要綱」は，「質問調書作成上の留意事項」の中で，「すべて違反にはその構成要件が定められており，一定の違反ありとするには，少なくとも次の八何（六何）の原則からなる基本的構成要件を満たすだけの事実が存在しなければならない。従って，これだけの事項は，違反事実を特定する上で必ず記載しなければならないのである。」としている。

いつ (When)	どこで (Where)	誰が (Who)	何を (What)	なぜ (Why)	どうやって (How)

しかし，起訴や捜査の場合，起訴事実や被疑事実等の「犯罪事実」の表現は，そのような語順，表現とはならない。まず犯罪主体（誰が）が示され，その次に「いつ，どこで……」と記述される。そして，「なぜ（Why）」は，省略されることが多い。犯罪の捜査段階では，犯行の全貌解明のため動機「なぜ（Why）」は重要な鍵を握るが，次第に，客観的な行為と結果が犯罪の（刑罰）評価の対象として重視されるようになる。犯罪事実の書き方としては，一般に，動機「なぜ（Why）」は背後に潜んで表現されない場合が多い(38)。

誰は (Who)	いつ (When)	どこで (Where)	どうやって (How)	何を (What)

したか，

刑事法では，犯罪主体の刑罰責任が問われることから，その主体が誰なのかを明確にした上で，次いで，時期，場所，方法等が特定して表現される。

新聞記事等の出来事では「誰が」と表現された部分は，犯罪事実では，「誰は」と表現される。

この「が」と「は」の使い分けは，言語学でいう「新情報と既知情報の原理」で説明すると，また違った面白さがある。大野晋氏は，「が」は未知のものを，「は」は既知のものを示すと説明している(39)(40)。

(38)　犯罪の原因や経緯等が重大な犯罪事実の全容を明らかにしたり，量刑上重要な意味を持ったりする場合には，動機も記載される。単純な財産犯や各種取締法規違反の罪等では，動機は，犯罪事実に記載されることはないようである。

(39)　(1) 大野晋「日本語の文法を考える」（岩波新書・1978年）

ハは題目を提示して，それを既知扱いとする。

(2) 大野晋「日本語と世界」（講談社学術文庫・1989年）「第2部日本語について」の中の「ハとガの源流」

ハは，既知を承ける。また既知と扱う。ガは，未知を承ける。また未知と扱う。

松下大三郎「標準日本口語法」（1930）の中に原型があるとしている。

(40)　野田尚史『「は」と「が」新日本語文法選書1』（くろしお出版・1996年）

最初に物語の中心人物が出てくるとき（新情報のとき）には「が」で示され，次にそれが出てくるとき（既知情報のとき）は「は」で示される，というものである。

この説明により，昔話「桃太郎」をみてみる。

> むかしむかし，あるところに，おじいさんとおばあさんが住んでいました。
>
> おじいさんは山へしばかりに，おばあさんは川へせんたくに行きました。

最初の「おじいさん」は未知の新情報なので「おじいさんが」，次の「おじいさんは」は，前のおじいさんを受けて既知の情報であり，「おじいさんは」となる，と理解できる。

新聞記事等では，犯人が「甲野○○が」である場合，捜査結果で犯人が判明し確定的となると「被疑者甲野○○は，……」となり，主語として冒頭に記載される。正式に起訴されると「被告人甲野○○は，……」となっていく。ただ，新聞記事等では，「被告人」ではなく，「被告○○」と言われる場合が多い。

なお，民事訴訟の審理で「被告○○」と呼ばれると，ときとして「被告呼ばわりされた」と感情的になる人がいるが，訴訟の相手方という意味に過ぎないので，誤解は早めに解きたい。

5　民事事件における八何の原則

(1)　民事訴訟の構造と６Ｗ２Ｈ

民事事件の裁判は，簡単にいえば，当事者間における特定の紛争の，裁判所に対する解決要求である。どのような紛争で（請求原因），どのような解決を望むのか（請求の趣旨）は，具体的な事実と証拠を裁判所に明確に提示（主張立証）して行わなければならない。

訴訟の場合に裁判所に提出する訴状には「請求の趣旨」と「請求原因」を記載することが求められるが（民事訴訟法133条），それには，事実の特定，請求を理由づける事実が明確に記載されていなければならない。

ここでの記載は，国語的に常に６Ｗ２Ｈを充足するように記載するというものではない。訴状には，訴訟上どのような請求（訴訟物）をするかによって，請求を理由づける事実（請求原因）として，主要事実及びそれに関連する重要な間接事実を記載しなければならない（民事訴訟規則53条1項）。

その事実を主張する場合には，常に６Ｗ２Ｈ等の要素の全てを主張しなければならないわけではない。訴訟物との関係で，他の請求との誤認混同を生じさせない程度に必要な限度の事実を主張すれば足りる。契約関係の主要事実等を主張する場合は，行為の動機や場所などの要素は必要に応じて記載することとし，原則として，「原告は，被告に対し（又は被告から），いつ，何をどれだけ，どうした。」（Who, Whom, When, What, How much）という形式で表現されることが多い(41)。

例1　原告は，被告に対し，令和○年○月○日，○○を代金１００万円で売った。
例2　原告は，被告から，令和○年○月○日，○○を代金○円で買った。
例3　原告は，被告との間で，令和○年○月○日，○○を代金○円，支払期日令和○年○月○日の約定で売るとの合意をした。

その記載があったとしても，具体的な事実そのものが曖昧であったり，証拠と一致しなかったりする場合には，請求が認められないこともある。

簡易裁判所に対して訴状を提出する場合には，事件類型ごとに簡易な定型的記載の訴状様式が備えられているので（書式や記載例は，裁

(41)　司法研修所編「10訂　民事判決起案の手引」末尾「事実摘示記載例集」中の「請求原因・抗弁・再抗弁・再々抗弁」記載例関係3頁以下

判所のホームページからダウンロードできる。），これに該当する事案であれば，これを利用して訴状を提出することもできる。話し合いによる解決を希望するのであれば，簡易裁判所には「民事調停」の手続もあり，これも裁判所の窓口で相談すれば，申立書の記載自体は，それほど難しいものではない。

(2)　調停条項，和解条項の6W2H

訴訟を提起し，話合いによる和解での解決ができなければ「判決」になるが，多くは「和解」で終了しているのが実情である。

話合いによる調停あるいは訴訟提起後に和解が成立した場合には，調停条項あるいは和解条項が作成されるが，その合意条項を作成するには，6W2H（What，Who，Why，Whom，When，Where，How，How much）を落とさないことが要求される。

この合意条項は，確定的かつ明確にされる必要があり，最終的に，書記官によって調停調書又は和解調書が作成される。

調停和解条項の表現形式（要素と順序）

表現形式	6W2H	例文
①誰々は	Who	相手方は，
②誰々に対し	Whom	申立人に対し，
③何のため	Why	本件貸金債務として，
④何々を	What	金
⑤どれだけ	How much	30万円を
⑥いつ（までに）	When	令和２年〇月末日限り，
⑦どこで	Where	申立人方に
⑧どのようにして	How	持参して
⑨どうする。		支払う。

特定して　明確に

条項は，当事者間の紛争解決の合意内容であり，権利義務又は法律関係を確認し，その履行を約束し，履行がない場合には制裁を科すこととするなど，行為規範としても機能するものである。この点では，和解契約書，示談書の書き方も同様である。

その内容は，①法適合性，②合理性，相当性を有する内容であることはもちろん，③一義的で明確に表現されることが求められる。

条項は，一般に，「誰がWho」，「誰に対しWhom」，「何のためWhy」，「何をWhat」，「どれだけHow much」，「いつWhen」，「どこでWhere」，「どのようにしてHow」，どうするかを，明確に文章化されなければならない。曖昧な表現だったり対象物の特定に欠けたりするような場合には，強制執行や登記手続等に支障を来すことがある。

これは，必ずしも一文で表現されるものではなく，実際の実務では，可能な限り，条項の法律的な性質に従って整理し，項目別に分けて記載されることが多い。

まず請求のあった権利義務関係の処分結果を特定して明確にする確認（形成）条項を，次に給付条項を，債務不履行があった場合の制裁条項（過怠約款，懈怠約款ともいう。）を，という順に記載される。

調停・和解条項の基本構成

① 権利・義務の確認条項（又は形成条項）
② 法律効果としての給付条項
③ 債務不履行の場合の過怠約款
④ 一定限度給付履行の場合の債務免除
⑤ 清算条項
⑥ 費用負担条項

こうした論理的構成により理解が容易になり，また必要な条項の漏れを防ぐこともできる[42]。

(42)　田中豊「法律文書作成の基本」（日本評論社，平成23年（2011））304頁以下

その条項例として，実務でよくある交通事故に基づく損害賠償請求における和解条項としては，次のようなものがある。

調停条項も，基本的な構成と表現はほぼ同様である。大きな違いは，当事者の呼称として「原告」とあるのが「申立人」，「被告」とあるのが「相手方」となり，「訴訟費用」とあるのが「調停費用」になることくらいである。

1　被告は，原告に対し，【被告が令和○年○月○日普通乗用車（○○号）を運転中，○○県○市○町○丁目○番地先路上において原告と接触し，原告に傷害を与えた事故】の損害賠償として，金○○万円の支払義務のあることを認める。
2　被告は，原告に対し，前項の金員を令和○年○月○日限り，原告の○○銀行○支店の普通預金口座（口座番号○○）に振り込んで支払う。
3　原告は，その余の請求を放棄する。
4　当事者双方は，本件事故に関し，本調停条項に定める外，互いに何らの債権債務のないことを確認する。
5　訴訟費用は，各自の負担とする。

この第1項の【 】書き表示の部分は，請求の特定として別の個所に表示されるので，「本件事故」と記載される場合がある。この部分も，「誰が，いつ，どこで，誰との間で起こした，どのような事故なのか」が6W2Hの要素を念頭に特定される記載となっている。条項を作成する場合には，6W2Hに沿って念入りに構成要素に漏れはないか，「特定」は十分か，その表現内容をチェックすることが重要である(43)。

(43)　参考となるべき和解条項集として，昭和55年度裁判所書記官実務研究報告書「書記官事務を中心とした和解条項に関する実証的研究〔補訂版・和解条項記載例集〕」（法曹会・平成23年（2011）），星野雅紀編「和解・調停モデル文例集」（新日本法規出版・平成23年（2011））等がある。

第3　合意形成のポイント－民事裁判のＡＢＣＤＥ－

1　簡易裁判所裁判官になって

私は，平成11年（1999）8月に簡易裁判所裁判官になって，平成12年（2000）3月から3年間富山簡易裁判所に勤務した。

着任してすぐ，この年2月から施行された特定調停申立事件(1)の処理に追われた。消費者金融業者を貸主とする多重債務者が分割返済での解決を求めるものである。

これより20年前の昭和54年（1979）頃の書記官時代にも，私は，サラリーマン金融（サラ金）相手に，分割返済で解決したいという大量の調停申立事件を担当したことがあった(2)。富山での調停は，その後昭和58年（1983）に「貸金業法」ができたところ，バブル崩壊により大量の多重債務者が生まれたことに基づき，特定調停の中で解決しようとするものだった。

この調停では，利息制限法に基づく計算結果により債務額を確定し分割返済の調停を行うとの方針で臨むと，貸金業法43条の「みなし弁済」を主張する業者の抵抗は大きく，中には声を荒らげる者もいた。

私は，二度目の業者対応で慣れた面もあったが，調停委員の先生方は申立人の返済原資の確保と返済計画の生活指導，利息制限法に基づく引き直し計算等をし，多数の業者ごとに説得・調整をするのが大変な時代だった。

その頃，私は，調停の説得調整する傍ら，令状処理，勾留手続，民事法廷にと，あちらこちら廊下を忙しく行き来して事件処理をしていた。

2　簡易裁判所の民事事件のいろいろ

簡易裁判所の民事では，比較的少額軽微な事件を扱い，本人訴訟が

(1)　「特定債務等の調整の促進のための特定調停に関する法律」に基づく調停申立事件
(2)　山本正名「サラ金調停事件の問題点と対応論」書協会報66号（昭和54年（1979））7頁

多いところに特徴があるが，最近では法律専門家（弁護士等）が就く場合が増えている。

手続も簡易で迅速に紛争解決ができるよう簡易裁判所特有の特則手続（民訴法270〜280）や少額訴訟の特則（民訴法368〜381）[3]がある。

解決方法としては，判決のほか和解での解決があり，金銭請求事件では「和解に代わる決定」（民訴法275の2）による解決もある。

また，当初から調停委員が間に入って，話し合いにより紛争解決を図る民事調停手続（民事調停法）もある。

簡易裁判所特有の特則手続や少額訴訟制度については，民事訴訟法の教科書で触れられることは少なく，若手の弁護士の中には知らない人もいた。

冷静に解決できる事件であればよいが，少額軽微な事件でありながら，多種多様な事件があり，法廷や調停の場では，これまでの経緯が入り組み，不満や憎しみを聞くことから始まり，双方が根深く対立し，紛争解決に導くのが容易でないケースも多い。

ここでは，「争点の整理」の前に，当事者間の「感情調整」や「手続の説明」，「心の整理」等が必要だった。簡易裁判所に係属する事件では，調停手続にしても本人訴訟にしても，まず「当事者を訴訟に適した状態にすること（訴訟適状化）」から始めなければならないことが多かった。

その後，私は，平成15年（2003）に東京簡易裁判所に転勤となったが，ここでも，「みなし弁済」を主張する高利の消費者金融事件[4]が多

(3)　少額訴訟は，当初30万円以下の請求事件を扱ったが，その後法改正により平成15年（2003）から60万円以下の請求事件に拡張された。

(4)　私は，東京簡裁で平成17年2月3日，同月14日に，「みなし弁済」について「事実上にしろ，無効なものに人の意思が強制されることはない」との趣旨で無効判決を出した。当時は有効説が大多数であったが，平成18年1月，最高裁判所は「みなし弁済」適用を否定する判決を出し（最二小判平18・1・13民集60・1・1），その後の法改正につながっていった。

かった。そのほかにも，いろいろな事件が多数係属していた。

簡易裁判所は，「簡易な手続により迅速に紛争を解決する」(民訴法270) とある。どのようにして「紛争を解決」したらよいのか。最初の頃は困難な取組だった。

3　合意形成のＡＢＣＤ

こうした経験を基に，私なりの紛争解決の方法を考えてみた。それが次に掲載する「民事裁判のＡＢＣＤ」の論考である。これは，東京簡易裁判所に勤務している間に書いたものであり，その後，「市民と法」37号（民事法研究会平成18年（2006）2月発行）に掲載されたものである。この記載中，簡易裁判所に係属する事件の種類や弁護士の関与率などは，現在では状況が変わっていると思われるが，基本的な実情は変わっていない。

民事裁判のＡＢＣＤ

★　法廷に向かう通路で，簡易裁判所裁判官の胸中にも，いろいろな想念が交錯する。

「あの難しい事件の今日の予定は……」，「あの事件の争点で聞くべきことは……」，「あの事件では和解は可能だろうか……」。

1件1件が，当事者が対峙し相互に真剣勝負である。間に立って裁く側にも，当然気合いが入る。少し前，「気合いだー！」という流行語があったが，そう自分に言い聞かせながら法廷に向かうときもある。

★　簡易裁判所の民事通常訴訟事件は，さまざまである。消費者信用事件または業者事件といって，貸金，立替金，求償金などの請求事件が件数としては一番多い。そのほかに，市民間の紛争事件で，賃料請求や敷金，建物明渡し，交通事故の損害賠償請求，慰藉料請求，その他の事件等々がある。

簡易裁判所の多くの法廷では，午前中は，業者事件が連続的に多数入り，午後は市民間紛争の審理が続く。その多くは，被告欠席により判決で終わったり，和解や和解に代わる決定で，分割返済で解決が図られる。争いがなければ，すんなりと一件落着となる。

しかし，すんなりと一件落着とばかりにはいかない場合も多い。訴訟となれば，法律的な主張の争いということになるが，契約時の説明が十分でないとして争いになっている事件や，明らかに時効にかかったと認められる債権を請求するもの，長く返済をしないとして残元金の2倍ともなる遅延損害金を請求する事案もある。

請求の仕方，折衝時の言い方で争いになり，お互いにスジ（筋）の立った主張をするというより，イジ（意地）の張り合いと思われる事件も多い。最大権利を主張して譲らない人もいる。

簡易裁判所では，弁護士や司法書士が代理人としてつかない本人訴訟が9割を占める。裁判手続を知っている方ばかりではなく，とにかく自分の言い分さえ言えば，後は裁判所が自己の主張をそのまま正義として認めてくれると思って，言いたい限りを言う人もいる。内容によっては，感情的にいきり立つ人もいる。また，若い当事者の中には，インターネットにより法情報を得て，明確な権利と損得の意識をもって法廷に臨む人もいる。

こうした訴訟審理をどう進めるか。法的には，訴訟物や要件事実を中心に事案を分析し，紛争を解決することも可能である。簡易裁判所の裁判官も，双方の主張する事実を明確にして争点を絞り，争いがある部分は証拠により事実の認定をして，判決で法的判断を示すことになる。これが訴訟手続の基本ではある。

しかし，裁判官は，形式的，機械的に，何でも争いがあれば判決をするというものでもない。要件事実からは漏れる事情や当事者の不満原因等にも耳を傾け，できれば当事者双方の互譲により，話合い（和解）で解決した方がよい場合が多い。このあたりも考えつつ，裁判官は，当事者双方から事情や主張を聞き，対話的な審理を進めていく。

★　最近，私は，こうした簡易裁判所における民事裁判の審理で重要なところは，A，B，C，Dの四つではないかと思う。そのA，B，C，Dとは何か。順次述べてみよう。

A　民事裁判のAは，本人の納得，受容の気持ちである。当事者に十分な知識や情報が与えられ，その意思決定に納得があるものかどうか。契約締結の争いも，契約責任が問われる限り，最近は，説明義務や本人の納得，自己決定が重要とされる時代である。和解で最終解決を図るにしても，本人の納得が基本である。英語でいえば，acceptanceが当てはまるのだろうか。

訴訟は勝ち負け（黒白決着）の対決になるが，和解で多様な利害を調整し，WinWin（双方勝ち）で解決した方がお互いの為になる場合も多い。紛争をどう解決するかは，必ずしも法律的な解が与えられるときに限らない。もちろん裁判は，当事者の意思や納得だけで決まるものでもなく，争いの元にある客観的な「事実」がどうだったかが基本であり，そのうえでの納得である。

B　次のBは，バランス（balance），衡平である。衡平とは，辞書によれば，「（重さ・量などが）釣り合った状態，釣り合い」であり，また，「精神の落ち着き，情緒の安定」をも指す言葉である。

争いとなっている「事実」と解決基準となるべき「法」との間で，どう紛争を解決すべきか。双方の立場や利害，考慮すべき権利性や正統性，結果や影響の大きさ，他の類似事件との比較等，諸々の観点に照らし，どのような判断・解決が衡平の観念に適うか否かも考えなければならない。法律家が「スジの悪い事件」,「スワリのよい解決」という場合には，正義や衡平の観念に照らしての判断が働いていると思う。衡平の観念では，「各人に彼のものを」といわれるように，具体的な正義と妥当性の実現をどう図るかである。

裁判官に求められる能力ないし資質として,「分析能力」,「法を広く深く見る眼」とともに，第3の要件として,「バランス感覚と方向感覚」を挙げている裁判官も多い。

C　3番目のCは，コモンセンス（common sense）である。「常識」と訳しては「誰でも知っている知識」とも受け止められるが，ウェブスター英英和辞典などによれば，ordinary good sense or sound practical judgmentとあり,「通常の良き感覚」または「健全な実際的な判断」ということである。

簡易裁判所は，庶民の裁判所とも言われ，少額の事件を扱う。その事件の解決のためには，調停委員や司法委員も配され，民間の知恵の活用も図っている。ここには，裁判の場に「通常の良き感覚」又は「健全な実際的な判断」を実現しようとする思想があるのではないかと思う。

法律的にはともかく，無理な請求，主張というものも多々見受けられるが，当事者双方ともコモンセンスに従って考え，互譲で早期解決を図るのが妥当と思える事件も多い。

D　最後のDであるが，民事裁判に求められるDとは何かといえば，delicacy（思いやり，気遣い）である。人の善意に期待し，delicacyを言っておれば紛争が解決するというものではないが，ものの見方，考え方，視点の相互交換を図ることも大切なことである。

当事者は，自己の主張のみが正しくて，相手の主張は全て間違いだとして，一方的に主張を展開する場合が多いが，裁判の場では，双方の立場は立場として認め合うことも，紛争解決には大事なことである。そういう意味での相手の立場への気遣い，気づきも必要である。気づきは「発見」でもあるが，英語でいうdiscovery（発見）の語源は「覆い（cover）を取り除く」ことに由来しているそうである。

紛争事象をどうみるか，考えるかは，立場と視点（見方）によって異なってくる。その立場と視点（見方）を互いにどう理解し合うかで，紛争解決の道筋もまた違ってくる。「視点」の違いを認識し合う中で，自己決定の動機づけがされ，紛争解決の糸口が見出された事件もある。

★ 民事調停法の第1条には，「この法律は，民事に関する紛争につき，当事者の互譲により，条理にかない実情に即した解決を図ることを目的とする。」とある。訴訟になれば，この目的精神から離れるのかというと，そうでもないと思う。簡易裁判所において司法委員制度があり，弁護士や司法書士以外にも許可代理人を認めていること，簡易な手続によるとの特則規定があることなどを考えれば，この法の精神を活かす途は，訴訟においても，もっと考えられるべきであろう。

開廷……1件1件の審理が始まる。目の前に現れる当事者からは，どんな言い分や解決案が提示されるのだろうか。法に基づくのは当然であるが，私は，当事者の納得A（acceptance）が得られ，バランスB（balance）が考えられる中で，コモンセンスC（common sense）に沿って，互いの立場や気持ちを認め気づき合うD（delicacyとdiscovery）により，紛争の早期円満解決を図られないかと，審理に臨む。

これが私の民事裁判に対する願いであり，配慮点でもある。調停委員，司法委員，書記官の皆さんとともに実現したいところである。

裁判のABCDE

A	Assent / Accept	○納得，受入れ，受容 ○Informed consent （知らされた上での同意）
B	Balance	○バランス，スワリ ○正義と衡平，法的安定性
C	Common sense	○良識，スジ，条理 ○信義則，具体的妥当性
D	Delicacy	○弱者への配慮 ○公平，思いやり，気遣い
E		

4　裁判入口の接遇

いつだったか，裁判利用者に対するアンケート結果を見る機会があった。それによれば，確か裁判所利用の満足度は，判決結果の満足よりも，その手続の公正らしさ，自分の言い分をよく聴いてくれた，親切だった，そうした面からの納得が高かったという結果だったと思う。

簡易裁判所に事件解決で訪ねて来る人は，一般に①当事者本人で，②法律や裁判の知識は乏しく，③裁判所で自分の言い分どおり認めてほしい，④早く解決したいと望んでいる，しかし，⑤何をどうすれば良いのか分からない，⑥申し立てるにしても，何をどう書けばよいか分からないという人が多いのが実情である。

簡易裁判所では，そういう受付相談に来た人を前に，裁判所書記官が適切に手続案内をして，当事者と裁判官とを繋ぐ役割をし，必要な手続的なお膳立てをしてくれている。一般的な手続説明で「あれが必要」，「こうしないと」などと説明を重ねていくと，説明を聞く方は，すっかり戦闘モードになってしまう。早い段階で「裁判官は，話し合いによる解決も勧めると思いますよ」と，その人に応じて調停又は訴訟に適した状態（適状化）に向けて案内をしておくと，その後の手続進行もスムーズにいくように思う。紛争解決の仕方，メニューは一つではない。

こうした面では，裁判官と裁判所書記官の連携・協働が必要な場面であり，私の経験では，どの庁の裁判所書記官も，よく分からない人にも丁寧に当たり，後の手続へと効果的に繋げてもらった記憶である。

5　合意形成の手順

ここでは，簡易裁判所の民事調停で当事者が本人同士の場合の進め方を考えてみたい。民事調停は，裁判官が調停主任となり，民事調停委員2人以上で調停委員会を構成して行われる（民事調停法7・8）。

民事調停法1条には，「当事者の互譲により，条理にかない実情に即した解決を図る」とある。これは紛争解決の指導理念を述べたものである。

しかし，この調停を進める実際の手順は，むしろ逆である。当事者双方それぞれから，まず①「実情」を聴く中で，②「条理」を説き，③「互譲」を導き出す。

基本的な手順は，①当事者から事情聴取し，②争点を整理し，必要ならば（実施例は少ないが）事実調査，証拠調べをし（民事調停法12の7），③事実を整理（認定）して解決案を模索検討し，④当事者を説得・調整して，⑤合意ができれば調停成立となって，その調書記載は裁判上の和解と同一の効力を有する（民事調停法16）。合意ができなければ調停不成立となって（民事調停法14）手続は終了する。

こうした手続進行の中で，前述のＡ，Ｂ，Ｃ，Ｄは，どのように考えたらよいのだろうか。事実関係が明らかであり，スムーズに調停が進む事件は，それほど問題はない。

調停申立事件の多くは，証拠が不十分で，過去の事実関係も明らかでない場合が多い。もつれにもつれた人間関係の対立と憎悪，意地の感情がからめば，その紛争解決は，そう簡単にはいかない。

(1)　こうした場合，まず手続の基本は，当事者の「(A) 納得」を得た解決を図る姿勢を示すことになる。紛争解決の主体は当事者である。紛争解決には，当事者の意思，当事者の「納得」が基本ですといえば，反発する人はいない。

しかし，自分さえ納得できればというのではなく，話し合いによる解決には，同時に相手方の「納得」も必要であることも理解してもらわなければならない。

対立した当事者の感情調整をし，調停がどのような手続なのかの理解を求め，まずは当事者双方を調停に適した状態（調停適状）にすることが肝要になる。

(2)　次に「実情」をお聞かせくださいと，聞く姿勢を示す。これには言い分のありのままを受容する気持ちで，共感的に積極的に聴く姿勢が大切になる（積極的傾聴法　Active Listening)。

双方の話から「紛争の要点と原因」をつかみつつ，当事者との「良い関係」(better relationship) を築いていく。フランス語では「ラポール」(親和的・共感的関係) とも言う。

双方から，証拠となる書類（書証や参考資料）があれば提出してもらい，事実を解明し確認していく。紛争の「実情」と言い分（主張）を聴取し，争点をつかみ，客観的な確かな事実を吟味し整理（認定）していく。

(3)　事実の整理（認定）と双方の主張の対立点（争点）が明確になったところで，必要ならば裁判官とさらに評議し，今後の調停のポイントと解決の方向性を検討して手続を進めていく。

この後，大まかには「調停案策定→説得・調整」と段階的に進めていくといえるが，民事調停では，「実情」を聴取していく中で，「条理」に照らしてどうかと，対話的に，当事者双方の希望や意向を確認し，説得しつつ関係調整を図り，解決可能案をすり合わせていくことになる。事案の内容と当事者の納得のし具合に応じて，当事者中心に対話的に「調整」を重ね，「調停案策定」に至る場合が多い。

昨今では当事者の権利意識も高くなり，段階を区切って調停委員会側で「調停案の策定・提示→説得・調整」という手順では，「上から」の押し付けと受け取られる向きもないではない。

紛争解決の主体はあくまでも当事者本人であり，今現に身を置く紛争をどう解決したらよいか，どうすべきか，当事者本人が考えることが基本になければならない。紛争解決の方法や，訴訟とは違う調停解決のメリット，重要性等をアドバイスし，当事者本人が紛争解決に向け自主的，主体的に「考える」ように働きかけることも重要である。

(4)　次には，上記の対話的な関係の中で明らかになった事実と証拠資料を踏まえて，法規の趣意に照らし，「条理」(この世の道理) を説いて，解決案を探っていく。

解決には，何が正義や公平の観念，「(B) バランス (衡平)」に適うか，「(C) 健全な社会的良識 (社会通念，信義誠実の原則，経験則)」に照らしてどうか，「(D) 相手の立場の尊重，痛みへの思いやり，感情や気持ちに配慮すること」も大事ではないかと，分かりやすい話で諭す。正義とか良識とかは，片方の主張だけにあるのではなく，双方の主張の交流と対話の中でこそ見出され実現されていくべきものであろう。これが「法の精神」(法的観点) に合致するところでもある。

実定法の要件事実や主張立証責任という法的スキルによる解決もあるが，その主戦場は訴訟の場である。これを前面に出し過ぎると，調停制度の趣旨，その妙味は失われてしまう。紛争の解決には，合理性を含め，最後には人間性が問われる場合もある。

調停委員との対話の中で，当事者も，次第に自己の置かれた立場，客観的な問題状況が冷静に認識できるようになる。

ここは，調停委員が，その豊富な社会的経験と知見，健全な社会的良識を働かせて，双方の対立と感情を調整し，紛争解決に道筋をつけ合意形成を図っていくところである。

こうした働き掛けと調整が調停活動の調味料 (スパイス) の働

きをし，当事者の当初の独り善がりの気持ちやこだわりは和らぎ（主張の相対化），高いレベルの納得性へと高められていくのが理想である。合意形成，和融熟成には時間がかかる。

(5)　そして，合意のきざしが見え始めたところで，当事者の意向を汲みつつ調整し，「互譲により，条理にかない実情に即した解決」案を詰めていく。

それでも合意成立が困難である場合には，改めて調停委員会で評議し，それまでの調停経過を踏まえて合理的な調停案を作成し，提示する。この段階では，法的観点からの事実認定の結果や調停解決のメリット等を説き，当事者双方のために衡平に考慮し，より良き解決に向けた「説得と調整」が行われる。

対立から合意形成への道は，実際上，こう抽象的にいうほど簡単なことではない。

私が最後に務めた犬山簡易裁判所の調停室には「和致芳」と書かれた書が掲げられていた。古代中国の屈原の詩句の一節[5]で，「和して芳しきを致せ」と読める。元々ここでの「和」には「あえる」意味があり（例：白和え），塩梅よく調合し，香りよく，うまい味を引き出す意味があるそうだ。

6　協働による紛争解決

以上は，調停・和解の基本線でしかない。これを，その人に寄り添って，具体的にいろいろな角度から，やさしく丁寧に，紛争解決に導くように工夫する。

前記3の「裁判のＡＢＣＤＥ」の図で五つ目のＥの枡目が埋まっていないが，これは何か。こう人に問えば，Evidence（証拠）とかEconomy（経済性）とかの回答が返ってくる。いずれも大切な要素であるが，

(5)　浅見絅斎（けいさい）講述『先哲遺著漢籍國字解全書第17巻』（早稲田大学出版部・明治44年（1911））296頁

合意形成の場面では，私は，最後に大切な要素として，裁判官と裁判所書記官，司法委員や調停委員等との「協働」による「努力（Effort）」と「忍耐（Endurance）」の「E」を付け加えておきたい。より良き紛争解決までには当事者自身を含めた協働と努力が必要である。

なお，調停や和解による紛争解決を図るには，当事者が，訴訟（判決）との比較で，調停と和解による紛争解決のメリットをよく理解しているのでなければならない。調停・和解のメリットを挙げれば，次のとおりである（下図参照）。

調停・和解の7つのメリット

訴訟（判決）	調停・和解
法律に基づいての強制的な紛争解決	話し合いによる自主的な紛争解決
(1) 公開手続	(1) 非公開（密行性）
(2) 法律的な「勝つか負けるか」の戦い（一義的厳格な法律適用）	(2) 実情に即した柔軟な解決が可能
(3) ゼロサム（トータルで＋－＝0）「得る者あれば失う者あり」	(3) ウィンウィン（WinWin理論，両勝ち）結果について双方に満足（納得）
(4) 主張の合理性，証拠の客観的裏付けの攻防	(4) 個別事情，感情面も考慮
(5) 過去追求型 過去の事実の解明，責任追及が主（事実認定の拘束性強固）	(5) 未来形成型 双方の生活，利害全般の調整 新たな関係形成が可能
(6) 他律的解決 結論は他人が決める（裁判機関主体）	(6) 自律的解決 結論は自らが決める（当事者主体）
(7) 履行確保の確実性＝期待低 勝訴判決を得ても，相手の資力，協力がないと，執行満足が得られにくい。	(7) 履行確保の確実性＝期待高 後々まで相手の任意の返済，協力が得られやすい。

（参考文献）

・国分康孝「カウンセリングの技法」（誠信書房・昭和54年（1979））
・伊藤博（判事）「和解勧試の技法と実際」司研論集1984年Ⅰ－22頁（昭和59年（1984））
・草野芳郎（判事）「和解技術論」判タ589号（昭和61年（1986））8頁
・D・カーネギー（山口博訳）「人を動かす」創元社（平成8年（1996）第2版68刷）
・レビン小林久子「調停者ハンドブック－調停の理念と技法」（信山社出版・平成10年（1998））

・座談会「法律実務家のスキルとしての交渉」判タ1044号（平成14年（2002））4頁
・草野芳郎「和解技術論〔第2版〕」（信山社出版・平成15年（2003））
・加藤新太郎編「リーガル・ネゴシエーション」（弘文堂・平成16年（2004））
・瀬木比呂志「民事訴訟実務と制度の焦点15　第15章　和解のあり方とその技術」判タ1187号（平成17年（2005））26頁
・石井彦需「新任裁判官のための十戒」法の支配146号（平成19年（2007））49頁
・草野芳郎「講演　和解と交渉」判タ1230号（平成19年（2007））69頁
・「民事調停の紛争解決機能を強化するための方策について」判タ1369号（平成24年（2012））5頁
・座談会「簡裁民事調停の機能強化について」判タ1383号（平成25年（2013））5頁

コラム　事実究明の方法

1　公事吟味の心得

前述したとおり（第１章末尾コラム参照），私は昨年「江戸の裁判」を出版したが，執筆中に調査していくと，寛保元年（1741）に書かれたという「律令要略」[6]に行き当たった。その序文には「公事《くじ》吟味の心得」9か条があり，そのうちの3か条には，次のような文章があった。現代文に近い読み下し文で書き表してみる。

一　惣じて当座の儀より事起りたる異論その外何事に依らず，その人へ掛りての吟味事は，双方相交じり対決の上実否を聴き分け，また一方ずつ聴き糺し，あるいはその論する所を幾度も打ち交じり尋ね問いければ，自ずから糸口出るものなり。不要事にて，いろいろの証拠を引き合わせ，理非の軽重を考ふるは，双方打ち交りては正理にまぎれて聞き受け難かるべし。一方ずつ不審なる事を道理を推して糺さば，理非分るべし。道理に詰まりて，しきりに対決を願ふは，己が弁舌を以て道理を言ひ聞かさんとの巧みなるべし。また一方の申す所を一方へもれざる様にすべし，吟味の妨げになる事あり，心得べき也。

一　双方より証拠と指し所の書物文牘（ぶんとく，文札）の意味又はその申す所について，寝食を忘れ心力を労して実否を考ふれば，不審起るべし。その不審の事を推して尋ぬれば，不審晴ることあるべし。

一　理非分かれたりとて猥りに止むべからず，負け方に成りて思ひ返し思惟すべし，また疑わしき事起るべし。さりながらまた外に

(6)　福富恭礼編『徳川政府律令要略』・明治21年（1888）を基に，句読点，濁点，ふりがな等を付して，読解の弁を図った。なお，解説等は，石井良助『近世民事訴訟法史』創文社・昭和59年（1984）395頁，高塩博『江戸幕府法の基礎的研究〈論考編〉』汲古書店・平成29年（2017）191頁等を参照。

して，無益の事を詮議長引けば悪し，ただ幾度も練りて，その上にて決断すべし。

この趣旨は，①事実をよく聞きただすこと，②疑問点は熟考により潰していくこと，③不利な側にも立って公平無私な態度で臨むこと，④熟考に熟考を重ねて最後は決断すること等，裁判の事実認定の仕方を教えている。

現代においても，裁判の思想や制度は違っても，裁判官は，双方の言い分を十分聞いて，偏見を持たず公正な判断をしなければならないことに変わりはない。「一方の言い分だけで双方を裁くな」と言われる。西洋のことわざにも「裁判官は左右同じ耳を持て」というものがあるという(7)。

裁判では，昔も今も，双方から事実を「よく聴いて判断すること」の重要性を教えられる。それが裁判で第一（A）に重視されるべき「納得」の源である。日本では，300年も前から，裁く者は「左右同じ耳を持て」と説かれている。

2　事実をみる視点

裁判では，「両耳」のほかに，事件をみる「目」（視点）も大切になる。

司法研修所の教材「事例で考える民事事実認定」のコラム欄には，「複眼的思考を忘れない」と題して，反対当事者からの見方について，次のように説かれている(8)。

「最終的に要証事実を認定する場面でも，その認定が不利益なものとなる側の当事者の納得を得られるものであるかどうか，偏見や先入観にとらわれずに改めて考え抜く姿勢を持ってほしいものです。反対当事者の納得が得られること（得られそうなこと）が，そ

(7)　高梨公之「法の名言とことわざ集」朝日書店・朝日Books（昭和44年（1969））170頁
(8)　司法研修所編「事例で考える民事事実認定」法曹会・平成26年（2014）94頁

の事実認定の当否のバロメーターということができます。」

こうした当事者の認識・主張レベルで複眼的に見る見方は「虫の目」の視点と言えようが，これに対し，もう一つは，地面から離れて，高い視点から俯瞰して見る「鳥の目」も必要だと言われる。さらに「相手方の視点から事実をみること」もできれば，検討の幅は広く深くなる(9)。

以上の「虫の目」，「鳥の目」は，もう一つの「魚の目」と併せて，ビジネス経営者が物事を見るに必要な三つの目として説かれている。「魚の目」は「時流」の読み方であるが，裁判の事件の見方として考えれば，事件の流れとスジをどう読むかの話になるかもしれない。

訴訟では，事案の中から，まず「動かし難い事実」を見い出し，その積み上げから推認される事件の方向性（事件の流れ）がどうかを見，そこに描かれるストーリーが自然な流れか，合理性やバランス，落ち着き具合等（事件のスジ，スワリ，結果の妥当性）からみてどうかを判断する(10)。

裁判官は，当事者の主張に耳を傾けつつ，法の目的と事案の実相と証拠判断の狭間で，「判ずる事」の重荷（重責）を背負っている。刑事裁判では，民事以上に実体的真実の追究が必要であり，挙げられた証拠の陰に「隠れた事実」を見極めることも重要になる(11)。事実の究明は，事案に応じ，多角的に慎重に考える必要がある。

こうした事実究明の方法と考え方は，その程度に深浅はあっても，裁判以外のビジネスの分野においても参考になることと思う。

(9)　瀬木比呂志「民事訴訟実務・制度要論」日本評論社・平成27年（2015）177～181頁
(10)　前掲・「事例で考える民事事実認定」97頁コラム「事件の流れと事件のスジ」
(11)　私は，現職時代に窃盗，痴漢，淫行の3件で無罪判決を出し，いずれも第一審で確定したことがあるが，「隠れた事実」がポイントだったように思う。

第４章　訴訟書類作成の要領と技術

法　諺

合意は守られなければならない。
Pacta sunt servanda

訴えなければ裁判なし

我に事実を与えよ，汝に法を与えん。
da mihi factum, dabo tibi ius

第１　訴訟書類作成の要領

民事訴訟では，前提となる訴訟の仕組みをよく理解しておくことが大切である。訴状等の書式集のサンプルをまねて訴訟書類[1]を書くことはできるが，民事裁判がどういう仕組みになっているのか，その構造と訴訟の進め方を理解していないと，勝つべき訴訟も勝てなくなる。

１　民事訴訟の構造

民事訴訟は，法律を適用して解決可能な，具体的な紛争を対象とする。

紛争を抱えた当事者（原告）は，裁判所に判決を求めるのであれば，訴状で，相手方（被告）に対し，

①　どういう権利があって何を求めるのか（訴訟上の請求）

②　どういう事実（理由）によるものなのか（請求原因）

(1)　ここでは，「訴訟書類」は，訴訟手続上，当事者及び訴訟関係人が作成提出する書類並びに裁判所が作成する書類をいう。「裁判文書」という言葉を使う場合もあるが，これは，訴訟に限らず，広く裁判所の手続において作成提出される書類をいう。

を明らかにしなければならない。

第３章第２の５Ｗ１Ｈでいえば，裁判所に対し請求する上で，①何を（what）と②なぜ（why）の二つを明らかにすることである。

例えば，貸した金を返してほしいという請求であれば，相手方に，いつ，いくら貸しつけたのか，いつ返す約束だったのか，その金銭貸借契約の事実を主張し，相手が争えば，証拠で立証しなければ裁判所に請求を認めてもらうことはできない。

この貸金の場合の「訴訟上の請求」（訴訟物）は，「原告の被告に対する金銭消費貸借契約（民587）に基づく返還請求権」である。「請求原因」としては，法律に定められた要件である「権利発生根拠事実」を，具体的な事実（「返還の合意」と「金銭授受」の事実）として主張しなければならない（通説である法律要件分類説）。

一方，被告が原告の主張事実を争う場合には，被告は「抗弁」として，原告主張の「権利」に対し，

①　権利発生に障害事由があるという「権利発生障害規定」

②　権利発生後に権利が消滅したという「権利消滅規定」

③　権利発生後に権利行使を阻止するという「権利阻止規定」

のいずれかに該当する事実を，具体的に主張・立証しなければならない。原告の請求に理由がないとする主張である。

その「抗弁」に対し原告が争う場合には，「再抗弁」として反対の事実（依然として原告に権利行使が維持されることを根拠づける事実）を主張立証する必要がある。原則として，自己に有利な事実を主張する側に主張立証責任がある。

被告の「抗弁」としては，一般的な例として，①権利不発生の「無効・取消」，②権利消滅の「弁済」，「消滅時効」，③権利阻止の「同時履行」，「相殺」等の事実の主張が考えられる。「無効・取消」に対する再抗弁には「重過失」，「追認」等の主張が行われる（下図参照）。

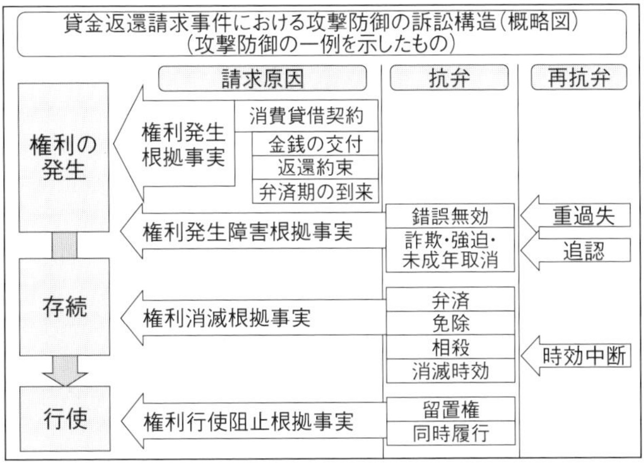

以上は，単純な例であるが，「訴訟上の請求」如何で請求原因，それに応じた抗弁，再抗弁の成り立ちが定まる。その要件事実として何を，どちらが主張・立証すべきか（「主張・立証責任の分配」）が決まっており，事案により訴訟構造は論理的に複雑になるものが多い(2)。また，要件事実の存否や法条の解釈に争いがあったりすると，事実上の主張，法律上の主張が混在して訴訟は一層複雑になり，法律専門家（弁護士等）がつく場合が多い。

2　民事訴訟で提出される主張書面

こうした訴訟構造を前提とする場合，当事者が主張する書面は，どのように書かれることになるのだろうか。

(1)　訴　状

まず原告が求める訴訟上の請求（訴訟物）を明らかにし，審判の範

(2)　加藤新太郎・細野敦著「要件事実の考え方と実務〔第3版〕」民事法研究会・平成26年（2014），司法研修所編「10訂　民事判決起案の手引」法曹会・平成18年（2006）末尾の「事実摘示記載例集」，同編「改訂紛争類型別の要件事実－民事訴訟における攻撃防御の構造－」法曹会・平成19年（2007），同編「改訂問題研究　要件事実－言い分方式による設例15題－」法曹会・平成18年（2006），同編「新問題研究　要件事実」法曹会・平成23年（2011）

囲を画する必要から（当事者処分権主義），訴状には，①当事者・法定代理人，②請求の趣旨・原因を記載をしなければならない（民訴法133，民訴規53）。この2項目を必要的記載事項といい，これに不備があれば，補正命令の対象になる（民訴法137①）。

新民事訴訟法では，早期に事件の全貌を知って争点を把握し，審理の充実を図り，第1回の口頭弁論期日から実質的な審理に入ることをめざしている。そのため，「基本的な主張立証関係をできる限り早期に明らかにすることが必要不可欠」[3]であるとされている。

この趣旨から，主張立証に関しては，次のような事項の記載が民事訴訟規則上求められている。

① 訴状の請求原因には，「請求を特定するのに必要な事実」だけでなく，「請求を理由づける事実」（理由付け請求原因，要件事実）まで具体的に記載する[4]（民訴規53①）。

② 加えて，立証を要する事由（いわゆる予想される争点）ごとに，主要事実に関連する事実で重要なもの（重要な間接事実）及び証拠（方法，例えば「甲第○号証」）を記載する（民訴法53①）。

③ 請求を理由づける事実の主張と当該事実に関連する事実の主張を記載する場合には，雑然と記載されないように，両者はできる限り区別して記載する（民訴規53②）。ここで「当該事実に関連する事実」とは，重要な間接事実のほか，それ以外の間接事実，証拠の証拠力（証明力）に関する補助事実，「いわゆる事情たる事実，関連事実」（紛争の経緯や背景についての事実）が含まれる[5]。

---

(3)　最高裁判所事務総局民事局監修「条解　民事訴訟規則」司法協会・平成9年（1997）116頁

(4)　事実は，主体，日時，場所，行為の態様等によって特定される（①誰が，②いつ，③どこで，④誰に対し，⑤何を，⑥どれだけ，⑦どんな方法で，⑧何をしたか。）ので，個々の要件事実ごとに注意すべきである。なお，場所は，不法行為の発生要件や訴訟物特定の場合などのほか，通常必要とされない。ただし，証人又は本人の供述内容としては，具体的な場所の供述が重要となる。

(5)　田中豊「法律文書作成の基本」（日本評論社・平成23年（2011））155頁

④　証拠となるべき文書の写し（書証写し）で重要なものを添付する（民訴規55②）。

⑤　不動産，人事訴訟，手形・小切手に関する事件では，登記簿謄本，戸籍謄本，手形・小切手の写しを添付する（民訴規55①）。

上記の①，②の記載部分は，準備書面が担うべき攻撃防御方法（訴訟資料たる法律上，事実上の主張及びこれらを立証するための証拠方法）であるから，準備書面を兼ねるものとされている（民訴規53①③）。

訴状が提出されると，まず窓口担当の書記官により，その記載内容や要件，添付書類等がチェックされる。不備があれば必要な補正の促しが行われ（民訴規56），補正されなければ裁判官（長）により訴状が却下されることもある（民訴法137）。

裁判官は，提出された訴状のコピーを利用し，これに被告側の答弁などを書き込み，以後の必要な情報を整理している例が多いようである(6)。

必要な記載事項が備わった，誤字・脱字のない，整然と整理された訴状の提出が望まれる。

(2)　答弁書

答弁書は被告が最初に提出する準備書面であり，その書面には準備書面に関する規定が適用される。準備書面には，①攻撃防御方法，②相手方の請求及び攻撃防御方法に対する陳述を記載することとされている（民訴法161，民訴規79等）。

答弁書には，前記の新民事訴訟法の目的に沿って，被告側の基本的な主張立証関係は，できる限り早期に明らかにしなければならないとされる。その内容により，争点及びその後の審理の方向性が定まるので，重要な意味を持つ。

その趣旨により，答弁書には，実務上次のような記載と書類の添付

(6)　「座談会　民事訴訟のプラクティス（上）」判タ1368号（平成24年（2012））8頁（司会：東京高裁判事福田剛久，裁判官と弁護士の座談会中の複数裁判官の発言）

が必要とされている。

① 請求の趣旨に対する答弁を記載する。

② 訴状記載の事実（主要事実，間接事実）に対する認否，主要事実レベルでの反論としての抗弁事実を具体的に記載する。

③ 加えて，立証を要する事由（いわゆる予想される争点）ごとに，主要事実に関連する事実で重要なもの（重要な間接事実）及び証拠（方法）を記載する（民訴規80①）。この場合，証拠となるべき文書の写し（書証写し）で重要なものを添付する（民訴規80②）。

④ 請求を理由づける事実の主張と当該事実に関連する事実の主張を記載する場合には，両者はできる限り区別して記載する（民訴規79②）。「当該事実に関連する事実」の意味は，訴状の項の説明と同様である。

⑤ 相手方の主張事実を否認する場合は，単純否認ではなく，その理由を明らかにした積極否認（理由付け否認）をする（民訴規79③）。

否認の理由は早期争点整理には不可欠であるから，その理由が明らかでない場合には，事案により，裁判官の指示により書記官から記載が求められることがある（民訴規63①）。

なお，やむを得ない事由により，求められる答弁，認否，抗弁事実，重要な間接事実，証拠方法等の記載及び重要な書証写しの提出ができない場合は，答弁書の提出後速やかに，それを記載した書面（準備書面）及び書証写しを提出しなければならない（民訴規80①②）。

(3) 準備書面

被告の答弁に反論する場合にも，原告は，基本的な主張立証関係ができる限り早期に明らかになるように，速やかに，次のような対応が求められる。

① 準備書面には，答弁書に記載された事実に対する認否，再抗弁事実を具体的に記載する。

② 加えて，立証を要することとなった事由（いわゆる現実の争点）ごとに，主要事実に関連する事実で重要なもの（重要な間接事実）

及び証拠（方法）を記載する（民訴規81）。この場合，証拠となるべき文書の写し（書証写し）で重要なものを添付する（民訴規81）。

③　請求を理由づける事実の主張と当該事実に関連する事実の主張を記載する場合には，両者はできる限り区別して記載する（民訴規79②）。「当該事実に関連する事実」の意味は，訴状の項の説明と同様である。

④　相手方の主張事実を否認する場合は，前記と同様に積極否認（理由付け否認）として記載する（民訴規79③）。

その理由が明らかでない場合には，前記の答弁書の場合と同様に，書記官を通じて理由の記載を求められることがある（民訴規63①）。

なお，被告がこれらに反論する場合にも，原告の主張に対する認否，反対事実の主張等，上記と同趣旨の対応をすることになる。

3　説得力ある書面の提出

前記のような訴訟構造の下では，双方当事者は，権利発生，権利不発生等の事実を互いに主張立証の応酬（攻撃防御方法の提出）を展開させていく。要件事実（主要事実）や間接事実について，何をどう主張立証するかは，当事者の責任であるとするのが民事訴訟の原則（弁論主義）である。

裁判所は，双方の主張する事実と提出証拠に基づき，事実を認定し，法を解釈適用して最終的な紛争解決のための判断（判決又は和解勧告）をする。

そのため，①当事者がどのような請求，主張を訴状，準備書面（答弁書）の中で構成し展開していくか，②裁判官にそれをどう理解させ，説得力を持たせるかが重要なポイントとなる。

当事者は，①の点では，上記の民事訴訟規則上の記載のルールに則して書面を作成することになるが，②の点では，常にその読み手である裁判官を意識して説得的な主張立証をしなければならない。そこが不奏功に終われば，主張する側の主張は認められないことになる。

主張書面が説得力を持つためには，どのような文章，書面が望ましいのだろうか。

まず第1には，事実に基づき明確な法的主張をすることである。

法律実務家は，当事者から紛争の実情を聴き取り，そこから法律問題を抽出・分析し，これに基づいた法的な構成と主張，論証をしなければならない。そのためには，主張する側に，事実関係を十分調査する義務がある（民訴規85）。

事実の調査が不十分なままでは，法的構成も主張も曖昧になる。証拠との関係で事前の十分な吟味がなければ，すぐ弱点が露呈されてしまう。確かな事実関係の上に法的構成（訴訟上の請求，要件事実等）を明確に組み立て，前述の訴状，答弁書，準備書面の書き方のルールに従うことが重要である。

新民事訴訟法では，早期に事案の全貌を把握し，早期に実質的な審理（争点整理）に入ることが予定されており，そのためには，事実に基づいて，訴状，答弁書等で，早めに請求の骨格と事案の概要，争点が明確化されることが必要である。

「やはり訴状には原告の請求を基礎付ける事実上・法律上の主張が過不足なく記載され，答弁書に，あるいは遅くとも被告側の第1準備書面において被告の認否と主要な主張が明らかになるということが，口頭議論をする最低限の条件のように思います。また，これに関連してですが，訴状には民事訴訟規則53条2項にあるように，要件事実と関連事実を区別して記載していただきたい」というのが裁判官の声である(7)。

ローマ法の法格言「我に事実を与えよ，汝に法を与えん。」は，現代の訴訟でも通用する。まずは事実を明らかにすること，評価判断は裁判官がする。事実を明らかにするつもりでも，当事者の推測や評価，後付けの理屈と思われるような記載では説得力を欠く。

---

(7)　パネルディスカッション「争点整理は，口頭議論で活性化するか」判タ1453号（平成30年（2018））37頁の谷口安史東京地裁部総括判事の発言

第2には，物事が論理的に順序立てて整理されていることである。

訴訟上の請求が明確でなかったり，主張事実の記載が時系列的に前後していたり，対応する提出証拠と照らし合わせてみても整合性が判然としなかったりするのでは，説得力に欠ける。文章的には整理されていても，その主張が法条文の目的・趣旨や証拠との関係で，論理的な繋がりが薄いとみられては説得力が弱い。

弁護士の木山泰嗣氏は，訴訟書類に限っての話ではないが，論理的な文章の要素として，①ものごとがきちんと整理されていること，②検討すべき問題がひとつひとつ順序立てられていること，③明快であること，④矛盾なく記されていることの四つが大事であると述べておられる[8]。

また，裁判官，弁護士らの座談会「論理的に伝える」では[9]，「書くこと」と「伝えること」の重要性が指摘されている。「論理的に伝える」条件として，①読み手への配慮，②法的知識と論理力を駆使した問題点の抽出，③適切な素材の適正配置による論理の流れ，④論拠と反対論拠の正確な把握と衡量を挙げ，これらは文章が説得力を持つための核心的な要素であることが説明されている。

第3には，表記上のルール（表記法）に従い，簡潔明瞭な書き表し方をすることである。

裁判所に提出される訴訟書類は，対立する相手方が読むばかりでなく，裁判官が当事者双方から提出された書類を限られた時間の中で，理解しなければならない。速読了解（直読直解）型の文章が望まれる。

読み手（裁判官，相手方）にとっては，読み進むに従って理解が進み，早期に主張の構成と内容が分かるのが望ましい。誤字・脱字があったり，前後に矛盾があったり，冗長な文章で結局何を言いたいのか

(8)　木山泰嗣「もっと論理的な文章を書く」（実務教育出版・平成23年（2011））22頁
(9)　法学教室特集「論理的に伝える」（有斐閣・平成30年（2018））8頁以下

分からない文章であったりすれば，読み手には負担になり，速読了解とはならない。

分かりやすい文章を書くコツの基本は，「供述調書作成の技術」（第２章第１参照）でも述べているが，①一文一義の短文構成にする，②人，日時，場所を特定する，③主語を冒頭に記載し，述語の対応関係を明確にする，④修飾語を被修飾語に近づける，⑤結論を先に，理由を後にすること等である。

民事訴訟規則5条に「訴訟書類は，簡潔な文章で整然かつ明瞭に記載しなければならない」としているのも，こうした速読了解型の書面作成の重要性を示したものであろう。

瀬木比呂志氏（元裁判官）は，「準備書面は，長編小説ではなく，体系書でも論文でもなく，専門知識を有する裁判官という読者に対して，ある限定的な事項の内容を，明確かつ正確に伝える書面なのである。したがって，『わかりやすくて，整理されていて，具体的で，明確で，短い』のがよい」としている(10)。

なお，同規則5条は，当事者等が提出する書類に限らず，裁判所内で裁判官，書記官等が作成する書類にも適用されると解されている(11)。

第4には，型に従いつつ，事実に基づいた裏づけと合理的な説得力がなければならない。

法律文章には，よく使われる標準的な処理パターン（型，書式）がある。各種の実務マニュアルや○○書式集，和解条項集等の類は，そ

---

(10)　瀬木比呂志「民事　訴訟実務・制度要論」日本評論社・平成27年（2015）185頁以下の「第11章　準備書面の書き方等」参照

(11)　民事訴訟規則の解説では，訴訟書類には，当事者その他の訴訟関係人が作成提出する書類のほか，裁判において作成する書類も含まれるとされている（前掲「条解　民事訴訟規則」17頁，最高裁判所事務総局編「民事訴訟規則の解説」（法曹会・昭和31年（1956））19，20頁）。ただし，「もっとも，たとえば，証人等の尋問調書などは，その陳述をできるかぎり詳細に録取すべきで，これを簡潔に記載する趣旨でないことはいうまでもない」としている（前掲「民事訴訟規則の解説」）。

の書式の集積であり，「民事判決起案の手引」[12]もこの範疇に入る。この「型」に当てはめていけば[13]，一応正確で効率的な事務処理を可能にしてくれる。

しかし，提出書類がより説得力を持つためには，「型」に従うだけではなく，「根拠」を示し，具体的な「事実」を基に，それがどのようにして請求の趣旨（判決主文）に導かれるのか，説得力を持たせる「工夫」が必要である。

主張が不明確だったり，あるいは矛盾があったりし，書証を見ても，どこにどのように証明されているのか不明瞭だったりしたのでは，説得力は弱い。主張の裏づけ（論拠）と「なるほど」とうなずかせる合理性が感得できなければならない。

第5に大事なのは，提出期限を守ることである。

裁判所に提出される訴訟書類には，①明確性，②論理性，③簡潔性とともに，もう一つ④迅速性（納期）が求められる。適正・迅速な裁判の実現には，「訴訟手続の計画的な進行」（計画審理，民訴法147の2）が必要であり，また，「相手方が準備をするのに必要な期間」（民訴規79①）をみなければならない。審理の充実促進のためには，協議した進行計画に従い，準備書面等の提出期限を遵守することが大切である。前日あるいは当日に書面が提出されたのでは，裁判遅延と信用力減退の原因にもなりかねない。

4　文章に厳しい法律実務家

論理的で要領を得た文章とは，主張書面でいえば，争点を中心に，権利の成否に関する要件事実，間接事実を中心に，法的見解を踏まえ

---

(12)　前掲「民事判決起案の手引（10訂）」

(13)　川﨑政司「法律学の基礎技法第2版」（第11法律文書を書く）法学書院（平成25年（2013））345頁

て要領よく記載したものである。これにより書き手は，自己の主張を説得的に展開していかなければならない。

ところが，文書の読み手は，誰に限らず，忙しく気短で，文章には厳しいと見た方がよさそうである。自分には寛容で他人には厳しいのかというと，そうでもない。法律文書を扱う者は，職業柄そうなるのだろう。法律文書，とりわけ裁判所が作成する文書では，たった1字，1行の表記間違いで「過誤」となり，文書は無効になり，手続はやり直しとなる場合もあり得る。誤字脱字の多い法律実務家は，窓口で信用力が低くみられてしまう。正確な文章表記に心掛けることが肝要である。

① 弁護士の田中豊氏も言うとおり，法律実務家は，「言葉を命とする職業」であり，文書について「論理の明晰さを尊び好む者」である。それ故，「文書の形式，文法，引用の方式，誤字脱字等の細部にもうるさい者」になる。同氏は，「冗長な法律文書はそれだけで欠陥品です」とまで述べている(14)。

② 井田良中央大学教授は，「法を学ぶ人の文章作法」の中で，刑法を例に，「人の生命さえ奪うことのできる刑罰権の行使が不公正なものにならないようにするためには，厳密な言葉や文章を用いることが必要となるのである。言葉や文章の正確さ・厳密さは，法律学の宿命というべきである。」と書いておられる。また，法律家の用いる「良い文章」の形式的条件としては，「正確性，平易性，論理性」の三つが重要であるとされる(15)。

民事でも，国民の権利義務の存否，制限に関する判断に関わるこ

---

(14) 前掲・田中豊「法律文書作成の基本」5頁。同書第1章では，法律文書の作成について，①事案の整理と問題点の抽出，②問題点の調査，③構造の決定，④第1案の作成，⑤最終文書の作成と5段階に従って，演習問題に基づいた指導解説をしている。

(15) 井田良・佐渡島沙織・山野目章夫「法を学ぶ人のための文章作法」（有斐閣・平成30年（2018））15～17頁

とであり，言葉や文章の正確さ・厳密さが求められることは同様である。

③　金谷利廣元最高裁判所判事も，奈良地方裁判所の所長時代に，「自・他の文章をもっと大切に」の表題で，弁護士会報に寄稿していた。その内容は，事務局，裁判部の文書（弁護士等の文書を含む。）に誤字，脱字，送り仮名の誤り等のケアレス・ミスが多いことを嘆かれ，次のように述べていた。

「ミスの多い文章を読ませる人は，他人に対する思いやりの乏しい人と評されてもやむをえないであろう。」，「私が誤字等を指摘するのに対し，……（略）「字を知らないわけではないし，大きなことはきちんとしているから，そんな小さなことは大した問題ではない」と言わんばかりである。気の弱い私は，声には出さず，「小さいこともきちんとやれずに，大きいことがちゃんとできるもんか」と心の中で呟いている。他人の文章も自分の文章も，もっと大切に取り扱ってほしいとの思いを強くする昨今である。」

文書起案には，こうした読み手の意識を十分心得て，争点と立証責任がどこにあるかを考え，正確に伝わり分かりやすい説得的な文章を書かなければならない。目的に適合した正確な実務的，機能的な文章表記が求められている。

5　整理と計画

松本時夫元裁判官は，かつて法学案内の中で，「法律学は整理の学問である」との言葉を紹介していた(16)。これは，故我妻榮先生が書かれた文の中にあったという。

そして，これを敷衍し，刑事事件について，裁判官は，法律の解釈

(16)　松本時夫元裁判官は，「条解刑事訴訟法」（弘文堂）の編集代表の1人。「新法学案内（別冊法学教室）」（有斐閣・昭和60年（1985））97頁の「新入生へのメッセージ」の中にある。

や適用のみならず，事実認定においても，そのプロセスで「整理」が重要な役割を果たす。その「整理」を誤ると結論がとんでもない方向に向かうおそれがあると説く。個々の事案に即し自分の頭で「整理」することの重要性を教えていた。

この「整理」は，法律学の世界だけでなく，法律実務でも，刑事に限らず民事でも，その審理プロセスの中核的な役割をなす。

提出書面には「整然かつ明瞭」な記載が求められ（民訴規5），「争点及び証拠の整理手続」（民訴法164～178）は民事訴訟手続の重要な柱である。加えて民事訴訟法では，裁判所及び当事者は，適正かつ迅速な審理の実現のため，訴訟手続の「計画的な進行」を図るべきこと（民訴法147の2・147の3），その手続追行には裁判所及び当事者のそれぞれ公正・迅速，信義誠実に従うべき旨の責務を定めている（民訴法2）。

「整理」と「計画」は，新民事訴訟法が重視する訴訟進行の指標である。

これに思いを致せば，裁判所，当事者は，「簡潔，整然，明瞭」（民訴規5）な訴訟書類の作成と計画的な訴訟進行に，ともに心掛けたいものである。

> 真実一路ノ旅ナレド，
> 真実，鈴フリ，思ヒ出ス。
>
> 北原白秋

第２　訴訟書類の表記法

裁判所の文書のうち司法行政文書は「公用文作成の要領」(昭和27年4月4日付け内閣閣甲第16号）に準拠して作成されるが，裁判所の事件に関する記録その他の書類（以下「裁判文書」という。）では，その作成要領とは若干異なった方法で作成されている。

裁判文書においては，記載項目が法規に定められていたり，また，手続上の専門的な言葉遣いや慣用的な表記があったりして，独自の表記法がある。ここでは民事訴訟上の書類（訴訟書類）を中心に述べるが，他の民事執行等の事件で作成される書類でも書き方や表記法の基本は同じである。

1　訴えの提起

訴訟は訴えの提起により始まり，訴えを提起するためには，訴状を裁判所に提出しなければならない（民訴法133①)。

その訴状には，民事訴訟法133条2項に定める事項（当事者及び法定代理人，請求の趣旨及び原因）を記載しなければならない。

簡易裁判所では「訴えは，口頭で提起することができる」とされているが（民訴法271)，実際上は，口頭での提起は行われていない。

2　訴訟書類の用紙

訴状等の訴訟書類文書に使用する用紙の大きさについては，旧民事訴訟規則にはＢ4判二つ折り又はＢ5判とされていたが，現行の民事訴訟規則には規定がない。

しかし，平成13年1月1日からの「裁判文書の横書き化」に伴い，最高裁判所により，日本工業規格Ａ4判の用紙を使用し書式を横書き（左綴じ）とすることで，日本弁護士連合会等に協力が要請されている[(1)]。

(1)　日本弁護士連合会のホームページ「裁判文書のＡ判横書き化に伴う書式変更について」(https://www.nichibenren.or.jp/contact/information.html)

訴訟書類の用紙や次に記載する筆記方法，書式等は，民事訴訟のほか民事執行手続の関係で提出する裁判書面についても，同様の扱いによっている。

3　筆記方法

文書の作成には，ペン又はボールペンで記載しても差し支えない。

近年は，ワープロ・パソコンを利用して作成されることがほとんどとなった。

4　書　式

裁判文書（訴訟書類）は左綴じの訴訟記録（事件記録）に綴じられるので，その左端には3㎝ほどの余白（綴じしろ）を設け，横書きとする。書証の写しを提出する場合も，上記程度の余白をとるのが望ましい。

ワープロ（パソコン）で作成される場合には，次のような書式設定による書類の作成が要請されている。

用　紙	A4版・横書き・縦置き（印刷の向き）
印　刷	片面のみ使用（袋綴じにしない。）
文字数，行数	1ページ26行，1行37字
文字サイズ	12ポイント使用
余　白	上端35㎜，下端27㎜，左端30㎜，右端15～20㎜
綴じしろ	左端，2箇所でステープラー（ホッチキス）止め
上部余白	裁判所の受付印等の利用スペース

（上記は目安であり，これに拘束されるものではないが，読みやすい記録作成のため協力が要請されている。）

5　訴状・答弁書・準備書面の記載事項等

(1)　裁判所に提出される訴状，これに対する答弁書，準備書面の記載事項等は，次のとおり法律，規則で定められている。

（以下の表中では，民事訴訟法を「法」，民事訴訟規則を「規」と略記した。）

原告提出書面	被告提出書面
【訴　状】 ①　事件の表示（規2①） ②　作成年月日（規2①） ③　裁判所（宛名）の表示（規2①） ④　当事者の氏名又は名称及び住所並びに代理人の氏名及び住所（法133②，規2①）	【答弁書】 ①～④　左に同じ（規2①） （④　当事者の住所の記載は，訴状に記載されているので，省略可能（規2②）（記載間違いがあれば，訂正記載する。））
⑤　郵便番号，電話番号（ファックス番号）（規53④）	⑤　郵便番号，電話番号（ファックス番号）（規80③・53④）
⑥　送達場所の届出（法104①，規41）	⑥　送達場所の届出（法104①，規41）
⑦　請求の趣旨・原因（請求を特定する事実）（法133②，規53①）	⑦　請求の趣旨に対する答弁（規80①）
⑧　訴訟費用負担の申立て（法67①），仮執行宣言の申立て（法259①）	⑧　訴訟費用負担の申立て，仮執行宣言の申立てに対する答弁
⑨　請求を理由づける事実（主要事実）（規53①）	⑨　訴状に記載された事実に対する認否（規80①）及び抗弁事実（具体的に記載）（規80①）
⑩　請求を理由づける事実（主要事実）に関連する事実（間接事実）で重要なもの（重要な間接事実）（規53①）	⑩　抗弁事実（主要事実）に関連する事実（間接事実）で重要なもの（重要な間接事実）（規80①）
⑪　証拠方法（証人○○，甲第○号証）（規53①）	⑪　証拠方法（証人○○，乙第○号証）（規80①）
⑫　重要な書証写しの添付（規55②）	⑫　重要な書証写しの添付（規80②）
⑬　特定の事件に必要な添付書類（登記事項証明書等）（規55①）	⑬　特定の事件に必要な添付書類（規55①）
⑭　附属書類（委任状等）の表示（規2①）	⑭　附属書類（委任状等）の表示（規2①）

⑮　本人又は代理人の記名押印（規2①）	⑮　本人又は代理人の記名押印（規2①）
【答弁に対する反論がある場合の準備書面】 ①　答弁書に記載された事実に対する認否（規81） ②　再抗弁事実（具体的に記載）（規81） ③　再抗弁事実（主要事実）に関連する事実（間接事実）で重要なもの（重要な間接事実）（規81） ④　証拠方法（証人○○，甲第○号証）（規81） ⑤　重要な書証写しの添付（規81） （その他の記載事項は規2条等に準じる。）	

・【訴状】・【答弁書】の⑥送達場所とは，裁判所からの郵便物を受け取る場所のことである。

・【訴状】の⑧（訴訟費用負担の申立て）は，記載するのが一般である。

(2)　法・規則に明文規定はないが，訴訟書類に関する実務慣行として，次のような決まりがある[2]。

①　訴状には訴訟物価額を記載する（管轄や貼用印紙額を決定する基準となる。）。

②　訴状の請求の趣旨には，給付訴訟の給付内容等の法律的な性格若しくは理由は記載しない。

③　訴状における訴訟費用負担の記載は，必要的記載事項ではないが（民事訴訟法67条で職権による。），実務上必ず記載するのが一般である。

(2)　那須弘平（弁護士，元最高裁判所判事）「民事訴訟の中の実務慣行」判タ986号（平成11年（1999））88頁。なお，他の実務慣行として，「法廷における原告，被告の席の位置（裁判官から見て右手に原告，左手に被告が座るのが一般的である）」とされている。

④　書証の符号番号は，原告側書証を甲１，甲２等とし，被告側書証を乙１，乙２等として，提出順に番号をつける。

(3)　訴状又は準備書面等に記載のある主要事実については，明確に認否を記載する。「認める」，「否認する」，「知らない」のいずれかの答弁となる。新民事訴訟法下では協同的訴訟運営，審理充実促進の観点から，早期に事実を調査して答弁することが求められている。「原告の立証をまって認否する」という答弁は，厳に慎むべきであるとされている（民訴法2）。

(4)　やむを得ない事由により，民事訴訟規則80条1項の認否，抗弁，重要な間接事実，証拠を記載することができない場合には，答弁書の提出後速やかに，これらを記載した準備書面を提出しなければならない（民訴規80②）。

(5)　訴状に添付すべき書類（書証写し，特定事件の添付書類等）は，訴状副本とともに被告に送達する必要があるので，被告の数を踏まえた通数の写しを添付することが必要である(3)。

(6)　不動産の一部を特定するために図面を提出する場合，図面には基点，方位，距離関係を明確にする。

6　提出書面の冒頭記載

(1)　訴訟書類には，その内容に応じて，表題として，訴状，答弁書，第1準備書面，証拠申出書，訴訟委任状，期日請書，受領書，陳述書などと記載されるのが通例である。

(2)　訴状の冒頭には，次のように表題，作成年月日，宛名，提出人名が記載されるのが一般である。その下に1行空けて，当事者の表示として，原告，被告ごとに，郵便番号，住所，送達場所，代理人の氏名，電話，ファックス番号が表示される。

---

(3)　最高裁判所事務総局民事局監修「条解民事訴訟規則」司法協会・平成9年（1997）123頁

（訴状の記載例）

訴　　状

（収入印紙貼付）　　　　　　　　　　　　令和○年○月○日

○○地方裁判所民事部　御中

原告訴訟代理人弁護士　○　○　○　○　（印）

〒000-0000　○○市○○区○○町○丁目○番○号

原　　告　　　　　○　○　○　○

〒000-0000　○○市○○区○○町○丁目○番○号

○○法律事務所（送達場所）

原告訴訟代理人弁護士　○　○　○　○

TEL　000-000-0000　FAX　000-000-0000

〒000-0000　○○市○○区○○町○丁目○番○号（送達場所）

被　　告　　　　　○○○株式会社

同代表者代表取締役　○　○　○　○

貸金請求事件

訴訟物の価額　　○○○万○○○○円

貼用印紙額　　　　○万○○○○円

予納郵便切手　　　　　○○○○円

請求の趣旨

1　被告は，原告に対し，○○○万○○○○円を支払え。

2　訴訟費用は，被告の負担とする。

との判決及び仮執行の宣言を求める。

請求の原因

1　原告は，被告に対し，令和○年○月○日，○○○万○○○○円を貸し付けた。

2　原告と被告は，１に際し，返還時期を令和○年○月○日と定めた。

3　令和○年○月○日は到来した。

4　よって，原告は，被告に対し，上記消費貸借契約に基づき，貸金○○○万○○○○円の支払を求める。

証拠方法

1　甲第1号証　　金銭消費貸借契約書

2　甲第2号証　　○○○○○

附属書類

1　訴状副本　　1通

2　甲第1及び甲第2号証（写し）　　各1通

3　資格証明書　　1通

(3)　訴状に対して提出される答弁書及び答弁書以降の準備書面の冒頭には，どの事件についての書類かが端的に分かるように，まず事件番号，事件名，原告，被告の氏名が記載される。

その下に作成年月日を書き，次行に答弁書又は準備書面等の表題が，次に，宛名，提出者名が記載される例が多い。複数回提出される準備書面には，表題に「第1準備書面」又は「準備書面（1）」などと提出番号を記載する。宛名は係名までを書く。

（答弁書の記載例）

令和○年（ワ）○○○号　○○○請求事件

原告　　○　○　○　○

被告　　○　○　○　○

令和○年○月○日

答　弁　書

○○地方裁判所民事第○部○○係　御中

（送達場所）

〒000-0000　○○市○○区○○町○丁目○番○号

被　　告　　　○　○　○　○（印）

TEL　000-000-0000　FAX　000-000-0000

第1　請求の趣旨に対する答弁
　1　原告の請求を棄却する。
　2　訴訟費用は原告の負担とする。
　との判決を求める。
第2　請求原因に対する答弁
　1　…………

（準備書面の記載例）

令和○年（ワ）○○○号　○○○請求事件
原告　　○　○　○　○
被告　　○　○　○　○

令和○年○月○日

準備書面（1）

○○地方裁判所民事第○部○○係　御中

原　告　○　○　○　○　（印）

1　答弁書に対する認否・反論
　(1)　第2の1の事実は，全て認める（否認する，知らない）。
　(2)　…………
2　原告の主張は次のとおりである。
　(1)　○○について
　　○○については，○○○である（甲第1号証）。
　　…………

7　句読点の用い方

訴訟書類に主張等を記載する場合には，「公用文作成の要領」に準拠し，句点は「。」（マル），読点は「，」（コンマ）を用いる。ただし，読点に「、」（テン）を用いることが全く許されないわけではない（本章第３の「句読点の表記」参照）。

8　読みやすさ，分かりやすさの工夫

(1)　項目別記載

「公用文作成の要領」に準拠し，項目別に記載する。

文頭に，第1，第2……と符号を付し，次のとおり順次段差をつけて細別していく。

符号は，第1，1，(1)，ア，(ア)，a，(a)の順となる。

第1	1	(1)	ア	(ア)	a	(a)
第2	2	(2)	イ	(イ)	b	(b)
第3	3	(3)	ウ	(ウ)	c	(c)

簡単な文書では，必ずしも第1から始めずに，符号を1から始めてもよい。

(2)　改　行

意味的なまとまりを考えて，適宜改行をする。

(3)　見出し

他の記載との違いを明確にするため，適宜見出しを工夫する。

(4)　一文一義

一文には一つの事柄だけを記載する。多くの事柄を盛り込んで長文にしない。

(5)　配字の仕方

① 文の書き出し及び改行の際には，1字分下げて書き出す。

② 項目の細別は，文頭に第1，1，(1)などの符号を付し，符号の後は1文字分空けて書く。この場合，符号が変わるごとに1文字分右にずらしていく。

③ 文頭に上記の符号を付すが，1文字分右にずらさない書き方もある。要は，読みやすさ，分かりやすさの確保が肝心である。

9　文章の書き表し方

(1)　「訴訟書類は，簡潔な文章で整然かつ明瞭に記載しなければならない。」（民訴規5）

旧民事訴訟規則7条と同趣旨である。当事者（特に当事者本人）の提出書類に雑然とした記載，不明瞭な記載が多く，誤読のおそれがなくはないことから，この規定が置かれたようであるが(4)，書類作成のマナーとして一般に要求されるところである。

裁判所が作成する訴訟書類の記載についても，本条の注意を守るべきであるとされる(5)。ただし，証人等の尋問調書などは，第２章第１の「供述調書作成の技術」で述べたとおり，一律的な簡潔記載ではなく，争点に応じ重要部分は詳しく，そうでない部分は簡潔に，精粗を書き分けた記載が求められる(6)。

(2)　文字を訂正する場合は，二重線で消して訂正印を押し，その上に訂正文言を記入する。

10　ページ番号

文書の連続性を担保するため，ページ番号を付すのが望ましい。用紙の各葉に契印を押すことでも差し支えない。

11　数字の書き方（「公用文作成の要領」に準拠）

(1)　数字は，次に掲げるような場合を除き，アラビア数字を用いる。

アラビア数字を用いる場合は全角表記とするが，2けた以上の数字は半角表記とする例もある。

固有名詞　〔例〕　四国　九州　二重橋

町　名　〔例〕　霞が関一丁目　大手町三丁目

---

(4)　最高裁判所事務総局編「民事訴訟規則の解説」（法曹会・昭和31年（1956））19頁
(5)　前掲「民事訴訟規則の解説」20頁の（注）
(6)　前掲「民事訴訟規則の解説」20頁の（注）

（注）　住居表示には「三丁目」と漢数字を使用するのが原則であるが，「霞が関１丁目」，「大手町３丁目」というようにアラビア数字を用いて表記してもよい。

なお，街区符号又は住居番号は，原則どおり，「１番３号」のようにアラビア数字を用いて表記する。

概　数　〔例〕　二，三日　　四，五人　　十数枚　　数十日
千五，六百人

熟　語　〔例〕　一部分　　二束三文　　五十音順　　一休み
二言目　　一間（ひとま）　　三月（みつき）
五十歩百歩　　四半期

(2)　大きな数字は，3けたごとに「,」（コンマ）で区切る。ただし，万以上の数字には単位（万，億，兆）を記載し，この場合「,」を省略する。

年号，文書番号，事件番号等には，区切りや単位を付けない。

〔例〕　２億４６８０万７５３１円　　２万０３００円
２００１年　　令和２年（ワ）第１２３４５号

事件番号，書類の作成年月日等の年号は，元号を用いて表すのが実務慣行である[7]（本章第４の「数字の表記」参照）。

(3)　小数点は「.」（ピリオド）を用い，「・」（中テン）は用いない（本章第５の「小数点の表記」参照）。

〔例〕　０．１２３

(4)　数字は，原則として全角を使用するが，表中の数字は，半角を使用しても差し支えない。表中では3けた区切りの数字で表記してもよい。

〔例〕　1,234,567円

(7)　司法研修所編「10訂　民事判決起案の手引」法曹会・平成18年（2006）3，90頁，98頁以下・107頁以下の各記載例

第３　句読点の表記─コンマ（,）かテン（､）か─

1　句読点の決まり

日本語の表記法で句読点（くとうてん）といえば，「､」「,」「｡」「.」がある。

これらは，「区切り符号」とも呼ばれるが，このうち「､」（テン）「,」（コンマ）は読点として，「｡」（マル）「.」（ピリオド）は句点として使用される。

句読点の使用方法としては，

①　「､」（テン）「｡」（マル）使用方式，

②　「,」（コンマ）「｡」（マル）使用方式，

③　「,」（コンマ）「.」（ピリオド）使用方式

の3通りがある。

理工系分野の文書表記では，英数字の混在率が多いせいか，③方式が多いようである。

法律文書の場合，縦書き文書では①方式によることに異論はなかったものの，平成13年（2001）1月から裁判文書の横書き化が実行されると，①方式か②方式かで異論が生じた。

しかし，公用文に関する限り，昭和27年（1952）の「公用文作成の要領」中「第3　書き方について」の下方「注2」で，

句読点は，横書きでは「,」および「｡」を用いる。

とされている（その後改廃された形跡はない。）。

裁判所はこれに従っているが，同じ官公庁であっても，現在，句読点に関し，この「公用文作成の要領」は徹底されていない。

2　句読点の採用状況

教科書は，横書きの場合，全て「,」「｡」表記を基本としているよう

であるが，新聞，マスコミ等は基本的に「、」「。」を採用している。

国の機関，地方自治体の文書表記の扱いをみると，句点に「。」を使用することは共通しているものの，読点については，前記の「公用文作成の要領」の定めにもかかわらず，「，」採用派と「、」採用派に分かれている。

インターネットで国の機関のホームページ（報道資料等）を垣間見る限り，次のように2分されており，統一はされていない（平成30年（2018）10月現在調査）。

①　「、」採用派

昭和27年（1952）に「，」を推奨していた内閣官房も現在「、」を使用し，以下，次のような機関も「、」を使用して多数派を形成している。

衆議院，参議院，内閣法制局，人事院，内閣府，復興庁，総務省，財務省，文部科学省，厚生労働省，農林水産省，経済産業省，国土交通省，環境省，防衛省等

②　「，」採用派

これを採用しているのは，国語表記の旗振り役だった文部省を引き継いだ文部科学省下の文化庁は当然として，最高裁判所，法務省（公安調査庁を含む。），公正取引委員会，宮内庁，外務省の5機関くらいであり，少数派である。

3　句読点の根拠

句読点表記の現状は，一言でいえば統一がなく，ばらばらである。表記の決まり「公用文作成の要領」と現状には相当の開きがあって，その理由はよく分からないが，インターネット等で調べると，次のような事情が窺える。

(1)　文部省（現文部科学省）が横書きに「，」「。」を採用した検討経緯，根拠，理由が明らかでない。

(2) 伝統的な縦書き基本の国語表記では，国民の表記意識として，むしろ縦書きに使用される「、」の方に受容意識が高い。

(注) 明治初期以前の国語表記には，元来縦書き表記の文章に句読点を打つ習わしはなかった。

(3) 縦書きを横書きにするだけで「、」を「，」にしなければならないとする論理的必然性に乏しい。

(4) 新聞，マスコミ等では，「、」を基本にしており（記者ハンドブック），普及力，影響力が高い。

○「記者ハンドブック」（第8版：平成9年（1997）共同通信社刊）「横書きの方式」

4 文章の区切りを示すために用いる句点は「。」、読点は「、」を使う。「.」「,」は使わない。

○「最新版・朝日新聞の用語の手引」（平成14年（2002）朝日新聞社刊）「横書きの方式」

4 コンマ（,）は横組みにした洋数字の位取りに使用する。横組みの文章の区切りは読点と句点を使い、コンマは使わない。

(5) パソコン等電子機器で文章を作成する場合，「、」が基本設定（デフォルト）となっていて，「、」を利用する限り，設定の切替えをせず縦書きでも横書きでも便利に使える。

(6) 縦書き文書を横書き文書に切り替える際に，いちいち「、」を「，」に変換していては，手間がかかり面倒である。

(7) 文系，理系等各分野では，英数字混じりの多寡等により，「、」か「，」かが文章の読みやすさに影響したり，好みの問題があったりして，一律に決めがたい。

以上を要約して考えれば，読点に関し，「，」採用派に有利な事情は，前記の「公用文作成の要領」があること以上に，説得力ある理由は見出せない。読点の表記法に関して積極的な議論があるわけでもなく，こうした状況の中では，全国的に全分野にわたり一律に「、」又は「，」に統一することは困難のように思える。

表記法については，強制できる性質のものでもなく，各分野各部署で，あるいは一つの文書単位で，いずれかに統一することが望ましいというのが，最低ラインの落ち着き具合のような気もする。

4　今後の課題

読点の統一は困難にしても，今後ＩＴ化が進み，相互の文書データの交換と共有による情報処理が進むと，「、」か「，」かの問題は，また少しやっかいな問題になるのではないかと思う。

いずれ，裁判所に提出する申述等の裁判文書は，電子情報処理組織を用いて，当事者双方から提出された文書データを利用し，あるいは，これを編集加工して電子情報処理作業をし，裁判結果としての文書作成をするような時代になると予想される。この場合に，「、」と「，」が混在していては不揃いであり，いずれかに統一変換する修正作業が必要になるが，それをしていては文書事務の能率を欠く。もちろんコンピュータ処理による自動変換処理も考えられるが，その分ソフトの開発費用と修正作業時間が余分にかかる。

裁判費用も国民の税金で賄われることを考えれば，今後，裁判所に文書を提出する人は，

裁判所は，読点に「，」（コンマ）を採用していること

を念頭に置き，これに合わせた書き方にしていただいた方が表記の統一が図れ，全体として裁判事務の能率化にも役立つのではなかろうか。

小さな問題ではあるが，今後ＩＣＴ（Information and Communication Technology：情報通信技術）の活用が進むことが予想され，早期に当事者と裁判所との文書ファイル，データ共用の協働関係の中で，表記の統一も図る必要があると考えられる。

（参考文献）

1　昭和21年3月文部省教科書局調査課国語調査室作成（文化庁国語施策情報システム）「くぎり符号の使ひ方〔句読法〕（案）」

2　昭和27年4月4日付け内閣閣甲第16号内閣官房長官依命通知の別紙「公用文作成の要領」

第4　数字の表記―3けた区切りか4けた区切りか―

1　法律文書を縦書きにする場合,「１２３４５６７８」は漢数字で「千二百三十四万五千六百七十八」のように書くのが一般の扱いである。大審院時代の判決も，この表記であった。

しかし，これでは一見しただけで数額を把握するのは難しい。書くにも手間がかかる。そこで，戦後の最高裁の時代になってから，裁判文書（判決，調停調書等の債務名義）では，裁判所独自に，縦書きで「一二三四万五六七八円」のように「万」の文字を入れ，4けたで表記するというのが実務慣行になった。「万」の上は「億」，その上は「兆」の単位を入れ（以下「4けた表示（万進法)」という。),「千」,「百」,「十」の文字は省くというものである。

ただ，この場合でも，縦書きで，書き方としては3通り考えられる。

①　一二三四万〇五六七円

②　一、二三四万〇、五六七円

③　一、二三四万五六七円

倉田卓次元裁判官は，昭和49年（1974）の「手控の実技」の中で「数字の表記」について触れ，千百十の単位を省く表記法を「福沢諭吉の考案だそうである」とし，①の書き方を推奨している[(1)]。万が位取りのテンの代わりであるから，②のように位取りの「、」（横テン）を付す必要はない。また，③のように千の位の「０」は落とさず，算用数字の配列と同じにするという。同裁判官は，追記で「最近は，最高裁判決も，この数字表記法を使用するようになったようである。」としている。

この表記法は,「数的把握が容易で，読みやすい」ことを狙ったものであった。

裁判所書記官研修所も，調書作成等の指針で，この表記法を指導してきた。この表記法では，千の位に位取りの「、」を付さない扱いであ

(1)　倉田卓次「手控の実技」判タ311号（昭和49年（1974））69頁

った(2)。

平成11年（1999）頃法律実務家の間で人気のあった法律家ゴマのホームページも，縦書きの表記に関して，次のように絶対的に①の方法を推奨し，②や③のような用法を根絶することを提唱したいとしていた(3)。

> 普通、この数額の表示には、次の3つの例が考えられる。
> ①　六〇〇〇万〇二〇〇円
> ②　六、〇〇〇万〇、二〇〇円
> ③　六〇〇〇万二〇〇円
> ①と②が多く、③は少ないながらも結構見かける。
> 本稿では絶対的に①を推奨し、②・③の用法を根絶することを提唱したい。
> 趣味の問題に近いが、「六、〇〇〇万〇、二〇〇円」と「、」を入れる合理的理由がないなら、今後は「六〇〇〇万〇二〇〇円」で統一したいものである（ちなみにいうと、本多勝一も倉田卓次もこちらの表記を薦めている。）。

2　裁判文書は，平成13年（2001）1月から左横書きになった。これにより，裁判文書（調書）上の金額の表記は，どのようになったのだろうか。これには算用数字（アラビア数字）を使用するが，書き方としては，上記の漢数字を算用数字に変えて，3通りが考えられる。

①　１２３４万０５６７円

②　１，２３４万０，５６７円

---

(2)　「調書等における数字などの表記について」裁判所書記官研修所「書研所報」30号（昭和55年（1980））243頁

(3)　法律家ゴマのホームページの「法律実務とパソコン」中「金額の表示について考える」。現在，同ホームページは閉鎖されているが，かつて「法律家ゴマの勉強部屋」には裁判所書記官，簡易裁判所判事の選考試験の過去問が掲載されており，著者は指導熱心な裁判官と推察される。

③　１２３４万５６７円

いずれの表記法がいいのか，横書きにしただけでも問題になる。

横書きの金額表記では，どうしても「位取り」表示をしなければいけないとの観念が働くからか，②のような書き方をする人も出てくるのだろう。

当時そう思ってみていたところ，裁判所書記官研修所の実務指導指針では，「横書き」となると，上記の①，②はもちろん③の表記までも，全てを許容している。

「調書等における数字などの表記について」書研所報30号（昭和55年（1980））249頁

> 数字のけたの区切り方は，3位区切りとし，区切りには「,」（コンマ）を用いる。ただし，万以上の数字には単位を記載してもよい。その場合3位区切りの「,」（コンマ）を省略することも差し支えない。
>
> 年号，受付番号，事件番号は，区切りや単位を付けない。
>
> （例）　1,234　12,345　1,200億3,456万7,890　1200億456万7890

また，司法研修所刊行の「刑事判決書起案の手引（平成13年版）」（法曹会発行）も，「数字の書き方」の項で，次のように記述し，裁判所全体の統一は考えず，寛容である。

> ５けた以上の数字を表すのに「１５３，０２５円」と書く方式，「１５万３０２５円」と書く方式，「１５万３，０２５円」と書く方式があるが，そのいずれでなければならないということはない。しかし，この三者を無方針に併用することは適当でなく，同一判決中では統一した書き方によることが望ましい。

同研修所編集の「民事判決起案の手引（10訂）」（法曹会・平成18年版）では，数字の表記の仕方まで記載した箇所はない。ただ，「1000万円」，「6000万円」などの記載があり（48頁，100頁，事実摘示記載例集3頁，9頁等），3けた区切りの表記は採用していない。

なお，「司法行政文書の書き方（新訂）」（司法協会・平成7年（1995））では，「数字の書き方」の項で，「１億２，３４５万６，７８９円」のような書き方を許容している。

> 数字のけたの区切り方は，３位区切りとし，区切りには，「，」（コンマ）を用いる。
> （例） １，２３４人 ５６，７８９，０１２円
> 大きな数字を表す場合には，漢数字を用いることができる（千及び百は，用いない。）。
> （例） １，２００億 ２億５８万６，３００円 ８９万５，０００人

「公用文作成の要領」によれば，左横書きの場合の数字の表記として，次のようにしている。

> 「１００億，３０万円」のような場合には，億・万を漢字で書くが，千・百は，たとえば「５千」「３百」としないで，「５，０００」「３００」と書く。
> 大きな数字は，「５，０００」「６２，２５０円」のように三けたごとにコンマでくぎる。

ここでは，万単位の数字で「６万２，２５０円」のような書き方を許容するかどうかまでは定かでない。

しかし，従来の慣行的な縦書き表記が金額中に「万」（その上は「億」，「兆」，「京」……）の文字を入れたのは，それ自体，位取りを考慮したものであるから，「６万２，２５０円」のような書き方は，屋上屋を架するようなものである。

この考え方からすれば，「１２３４万５６７円」のような表記も，紛れのないように「千」の位に「０」を入れることになる。

こうして裁判文書を「横書き」の文章体で書き表す場合には，兆，億，万を表示して4けた区切りで表記した方が，一目見て金額の把握が

容易で，優れていると考えられる。

なお，表中の数字の表記は，4けた表示（万進法）はとらず，3けたごとにコンマ（,）で区切る方法が採用されることには異論がない。

3　以上は多分に感覚論のようでもあり，好みの問題と思う方もあろうかと思うが，実は，背後には「日本VS.欧米」の文化論対立の問題があったようである。

昭和48年（1973）に新聞投書欄で，数字表記は「万」を入れて「５万４３２１円」とするような日本式の4けた表示（万進法）がいいか，「５４，３２１円」とする欧米流の3けた表示（千進法）がいいかの論争があった。

万進法の論者，かつて朝日新聞記者として活躍した本多勝一は，次のような趣旨を述べている[4]。

> 「１００，０００，０００」のような数字表記は，銀行マンや会計担当者を除いては，一目で読める日本人はいない。ところが，これに4けたごとに点（コンマ）を打って「１，００００，００００」とすれば，一目で「１億」と理解しやすい。なぜか。日本語は4けたごとに，万，億，兆と呼称単位が変わる万進法だからである。
>
> 一方，欧米（英語）では，「thousand（1,000）」，「million（1,000,000）」，「billion（1,000,000,000）」が数字の単位であって3けた区切りの呼称を使い，1万は「ten thousand」と表記される世界であり，「千進法」によっている。

以上の趣旨を詳しく説明した上で，「日本語で三ケタ法が馬鹿げており，四ケタ法が当然であることは，もはや議論の余地はない」とまで言い切っている。

その上で，吉岡修一郎（大学教授）の見解「日本の数詞はあらゆる

(4)　本多勝一「しゃがむ姿勢はカッコ悪いか？」（潮出版社・平成4年（1992））収録の「数字表記に関する植民地的愚挙」（130頁），「四ケタで点を打つ運動」（142頁）

点で世界一合理的に発達した優秀なもの。欧米流に三ケタ区切りにするのは愚かな習慣」，遠山啓（数学者）の見解「欧米はテン＝サウザンドですから，どうしても三ケタ区切りになる。日本語は四ケタでないと不合理だし，使いにくい。３ケタ区切りは明治の欧化政策で直輸入したまま一般化したもので，物まねの典型といえます」を紹介している。

本多勝一自身も，3けた表示（千進法）を「植民地的愚挙」だとして，万進法に千進法を混在させた「５億０，３９８万７，１４６円」のような表記は，「愚劣とも何とも言いようがない。」と切り捨てている。

本多勝一の著作本の冒頭には，必ず数字の表記として，横書きでは「５億０３９８万７１４６円」，「５，０３９８，７１４６円」の万進法（日本式）を採用し，「５億０，３９８万７，１４６円」，「５０３，９８７，１４６円」のような千進法（西欧式）は排する旨が明記されている。

4　ところが，今や時代はＩＴ（技術情報）時代。パソコンが普及し，これが文章起案の基本ツールになったことから，文章作法は「文字を書く」から「キーを打つ」時代になった。キー入力からパソコンの日本語変換機能により，どのように変換されるかで，文章表記が決まる。日本固有の文化論を基軸にして在り方論や書き方を説く者は限られてきて，機械的な日本語変換結果の優先度や「能率性」重視により，文章の書き表し方の文化も変わってくるように思う。

確か平成10年（1998）頃は，パソコンで「２３４５６」と金額を入力すると，辞書機能で「２３，４５６」と自動変換されることがあっても，「2万３４５６円」とは変換されない時代があった。

しかし，今やパソコンの辞書機能が進化し，「２３４５６」を打ち込めば，全角又は半角の表示で「２３，４５６」，「2万３４５６円」，全角の漢数字表示で「二万三四五六」，「二万三千四百五十六」などと変換候補がいくつか表示される。その一つを選択すれば，たやすく望む表記が得られるようになった。そこには「２万３，４５６」のような3けた区切りの変換候補は表示されない。依然として文化論は残るが，「技術」の進歩（というよりパソコンの基本設定）が問題を解決し，文化を規定するようになったと言える。

ところが，上記のパソコンでも「２０３４５」と入力すると，全角又は半角で「２万３４５」と変換候補が出る。上記の議論でこの用法が排されていると思っても，パソコンの変換機能により，「２万３４５」の書き方は依然として存在する。

こうした不統一がそのままとなると，いずれＩＴ（情報技術）が進展した場合，当事者がそれぞれに違う用法で作成した電子ファイルの一部分を相互に利用して書面を作成したり判決文を作成したりしようとすると，いちいち訂正が必要になり作業負担がかかってしまう問題がある(5)。

5　最高裁判決の表記法はどうか。調べてみると，最高裁大法廷平成13年3月28日判決（民集55巻2号611頁）の判決理由中に「年額２万０３１２円」と記載されるなど，「万」を位取りの表記とし，それ以下の数字の表記も必ず4けたで表示するようになっている。現在の最高裁判決中には，「２万２，５００円」や「３万４５０円」の表記法は採用されていないといえる(6)。

「分かりやすい」日本語表記として，日本人に合った万進法表記についての問題意識を深め，少なくとも裁判文書上の数字の表記法とし

(5)　数字の相互変換ソフトを作る場合，「2万3456円」を「23456円」又は「23,456円」と変換又は逆変換するプログラム（マクロ）は，「万」の字を消去すればよいから，そう難しいことではない。しかし，「2万56円」のような表記を許すと，これを「20056円」に変換するためには，プログラムの組み方にもよるが，少し複雑な処理が必要になる。

(6)　そのほかに，最高裁平成13年3月27日判決（民集55巻2号434頁）（ダイヤルＱ2事件判決）の主文に「５万０５３９円」とあり，最高裁平成20年6月10日判決（集民228号181頁）（損害賠償請求事件）の判決理由中に「５４７万０３２０円」との記載がある。

ては，単位として「億」「万」を入れる4けた表示とし，3けたごとコンマ区切りにしない方法で統一されるのが望ましいと考える。

6　しかし，この問題が統一されたとしても，ＩＴ化の進展に伴い，「３けた（千進法）表示」か「４けた（万進法）表示」かの問題は残るだろう。

表計算ソフトにより事件ごとのデータを作成管理していて，そのデータ中の金額を利用して一定の文書を作成する場合，表計算ソフトは当然縦横の表計算が可能なように3けた表示が基本である。パソコンのソフト仕様は，元々英米のビジネス仕様でできている。

これを利用しようとすれば，そのままの数字表記の方が簡便である。これを「万表示」にしようとすれば，大量処理の場合，マクロ又はプログラムを組んで変換できるようにしない限り手間がかかってしまう。マクロ又はプログラムを利用するよりは，そのままの方が能率的だと考えれば，裁判文書に3けた表示が多くなっていく(7)。他方で万表示の文書もあって，実務の文書表記の不統一は避けられない。

結局，機械による自動表記の結果と利用の便利さが，あるべき文化論を越えて，ますます実務の文書表記を規定するようになっていく。

---

(7)　3けた（千進法）数字を4けた（万進法）数字に変換するには，プログラム的には，コンマを取り外し4けたごとに「万」「億」の文字を挿入していくマクロ又はプログラムを組めばよいから，難しさはない。そうした1行程度のちょっとした計算式かマクロを組み込むかどうか，システム開発の意欲と工夫にかかっている。

第５　小数点の表記―コンマ（,）かピリオド（.）か―

1　小数点は「.（ピリオド）」であり，小数を「１２．３４」と書くのは当然と思っていた。

しかし，過日の朝日新聞（平成15年（2003）10月9日付け朝刊）記事によれば，これは英米流でのことで，日本もこれによっているが，実は世界の国々では「,（コンマ）」が多数派だという。欧州の仏独などは小数を「１２，３４」と表記するという。数値の位取りは，英米流がコンマで「１２，３４０」と表記するのに，仏独流ではピリオドで「１２．３４０」，又はスペースを入れて「１２　３４０」と表記するというのである。

	英米流	仏独流
小数点	１２．３４	１２，３４
位取り	１２，３４０	１２　３４０ 又は １２．３４０

2　有力な国際標準規格機関である国際標準化機構（ＩＳＯ）と国際電気標準会議（ＩＥＣ）が平成13年（2001）に出した「専門業務用指針」では，「ＩＳＯやＩＥＣの規格では，記述言語によらず，小数点にコンマを使う」と定められているそうである。これで統一範囲を拡大したいという動きがあるようである。

ところが，平成15年（2003）10月，国際度量衡総会（パリ）では，英語圏の英米豪が，ピリオドで統一する決議を求め論争になった。英語が国際的な通商や学術で国際語になっていることから，統一決議案が提出されたが，欧州諸国の文化的反発があるとのことだった。

この時の朝日新聞記事は,「軍配がどちらに上がるか, 情勢は微妙だ」とし，この論争に「果たして”ピリオド”を打てるのか。」と話題を提起していたが，10月24日，朝日新聞（朝刊）は，小さな記事ながら次のように報じている。

> 小数点の表記論争　ピリオド併用決議
> 国際度量衡総会（パリ）で,「小数点はピリオドかコンマのどちらかである」との決議が全会一致で採択された。英語圏のピリオド派がコンマに統一しようとする国際標準化機構（ＩＳＯ）の動きに待ったをかけた形で，現状通りの共存で決着した。
> 17日の総会で成立した。

3　今後とも国際交流は一層進み，インターネットによりますます文化交流の緊密度も高まるだろうから，いずれまたコンマかピリオドかの論争は，文化的な勢力争いとして再燃するだろうと推測される。しかし，ひとまずピリオドは打たれた。

いずれにしろ，古今東西を問わず，表記法の統一は困難な問題をはらんでいる。

第６　訴訟書類の気になる表記法

１　表記法一般

問題となる表記	判例にみる表記 又は許容される表記	備　　考
（数え方） １つ，２つ	一つ，二つ	最高裁判決では，「１つ」，「２つ」などの使用例が見られるが，漢字で書くのが本則である。
（金額） ５４７万３２０円 5,470,320円	５４７万０３２０円	５４７万３２０円，５４７万０，３２０円とは書かない。「万」の字が位取りの役割をする。全角数字を用いる（本章第４「数字の表記」参照）。 表中の金額は，半角で3けたの位取りがあってもよい。
（金額） １００６１円	「１万６１円」ではなく，「１万００６１円」と表記する（「万」の字が位取り符号）。	最一小判平成23・7・7（集民237号139頁）
主文等の金額	金額（例：１００万円）の前に，「金」を付けて，「金１００万円」とする例は少なくなっている。	（民事判決起案の手引10訂（以下「判決手引」という。）11頁） なお，平成5年頃までの判例は，領収証などに書かれるように金額の冒頭に「金」の文字を付していた。
（金額） 円未満の端数処理	実務では，円未満は切り捨てて記載する例が多い。	（判決手引12頁等）
（期間） 同じ年，同じ月	同じ年のときは「同年」で受け，同じ月のときは「同月」で受ける。 例：「令和２年４月１日から同月３日まで」	

（期間） 同じ月に属する２日	「○月３日及び４日」又は「○月３日，４日の両日」	
（期間） 表中での年月日の表示	年月日をピリオドで区切り簡略に表記してもよい。 例：平成30.5.10	
（複数月の期間） ３ヶ月	「３か月」又は「３箇月」とし，「３ヶ月」とは表記しない。	「ヶ」は，「箇」の竹冠の一部を簡略記載したものであり，使用しない。 （判決手引17頁等）
（時間） 午後零時１５分	午後０時１５分，午後零時１５分	アラビア数字で表記する場合は通常「０時」にするが，「零時」でもよい。判例では「０時」の使用が多くなっている。
（時間） 午後１時から４時まで	「午後１時から午後４時まで」とする。	「午前」，「午後」の繰返しには「同」を用いない。
（時間） 表中での時間表示	時分をコロンで区切り簡略に表記してもよい。 例：午後1:30	
（小数点） ２・０６４	２．０６４	ピリオド（.）を用い，全角数字で書く。中点（なかてん「・」）は使用しない。
（概数） ２，３回 数１０人	二，三回 数十人	漢字で書くのが本則であるが，最高裁判決では，「２，３回」，「２，３日間」などの使用例が見られる。高裁判決では「数１０人」と記載している例もある。
（住所） 石川県金沢市○○二丁目	政令指定都市，地方裁判所本庁所在地の市については，道府県名の記載を省略できる。	東京都の記載は必要である。 （判決手引6頁）

（住所） ３丁目	三丁目	「住居表示に関する法律」に基づき，市区内の住所は，町名，街区符号，住居番号で表示される。「三丁目」は，町名の一部になるので，原則として，漢数字で表記する。「３丁目」と表記する扱いも多い。
パーセント メートル 平方メートル 時速○キロメートル	文中では，利率は「パーセント」，距離は「メートル」，面積は「平方メートル」，時速は「時速○キロメートル」等と書くのが原則であるが，「％」，「m」，「㎡」，「時速○km」などの記載例がある。	判決手引16頁，23頁等 最三小判平成25・3・26（集民243号159頁）（主文中で％を使用） 最三小決平成16・8・25（刑集58巻6号515頁）（理由中で距離にmを使用） 最一小判平成28・6・27（集民253号1頁）（理由中で㎡を使用） 最二小判平成20・7・4（集民228号399頁）（理由中で時速○kmを使用）
（法令の条文） 民法第９４条第２項，民法第３９８条の２第２項	民法９４条２項，民法３９８条の２第２項	法令の序数には「第」を付けるが，判決文等では読みやすくするため，原則として省略している。ただし，枝番が付いた場合には，「第」を入れている。 （判決手引86頁，最一小判平成19・7・5（集民225号1頁））
（法律番号）	平成２５年法律第１０４号	法律番号の「第」は付ける。
第一審判決，第一審裁判所 最高裁第１小法	第１審判決，第１審裁判所 最高裁第一小法廷	「第一審判決」は，順番を表しており「第１審判決」と表記する。

廷		「第一小法廷」は，その呼称が固有名詞であり，「第１小法廷」とは表記しない。 （最二小判平成22・6・4（集民234号111頁）等）
誰	だれ	「誰もが願う」，「当該行為をする者が誰であるのかは」などと使用することも多い。
句点（。）の打ち方	動詞形で終わる場合，「こと」又は「とき」で終わるときは，句点を打つ。	名詞形で終わる場合は，原則として句点を打たない。 ただし，更に字句が続くときは，句点を打つ。
句点（。）の打ち方	次の字句で終わった場合には，句点を打たない。 ……のとおり ……について ……から……まで ……もの	
読点（コンマ）の打ち方 （原則としてコンマを打つ場合）	……したとき， ……したので， ……したから， 原則として， 例えば， ……に限り， この場合において， ……とともに， ……，この限りでない。 ……も，同様とする。	・左のような表記では，必ず読点（コンマ）を打つ。 ・主語の後，条件句の前後には読点を付す。 ・かつ，ただしの前後には読点を付すのを原則とする。 ・「……で」「……であって」の後にも読点を付す。
……するが，……したが，……	一文で「が，」の繰返しは避ける。	一文で「……ので」，「……から」，「……ところ」なども繰り返し使わない。
および	及び	「おって，かつ，したがって，ただし，ついては，ところが，

		ところで，また，ゆえに，」の接続詞は仮名で書く。 「及び，並びに，又は，若しくは」の４語は，原則として，漢字で表記し，その用法には留意する。
「及び」と「並びに」の使い分け	大きいグループの並列的接続に「並びに」，中の小さい並列的接続に「及び」を用いる。	「憲法１４条１項及び８１条並びに国籍法の解釈」のように書く。 （ａ及びｂ）並びに（ｃ及びｄ） 並列的接続が１段階の場合は， 「ａ，ｂ及びｃ」と書く。
または	又は	「負傷又は疾病により」などと書く。「および」の項参照 接続詞の「また，」は，仮名で書く。例:「また，○○については，……」
「又は」と「若しくは」の使い分け	大きいグループの選択的接続に「及び」，中の小さい選択的接続に「若しくは」を用いる。	「本件海岸の使用若しくは収益又は占用の許否の基準」，「暴行を加えた者が人を傷害するに至らなかったときは、二年以下の懲役若しくは三十万円以下の罰金又は拘留若しくは科料に処する。」（刑法208条・暴行罪）などのように書く。 （ａ若しくはｂ）又は（ｃ若しくはｄ）の表記とする。 選択的接続が１段階の場合は， 「ａ，ｂ又はｃ」と書く。
「場合」と「とき」の使い分け	大きい条件に「場合」，小さい条件に「とき」を用いる。	「……の場合で，……のとき，」のように書く。
「……の時，」 「……のとき，」	「時」は時点を示し，「とき」は場合を示す。	上記「場合」と「とき」の使い分け参照

以上，以下，未満，超える	「以上」，「以下」は，その数値を含む。 「未満」，「超える」は，その数値を含まない。	「以上」，「以下」は，その数値を「以て」上又は下を意味する。「未満」は「未だ満たさず」の意味で，その数値を含まない。
以前，以後，前，後	「以前」，「以後」は，その数値を含む。 「前」，「後」は，その数値を含まない。	上記「以上」等の備考参照
ないし	「……から……まで」と書く。「１月ないし６月の間」→「１月から６月までの間」と書く。	表中では「１月～６月」の表記も可能
伺われる	窺われる	例：○○したことが窺われる（推察する意味で使われる。）。 拝聴，訪問の意味の場合は，「伺う」。
倒産の恐れ	倒産のおそれ	漢字では「恐れ」でなく「虞」と書くが，仮名表記とする。
コンピューター プリンター	コンピュータ プリンタ	ＩＴ技術関係では末尾を伸ばさない扱いであるが，判例では両方の使用例がある。
さらに	さらに（接続詞） 更に（副詞）	「さらに，Ａに対し，」（接続詞） 「更に検討すると……」（副詞）
すべて	全て	平成22年改定常用漢字表
たとえば，	例えば，	同上
はなはだ	甚だ	同上
もっぱら	専ら	同上
但し，	ただし，	「おって，かつ，したがって，ただし，ついては，ところが，

		ところで，また，ゆえに，」の接続詞は仮名で書く。
但書	ただし書	「なお書き」，「おって書き」は，「き」を送る。
ただし書となお書き	原則として，ただし書は改行しない。なお書きは改行する。	
「なお」と「おって」	同時使用の場合は，「なお」を先に，「おって」を後に用いる。	「追って指定」の「追って」は副詞であるから漢字で書く。
外，他	ほか	
「～から」	時又は場所の起点を示す場合。	例：名古屋から東京まで
「～より」	比較を示す場合に用いる。	「から」の意味では使わない。
附	附せん，附則，附属，附帯，寄附，附置	左の６語のみ「附」を用いる。
１人で ２人で	一人で 二人で	「１人で出かけた」，「鍵を２人で所持し」などと表記する場合もある。
予め	あらかじめ	
従って（接続詞），	したがって，	したがって，…… 「おって，かつ，したがって，ただし，ついては，ところが，ところで，また，ゆえに，」の接続詞は仮名で書く。
如何	いかん	「如何」と書く例もある。「本人の意思や努力の如何に関わりなく存在する」
如何なる	いかなる	「如何なる範囲」などと書く例もある。

一旦	いったん	「一旦」と，漢字で書く場合もある。
未だ	いまだ	「未だ」を使用している例もある。
送り仮名の付け方	「取り扱う」，「取扱い」，「申入れ」，「呼出し」のように送り仮名を送るのが通例であるが，名詞形では送り仮名を送らないで「取組」のように書く慣用例もあるので注意。	名詞形に送り仮名を送らない慣用例として，他に「受取」，「支払」，「取引」，「手引」のように書く例もある。
明渡す。明け渡し，明渡し請求	明け渡す。明渡し，明渡請求	
言い渡す。言い渡し	言い渡す。判決の言渡し，言渡期日	民訴法254条，256条
貸付ける。貸し付け，貸付け契約	貸し付ける。貸付け，貸付契約	
支払う。支払い，分割払い，支払い期日	支払う。支払，分割払，支払期日	名詞形に，送り仮名「い」を送らない。
手引き	手引，指導の手引，手引きをする。	
取組み	取組	
取り消し	取り消す，取消し，取消決定	民事執行法164条
申立てる。申立，申立て書	申し立てる。申立て，申立書	
割り当てる。割り当て，割り当て額	割り当てる。割当て，割当額	

割引く。割引き，割引き手形	割り引く。割引，割引手形	「割引」の「き」は送らない慣用扱い。比較：上記「割当て」参照
越える 超える		権限を越える，世紀を越える １万円を超える，定員を超える
……したうえ，	……した上，	
……したあまり，	……した余り，	
……しがたい	……し難い	「許し難い」，「賛成し難い」などと使われる。
……に過ぎない。	にすぎない。	「過ぎない」を許容している例もある。
……して貰う。	……してもらう。	
稀ではない	まれではない	「稀」を使用する例もある。
埒外	らち外	例：「法原則のらち外にある」
リンクを貼る	リンクを張る	
略称の書き方	……（以下「貸金業法」という。） ……（以下，単に「利息の制限額」という。）	「以下」の次の文が短い場合は，読点「，」はなくてもよい。 長い場合は，「，」を付す。

2　判決引用の表示方法

	特　　徴	表示方法	備　考
A	年号を省略せず，年月日の区切りに「・」（ナカテン）を使用する方法 主に解説・脚注の表示に使用	最三小判平成15・10・7刑集57巻9号1002頁 東京高判昭和55・12・24判時994号51頁	

B	年号を簡略表示，年月日の区切りに「.」（ピリオド）を用いる方法 主に解説・脚注の表示に使用	最三小判昭55.7.1民集34巻4号535頁 大阪高判昭58.5.25判タ498号102頁 東京地判平10.5.28判タ1016号121頁 福岡地大牟田支判昭45.2.27判タ253号302頁	
C	年号を正規に表示，年月日をそのまま表示する方法 主に本文の表示に使用	……不法行為に基づく損害賠償責任を免れる理由はない（最高裁昭和４８年（オ）第９３０号同４９年２月２８日第一小法廷判決・裁判集民事１１１号２３５頁参照）。 ……当裁判所の判例とするところである（最高裁昭和３７年（オ）第１４７２号同３９年５月２７日大法廷判決・民集１８巻４号６７６頁，最高裁昭和４５年（あ）第１３１０号同４８年４月４日大法廷判決・刑集２７巻３号２６５頁等）。	最高裁判決本文中の判例の引用例
D	年号を正規に表示，年月日をそのまま表示する方法 主に本文の表示に使用	最高裁判所平成１０年（行ヒ）第４１号同１５年６月２６日第一小法廷判決・裁判所時報１３４２号に照らし，…… （最高裁昭和４０年（オ）第５３６号同４６年４月２３日第二小法廷判決・民集２５巻３号３５１頁参照） （最高裁判所昭和４７年４月４日第三小法廷判決民集２６巻３号３７３頁） 最高裁平成15年10月7日第三小法廷判決（刑集57巻9号1002頁）は，…… 最高裁昭和６１年３月１３日第一小法廷判決は，…… 東京高裁昭和55年12月24日判決（判時994号51頁）は，……	下級裁判決における最高裁判例の引用例

（参考資料）

・「公用文作成の要領」（昭和27年4月4日付け内閣閣甲第16号内閣官房長官依命通知「公用文改善の趣旨徹底について」の別紙）

- 公用文における漢字使用等について（平成22年11月30日付け内閣訓令第1号）
- 法令における漢字使用等について（平成22年11月30日付け内閣法制局長官決定）
- 文化庁ホームページ・政策について＞国語施策・日本語教育＞国語施策＞表記のよりどころ
- 「司法行政文書の書き方」（司法協会・平成7年（1995））
- 裁判所ホームページ「判例検索システム」所収の各判例の表記
- 裁判文書Ａ4判化書式（日本弁護士会連合会ホームページ）
- 法曹会新書「似たもの法律用語のちがい」（法曹会・昭和62年（1987））
- 「有斐閣　法律用語辞典」第3版（有斐閣・平成18年（2006））
- 法制執務研究会編「新訂　ワークブック法制執務」（ぎょうせい・平成19年（2007））
- 清水幾多郎「論文の書き方」（岩波新書・昭和42年（1967））
- 本多勝一「日本語の作文技術」（朝日文庫・昭和61年（1986））
- 木下是雄「理科系の作文技術」（中公新書・昭和62年（1987））
- 岩淵悦太郎編「第三版　悪文」（日本評論社・昭和62年（1987））
- 田島信威「最新　法令用語の基礎知識」三訂版（ぎょうせい・平成17年（2005））
- 田中豊「法律文書作成の基本」（日本評論社・平成23年（2011））
- 野内良三「日本語作文術　伝わる文章を書くために」（中公新書・平成23年（2011））
- 本多勝一「中学生からの作文技術」（朝日選書・平成30年（2018））

第5章　ＩＴ時代の裁判実務

第1　思い出の中のＩＴ化(1)

1　行政の情報化

平成6年（1994）12月,「行政情報化推進基本計画」の策定が閣議決定された。国際化，高度情報化の急激な技術革新を背景に，行政事務運営の高度化，効率化を図り，国民に対する行政の質的サービスを向上させようとする目的だった。5か年計画で，職員1人に1台のパソコンを整備し，文書の電子化と行政情報の流通化，手続とサービスの向上を図る計画が進んでいった（1図参照)。

〔1図〕

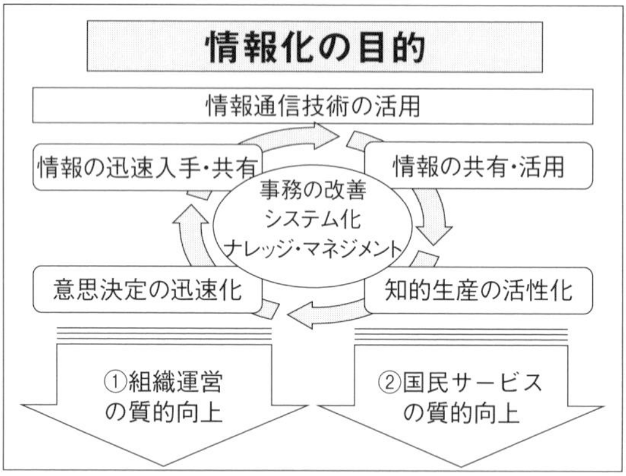

裁判所でも，パソコン，ワープロの整備が進んでいった。当時の私は,「行政の情報化」の次には，すぐ「司法の情報化」が進むと思って

(1)　ＩＴとは，Information Technologyの略で，コンピュータやネットワークなどの情報処理関連技術の総称である。「情報技術」と訳されることが多い。最近では，コミュニケーション分野での活用を考え，ＩＣＴ(Information and Communication Technology)「情報通信技術」の言葉の方がよく使用されるようになっている。

いた(2)。

当時個人的に調べると，情報化による効果はいろいろ考えられたが，要点は，次のようなものだった（2図参照）。

〔2図〕

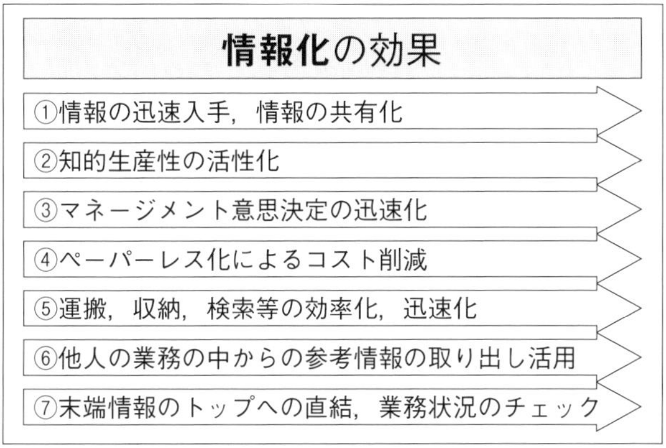

今日でも，これからの情報化の効果を考える場合，これらの利点が挙げられることは何ら変わらない。

システム化・情報化により事務運営の質的向上と国民に対するサービスの質的向上を図っていく。そのためには，組織改革や事務改善が必要であることも，また然りであった。

ところが，この頃，裁判所の取組の中心は，改革が迫られた第一波の対応として，新民事訴訟法の目的・趣旨に則った訴訟審理の充実・促進だった。各庁で，訴訟関係人との間で協同的訴訟運営，対内的には書記官との協働的訴訟運営態勢づくり，審理充実と集中証拠調べの実施にと，熱心な取組が行われていた。

(2)　平成7年度に裁判官1人に1台，書記官室各部に1台の割でパソコンの整備が図られた。パソコンの活用によるコートマネージャーとしての書記官事務の充実を図ることが目的とされ，民事，刑事，家事，少年事件用の期日進行管理プログラムも配布された。また，書記官には1人1台となるように書記官用ワープロが増配布された（書協会報135号21，22頁）。

2　司法の情報化

その後，平成12年（2000）11月，高度情報通信ネットワーク社会形成基本法（ＩＴ基本法）が成立した。平成13年（2001），「e-Japan戦略」が決定され，「5年以内に世界最先端のＩＴ国家を目指す」とされた。行政の情報化及び公共分野における情報通信技術の活用の推進計画が示された。「司法の情報化」もいよいよかと思われた。新世紀21世紀は西暦2001年からである。大きな変わり目の年に思えた。

その頃，私は，簡易裁判所判事として新任地・富山に赴任していた。

今懐かしく手にとる「庁報富山」には，当時私の書いた「21世紀へのクリック」と「司法八方パソコン起こし」が掲載されている。

ワープロ専用機から1人1台のパソコンに切り替わり，ネットワークで結ばれる時代の到来を前にして，これからの取組を考えたものだった。この時の文章を先に掲載し，その頃の認識を明らかにした上で，今日の課題へと話をつなげていきたい。

まず2001年当時の話である。

(1)　21世紀へのクリック

21世紀へのクリック

(1)　今から20数年前（昭和53,4年頃）……，私が民事担当の書記官だったころ。調書作成は，ゴム印と手書きで忙殺されていた。定められた書式の中に，ゴム印を取り替えては押印し，ペンで書き込んでいた。ゴム印箱とスタンプ台，ペンと調書。この間，手は頻繁に行き来し，手さばきがものをいった。当時，書記官は書き役で，調書作成は手作業の時代だった。

しかし，10数年前からワープロが普及し，キー入力が画面上で文字に変換されて調書作成ができるようになった。指さばきがものをいう時代になった。

(2)　ところが，問題はその次元にはなく，それ以上に，時代は，書記官に期待される役割を大きく変えていった。審理の充実と迅速化，そのための計画審理の実現という，裁判活動のマネージメント志向の中で，「書き役」中心の書記官は，今や，その中核として「コートマネージャー」的役割が求められるようになったのである。

その役割の基本は，従来の①公証機能（調書作成等）の外，②対外的窓口機能（受付，送付嘱託等），③事件進行管理機能（審理充実事務等）の三つであるが，後2者の機能として，①事件解決の目標（争点と解決の方向性）の吟味，②事件解決に有用な事件情報，法令情報の収集管理，③的確な紛争解決のスケジュール（計画）管理と訴訟進行管理事務，④裁判体活動全般にわたる裁判官との適時適切な連携と協働と，そのマネージメント的役割が一層強く求められるようになった。

(3)　そして今，更に，司法制度改革が論議され，ＩＴ（情報技術）革命が進行し，時代は大きな枠組みの中で変わろうとしている。その中で，21世紀の書記官事務のコンテンツと書記官を巡る環境も，また大きく変わっていくことが予感される。

しかし，21世紀の書記官に求められる能力も，おそらく，

①　事件情報や法情報に関する情報処理を的確に行い得る法律実務知識や文章作成能力，ＯＡ・情報処理機器操作能力（テクニカル・スキル）の外，

②　個々の事件を適切に司法解決ルートに乗せるに必要な問題発見能力や情報収集力，計画力，問題解決能力（コンセプチュアル・スキル），

③　窓口対応や協働体運営に必要な対人関係能力，コミュニケーション能力，チーム構成能力（ヒューマン・スキル）

の三つであり，その充実であることに変わりはない。

(4)　司法制度改革論議の中で，大学教育も，より実践的なロースク

ール構想が実現され出し，現状でも，パソコンやインターネットを利用した法情報学が盛んになりつつある。今年(3)から裁判文書のＡ判横書き化が実行され，21世紀の職場は，もうパソコン利用が当たり前の時代になっている。

昨年暮れに成立した「高度情報通信ネットワーク社会形成基本法（ＩＴ基本法)」の下で，電子メールの送受信とその処理の中で書記官事務が行われる時代も，そう遠い話ではなかろう。

書記官事務の主要ツールが，20世紀において筆からペンへ，ペンからワープロ，さらにパソコンへと進化を続けてきた中で，では，21世紀の書記官は，自らのツールとして何を使い，どうテクニカル・スキルを磨き，新たな課題に対し「情報処理」マンとしてどう立ち向かっていこうとするのか。

次回に，コートマネージャー・書記官の「仕事学」として，パソコンによる情報処理の活用場面を紹介してみたい。

(2000.12.8)

(2)　司法八方パソコン起こし

司法八方パソコン起こし

(1)　裁判も情報処理システム

裁判所にとって，いつの時代でも当然，「適正・迅速な裁判」の実現が大事である。ＩＴ（情報技術）時代が進むと，どうなるか。その目的は変わらないにしても，その中身として，裁判所も「情報処理力」が問われる時代になると思う。

考えてみると，「裁判」というものも，一種の「情報処理システム」である。限られた時間の中で，インプットされた事件情報（申立ー

(3)　裁判文書のA4判横書き化は，平成13年（2001）1月からである。

主張一立証）に応じて，法令情報と法的手続を通して（法的プロセス），より迅速に，より適切な結果（判決，和解等）がアウトプットされなければならない。この目的に向けた「インプット→処理→アウトプット」という仕組み，これが「システム」である。

ＩＴ時代が進めば，いろいろなチャンネルを通じて情報が大量に押し寄せる。これらを適切に処理し，対内的にも対外的にも情報の処理や送受信が頻繁に行われるようになる。司法本来の裁きの前に，まず情報の捌きが必要になる。

この「裁判情報処理システム」において，その中核をなすのは誰か。私は，裁判所書記官だと思う。裁判体活動の窓口機能，進行管理機能を果たし，情報の収集・管理，記録化などにより，裁判官と連携・協働して，事件の終局に至るまで，裁判所全体の情報処理の根底を支えている。大事な役割だと思う。

昔は，経営資源の3要素として「人」，「もの」，「金」が大事だと言われたが，最近，裁判運営の3要素として，「人」，「情報」，「時間」の3つが大事だと認識され出している。だから，「人と人の協働」とか「能力開発」，「情報の共有」，「計画審理」などが盛んに説かれるようになった。

(2)　パソコンが武器（ツール）になる

こうした中で，これからの書記官の役割や仕事の基本を考えてみると，大事なのは，やはり書記官個々人の情報処理能力だということになる。

私の理解では，書記官は裁判所の情報処理マンである。事件情報の収集，そのチェックや要約処理，保存（記録化）や伝達（連携），当事者等との情報の送受信，手続進行のスケジュール管理，法的情報の探索・収集（法令・判例調査）や判断処理（起案，調書作成）等がその基本的な内容になるが，これらは，いずれも情報処理を核として成り立つ仕事である。調書作成も，その情報処理の一場面の問題だと思う。

その情報処理を効率的に行うには，どうするか。これからは，パソコンがその重要な武器（ツール）になる。書記官には，当然それを有効に活用する技能（スキル）が求められる。私は，そう考えている。

パソコンは，今や，事務処理の要となった。単体利用（スタンドアローン）ではなく，ネットワーク利用が当たり前になっている。そして，パソコンの利用対象も，「文章作成」だけでなく，「演算処理」や「データベース」，「通信・伝達」機能も有し，コミュニケーション・ツールとしても有用な働きをする。大変な時代の変わりようである。

裁判所も，最近，ようやくワープロ利用からパソコン利用に主流が移ってきている。こうした中で，なおパソコンでワープロ機能しか使わないとしたら，「税金の無駄使い」などと批判されてしまう。パソコンの残りの3大機能（演算，データベース，通信），これをどう使うか，これが，これからの課題になるだろう。

(3)　パソコンの変革力

ここで，ワープロ専用機との違いを考えてみると，ワープロ専用機は，キー入力により文章が作成されていく。しかし，それ以上のことはしてくれない。

ところが，パソコンは，機能設定や一定の作業手順を仕組む，つまり，計算式を入れる，マクロやプログラムを組むことにより，自動的に，キー入力以上のことをしてくれる。文字や数値を計算したり，データや情報の検索，加工処理をしたりと，種々の情報処理をしてくれる。

パソコンに仕事をさせれば，あらかじめ組み込んだ計算式や作業手順（マクロ，プログラム）により確実に処理してくれる。仕事の内容が①事前に制御でき，②高速に自動処理され，③間違いがない。ここに大きなメリットがある。

2年ほど前のこと，ある庁で，担当者が表計算ソフトで人員別の旅費計算をしていたが，月末に月別のまとめをするときには，その表の印刷結果を見ながら，ワープロ専用機を使って改めて人数分の請求書を作成し，印刷していた。

私は，この事務処理に対し，人が手作業でやっている入力から印刷までの作業をプログラム化し，クリック1つで作業完了するように一括自動処理化した。半日分の仕事は不要になった。

これがパソコンの情報処理力であり，事務変革力だといえる。

（中略）

今日のマルチメディア・パソコンは，小型であって，傍らに置いて，使い方次第で，主人（自分）の言うことを聞き，能力を補強し援護してくれる。また，欲しい情報が検索，取得でき，音楽や画像，動画も楽しむことができる。こうした能力拡張機能から，パソコンを「外脳」と呼ぶ人もいる。

情報処理マン＝書記官として，また，裁判情報処理システムを有効に機能させるためには，このパソコン（外脳）を味方につけない手はない。自らの腕を磨き，パソコン・スキルを磨いていけば，いずれ百人力を発揮する。

パソコンが自己能力の拡充と知的生産性向上のツールとして，楽しく有効に活用されることを祈っている。

庁報富山2001年春季号4頁掲載

（話し口調の表現を通常の文章表記とし，一部要約又は省略を施した。）

第２　本格化するＩＴ化

１　裁判手続のＩＴ化計画

(1)　裁判所の制度改革

新民事訴訟法の施行後，次は「司法の情報化」が進むとみていた。

しかし，民事訴訟法の改正が第一波とすれば，裁判所には第二波として平成11年（1999）から大幅な「司法制度改革」の波が押し寄せてきた。民事裁判では各種の制度改革を実施し，刑事裁判では国民参加の裁判員制度を導入するなど，民事，刑事，家事と，制度の多方面にわたる大改革だった。

「行政の情報化」の流れの中で，「情報化の目標」として，①情報の共有化，②コミュニケーションの円滑化，③意思決定の効率化・迅速化，④情報処理の高度化，効率化の仕組みづくりが重要視されてきた。これによれば，「司法の情報化」も，個人的には次のように進むと考えられた（3図参照）。

〔3図〕

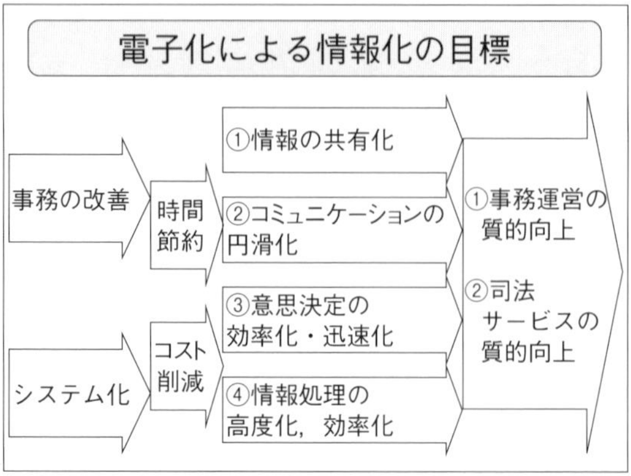

裁判所も，「行政の情報化」に呼応して内部的には各種の事件管理，期日進行管理等のシステムを開発・利用してきたが，「閉じられた系」

であって，直接外部の裁判所利用者の便益に適うものではなかった[(4)]。

裁判所は，制度改革の中で内部的な連携・協働の構築に努めたが，外部との連携で「④情報処理の高度化，効率化」促進の面は，どうしても後回しにならざるを得なかった。

ところが，この部分に今，第三の波として，さらなる大変革が迫られてきた。

(2)　裁判手続のＩＴ化計画

本章第１の「思い出の中のＩＴ化」から20年近くが経とうとする平成29年（2017）6月，政府は「未来投資戦略2017」を閣議決定し，同年10月には「裁判手続等のＩＴ化検討会，」が設置された。これにより，平成30年（2018）3月，検討結果として「裁判手続等のＩＴ化に向けた取りまとめ－『3つのｅ』の実現に向けて－」が発表された[(5)]。

近年の急速なＩＴ（Information Technology 情報技術）の進展に伴い，我が国のビジネス環境でも電子化が高度に進み，国際競争力への対応が求められる，主として経済界のニーズがある。アメリカ，シンガポール，韓国等に遅れをとっているとの認識もある。行政のＩＴ化が進んだ中で，裁判手続に対しても，一層のＩＴ活用を図り，その利便性，迅速性を高めなければならないとする強いニーズもある。

そこでは，民事訴訟を中心に「利用者目線で裁判に係る手続等のＩＴ化」を推進する方向が確認され，いずれ全面的な電子化を目指し，

(4)　平成8年（1996）改正の新民事訴訟法において証人尋問にテレビ会議システムの利用が導入され（民訴法204，民訴規123），平成15年（2003）の同法改正により鑑定人にも利用可能とされた（民訴法215の3，民訴規132の5）が，限定的なものであった。

(5)　内閣官房「日本経済再生本部」の「裁判手続のＩＴ化検討会」のホームページで，検討結果の資料内容を見ることができる。なお，これまでの検討経過を知るには，「21世紀の民事訴訟の構想」研究会裁判所チーム「21世紀の民事訴訟の構想」判タ1063号（平成13年（2001））39頁，笠原毅彦「民事裁判のＩＴ化とその課題」判タ1127号（平成15年（2003））82頁，川嶋四郎・上田竹志・笠原毅彦「九州大学学術情報リポジトリ「『ｅ－裁判所』の創造的構想－民事訴訟を中心として」九州法政研究72巻4号（平成18年（2006））1141頁，町村泰貴「ＩＴの発展と民事手続」（情報法制学会・情報法制研究平成29年（2017）11月号）38頁，山本和彦「民事裁判のＩＴ化とその影響について」月報司法書士560号（平成30年（2018）10月）17頁，日本弁護士連合会「特集民事裁判のＩＴ化」（自由と正義2018年11月号）9頁以下等が参考になる。

① オンライン利用による訴状，準備書面等の提出（ｅ-Filing），
② ウェブ会議利用による法廷での争点整理手続等（ｅ-Court），
③ オンラインによる事件の進行管理・期日調整等の情報活用（ｅ-Case Management）

の「3つのｅ」の実現に向けた取組が示された。

その構想では，いずれ裁判所の訴状の受付から判決書交付までの全過程を電子化（ペーパーレス化）しようとする。「利用者目線」で「裁判システム」を考え，「インプット部」と「アウトプット部」の利便性，迅速性，経済性，省スペース化等の面は飛躍的に向上されるとみている。

その実現のためには裁判所の「内部処理」の処理方法と処理能力が問題となるが，これは裁判所の自律的判断に委ねられている。最高裁判所では，既に，弁護士も参加して平成30年度（2018）から実践的な検討が始められた[(6)]。

今後のプロセスとして，第1段階《フェーズ1》では現行法の下でのテレビ会議，ウェブ会議等の運用が，第2段階《フェーズ2》では新法に基づく弁論・争点整理等の運用が，第3段階《フェーズ3》ではオンラインでの申立等の運用が計画されている。

国民に利用しやすい効率的な司法の実現を考えれば，裁判手続のＩＴ化に消極という選択肢はない。前述の「思い出の中のＩＴ化」は，20年の歳月を越えて，今度こそ大きな形で現在及び将来に繋がってきた。

「裁判手続等のＩＴ化」を進める上では，国民の裁判を受ける権利や司法アクセスの方法，民事訴訟手続の原理原則との整合性，情報セキュリティ対策，弁護士が付かない本人訴訟の扱い等をめぐって検討すべき課題は多いが，ここでは，裁判所の内部システムを中心に考えてみる。

---

(6)　福市航介「ＩＴ化模擬裁判について」自由と正義2018年11月号（日本弁護士連合会）21頁

当面は,「e-Court」で,従来の電話会議がテレビ会議（ウェブ〔Web〕会議）方式に置き換わる程度であれば，それほどの困難性はない。

問題は《フェーズ2，3》である。ここでは，訴状等の提出書面や訴訟記録がオンライン提出で全件電子化され,「電子裁判システム」を前提にしてペーパーレスの全面ＩＴ化が想定されている。実現の到達時期は明らかでないが，裁判所も日本弁護士会も肯定的に受け止め，取組が始められている。

しかし，これまでの裁判所の事務処理基盤が紙媒体を当然の前提にしたものであったことからすれば，オール電子化の道程は，それほど容易なものではないと想像される。先々の姿，形は，見えているのだろうか。

2　個人的な研究

私は，平成7年（1995）3月にアメリカの司法事情を見る機会を得たが，ロスアンゼルスの民事裁判所では，既に受付に置かれたパソコンから自由に事件検索ができるようになっていた(7)。平成9年（1997），私は個人的に作成した「勾留期間自動計算システム」(8)をパソコン上で操作できるよう改訂し,「今ふたたびの夢の先ー動く電子の手引『勾留期間自動計算』」という拙稿を書協会報に発表したことがある(9)。

その拙稿の末尾で，私はこう書いていた。

「我々が裁判実務で使うソフトは，他から与えられるものではない。裁判事務の主要な担い手として，我々が自らの仕事の中で，創造的な発想と取り組みの中で作り出していかないと，本当のＯＡ化は実現しない。10年後，ある開発途上国の裁判所職員が日本の法廷

---

(7)　山本正名「足早のアメリカ流学」書記官166号（平成8年（1996））114頁
(8)　同「勾留期間自動計算システムを作る」書協会報113号（平成3年（1991））69頁
(9)　同「今ふたたびの夢の先ー動く電子の手引『勾留期間自動計算』」書協会報138号（平成9年（1997））132頁

を訪ねて来たとき，パソコンに向かい「ノー・ライティング」と誇らしく言えるペーパーレスの時代は来ているのだろうか。」

ここでのＯＡ化は今「ＩＴ化」と読み替えてもいいが，その予想は先走りしたものでしかなかった。上記で取り上げたソフトは司法の情報化（ＩＴ化）の利活用の一例として，期間の計算方法とティーチング・マシンの可能性を提示したつもりであったが，特殊な用途であったため興味を持って見てくれる人は皆無であった。

それでも，平成12年（2000）暮れ頃一度だけ，刑事事件管理システムの勾留期間の計算方法が，プログラムを作るＳＥ（システム・エンジニア）でも分からず，このままではシステムの立ち上げができない旨の問い合わせがあったことがある。その時は，プログラム作成のアルゴリズム（解法）を教示して無事システムを立ち上げることができ，役立つことができた。

〔4図〕

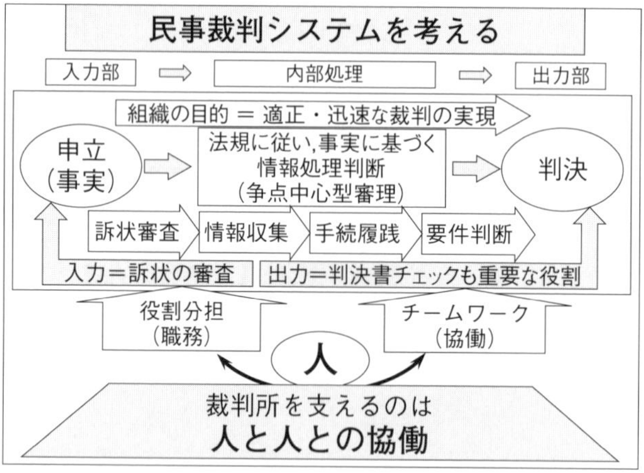

平成9年（1997）頃，上図（4図）のような将来の「情報化」を思い描いていたが，今，外部との直接情報交換を可能にする新たな「司法の情報化」に向かおうとしている。対内的なＩＴ対応力は，育っているのだろうか。

3　ＩＴ化の問題点と限界

これからの組織的課題は，裁判手続等の全面ＩＴ化に向けて，「3つのｅ」実現のため，裁判所の内部処理システムをどう構築していくかである。電子情報システムは「利用者目線」では多くの便益と効能が得られることは確かであるが，電子文書ファイルを受け取った裁判所側の「内部処理力」(処理技術と処理能力，争点整理・判決等の出力）の面ではどうだろうか。

第3段階《フェーズ3》で提出書類，訴訟記録のオール電子化が実現すれば，裁判所の事件記録庫は電子フォルダーに替わり，裁判官は，電子ファイル（Wordファイル等）をパソコン画面に呼び出して事案解明と争点整理の作業をしていく。期日には当事者双方とのWeb会議の映像とチャット（双方向の会話）で，更に争点整理を進めていく姿が想像される。

原告又は被告の訴訟代理人等の訴訟関係人は，自己の主張書面を作成して一方的に電子ファイルを送信すれば足りるが，裁判所には，期日前に一時に，事件ごとに双方から，異なる立場からの異なる主張が電子ファイルで送り込まれる。裁判官は，短時間に双方の主張書面をパソコン画面で読み込んで（プリントアウトせずに)，争いのある所とない所を区分けし，比較検討し，双方の主張の相違点や疑問点，釈明すべき事項を明らかにして期日に臨まなければならない。

これまでであれば，提出された紙媒体（コピー）にアンダーラインを引くなりして書記官と共有の情報源とし，記載内容の読解，書証との対照，争点の整理等も容易にできたと考えられるが，電子ファイルは，紙媒体とは性質も扱い勝手も全く違う。

細かい話になるが，電子情報（電子的文書ファイル）には，紙媒体の情報に比較して，

①　当然のことながら，電源とパソコンとソフトがなければ中身を見

ることができない

② パソコン画面では，情報全体の敏速な一覧性が不足し，複数資料を広く並べて交互に見比べ，俯瞰して検討することが容易でない

③ 重要点にアンダーラインやマーカーを付すなどして記銘力を高める自由さ，機動性は，紙媒体に比べて劣る

④ パソコンでは文字検索は得意ではあるが，複数語・複数条件での検索操作は手間がかかり，希望箇所へジャンプする等の敏速な利用が，素早く容易にできない

⑤ ファジーな情報検索，デジタル化できない情報の共有には限界がある

等の問題が伏在する。

争点中心の訴訟審理のためにはスピーディな争点整理書面の作成等が必須となるが，紙媒体を介在しない争点整理には，情報処理機器の性能と利用スキル面で，かなりの困難が伴うことが予想される。

そのうちに日本の優れたＩＴにより高機能の「裁判処理システム」が開発されると予想する向きもあるが，システム業者（ＳＥ）は裁判所の業務の詳細を十分知らないし，法的な主張の解釈や論理分析，判断処理（解法）を理解してまでのソフトの開発には困難がつきまとう。

先の私の経験からしても，法的事務処理に詳しくないＩＴ専門家とＩＴに詳しくない法律実務家が相談してシステムを開発しても，裁判所固有の事務処理ができなかったり，使い勝手の悪いものになったりする可能性は否定できない。もちろん現在の最高裁判所では，平成17年（2005）1月に情報政策課ができて情報化態勢が強化されたことから(10)杞憂とは思うが，複雑高度かつ大規模な情報システムの構築と

---

(10)　吉田智宏（最高裁判所事務総局情報政策課情報セキュリティ室長兼参事官）「情報政策課の現状と課題」会報書記官57号（平成30年（2018））30頁以下

なると，要求仕様の詰めには一層の困難を伴うと推測される。

法律家は，法的問題の解決に対し，これまで人の知識やノウハウ等の人的能力の活用を中心に処理方法を考えてきたが，ＩＴ時代では電子機器のソフトが人的能力に置き換えられる。そのソフトは，ブラックボックスで，中身の仕組み（法的価値判断の解法・論理構造等）は目に見えないし，能力の可能性と限界までは見通せない。稼働させる中間介在のソフトの出来不出来，能力等で仕事の成果と迅速性，操作性が決定づけられてしまう点が，これまでと大きく違う。

これからの時代，ＡＩ（人工知能）(11)の活用も増えていくが，まだ法律分野では基礎となる法律データの収集・解析，法的判断過程の研究段階である(12)。人間に代わって学習と推論を働かせて高度な知的判断を下すなど，実用レベルの夢を託すのは，ここ10年程度のスパンでは実現困難と思われる。それができたところで，人々の信頼に基礎を置く「裁判」に，それがなじむかという基本命題もある。

ＩＴ・ＡＩ技術を駆使して，情報処理作業（情報の伝達，データ検索，文書の編集等）の一部は効率化できても，支援機能の領域にとどまり(13)，最後は，人間の高度な推理と判断に依ることになるのではないだろうか。

---

(11)　ＡＩは，Artificial Inteligenceの略で，「人工知能」と呼ばれている。

(12)　法律分野への将来的なＩＴ，ＡＩの利活用の可能性を説くものに，指宿信「テクノロジーと司法制度ーロボットはいつか法律実務を担うのかー」総合法律支援論叢6号（法テラス・平成27年（2015）），平田勇人「ＡＩによる紛争解決支援ー法律人工知能ー」（成文堂・平成30年（2018））223頁以下等がある。

(13)　訴状審査の場面では，電子ファイルのフォーマットが定型化されれば，手数料計算，管轄の当否，記載事項の有無，適否のチェックは，ＡＩを利用するまでもなくソフト（プログラム）で対応可能であるが，将来的な大規模なシステムによる大量の複雑処理の場合には，ＡＩの利用が必要になる。

4　ＩＴ化実現の一つの私論

今後は，裁判上の事件情報や法律情報の収集，伝達，検索，整理，判断，文書作成等の知的支援機能を高度化する方向で，種々の実験と試行錯誤を重ねながら「裁判手続等の全面ＩＴ化」に向けて計画が進められていくことになるだろう。

その場合，第1段階の「争点中心の訴訟審理」のＩＴ化（争点整理書面のＩＴツールの開発等）に焦点を当ててペーパーレス化を実現し，然る後に判決起案システムを考えることになるかもしれない。

しかし，いろいろな考え方はあろうかと思うが，裁判所にとっての最終出力機＝判決・決定等の作成システムがどういうものであったら効率的な起案（アウトプット）ができるか，先にこれに照準を合わせて早めに検討しておく方が大事ではなかろうか。先々の姿・形をどう考えるかである。

将来の文書作成では，今のようにWordを使用して，冒頭から逐次一連の文章体を入力して判決等の裁判文書を作成するものとは思われない。

ここで将来の判決起案システムを予想して考えてみると，判決書の記載項目（構成）は，①事件，口頭弁論終結日の表示，②当事者の表示，③主文，④請求の表示，⑤事案の概要（争点），⑥理由（争点に対する判断），⑦作成年月日，署名の各パーツに分けられる（民訴法253）[14]（5図参照）。

---

(14)　民事訴訟法253条「判決書には、次に掲げる事項を記載しなければならない。
一　主文　二　事実　三　理由　四　口頭弁論の終結の日　五　当事者及び法定代理人　六　裁判所
2　事実の記載においては、請求を明らかにし、かつ、主文が正当であることを示すのに必要な主張を摘示しなければならない。」
なお，「民事判決起案の手引（10訂）」107頁（判決新様式）参照。

〔5図〕

判決書の構成

	記載欄	記載内容	判決書の見出し
1	冒頭記載	事件番号等の表示	
2	当事者の表示	当事者の住所, 氏名等	当事者
3	主文記載	主文（和解・決定条項）	主文
4	請求の表示	請求の表示	第１ 請求
5	事案の概要	訴訟物, 事案の概要, 争点等	第２ 事案の概要
6	理由の記載	理由	第３ 争点に対する判断
7	末尾記載	作成年月日，裁判官名等	

その効率的な作成方法を考えれば，一覧式の画面で7分割し，各パーツごとに分けて必要な入力をし，最後にソフトで自動化し1つの文書に統合する，という姿が思い描かれる。

文書は最初から順を追って1人が書くという発想ではなく，パーツごとのデータと情報を合理的に収集・合成する方法を考え，それを当事者又は書記官からどう集めて，最終的にどういう形で全体を仕上げていくか，その効率的な協働の仕組みを先に考えるという発想（分割統治法：Divide and Conquer method）である。

抽象論では分かりづらいので，現職当時使用していた自作の「民事判決起案システム」を示すこととする。WordのVBAにより作成したものである。

ここでの各記載欄は小さいが，モニターを大きくすれば，大画面になる。小さな欄はダブルクリックで拡大表示できる。サンプル文の検索もでき，一度インプットしたデータはデータベースに蓄積できる。画面上の表示を範囲指定すれば，そのまま年月日，利息計算等もできてしまう。事件ごとの文書ファイルデータとして保存でき，後の再呼び込み，編集も可能である。印刷ボタンをクリックすれば，判決文として適度なインデント，均等分割を付して自動整形され，必要枚数がプリントアウトされるというものである（6図参照）。

その判決起案システムの中で，裁判官が決定すべきは最終判断の主文と争点に対する判断部分であり，他は客観的な事実データの記載である。裁判所書記官との協働的訴訟運営の中で，裁判所書記官の補助を受けて，事件受付又は争点整理の作業過程で作成されたデータ，情報とリンクして編集加工が行われていく仕組みになれば，協働作業により，一層迅速な判決等の起案が可能になる。

〔6図〕

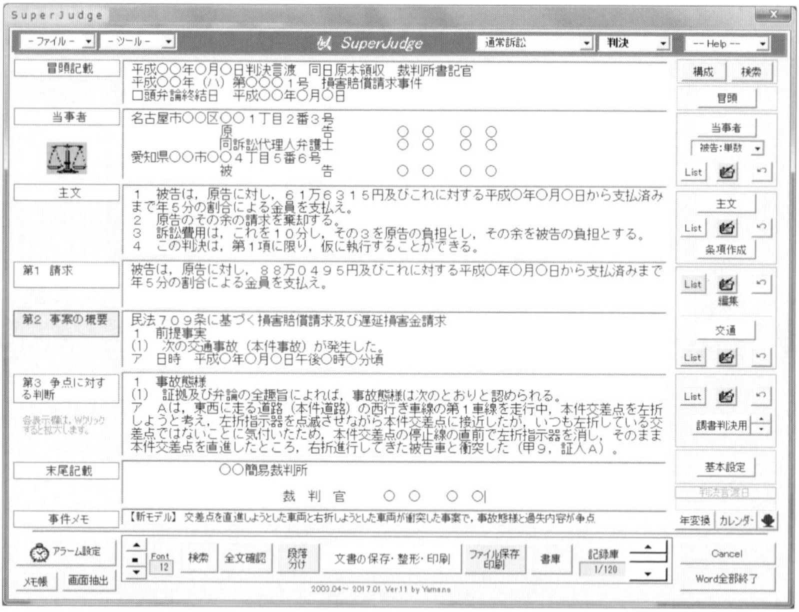

次に，迅速処理の一例であるが，和解条項を作成するシステムで考えてみる（7図参照）。

このシステムでは，画面上から順次，返済金額，分割金額，開始月等を打ち込みエンターキーを押していけば，カーソルが自動的に移動し返済最終年月，返済回数が自動計算され，ボタン一つで和解条項の文案まで自動作成できる。これにより，過去のデータ活用と自動計算処理，自動文章化のマクロ機能により，和解条項作成の作業事務は大幅に時間短縮して効率化されるというものである。

〔7図〕

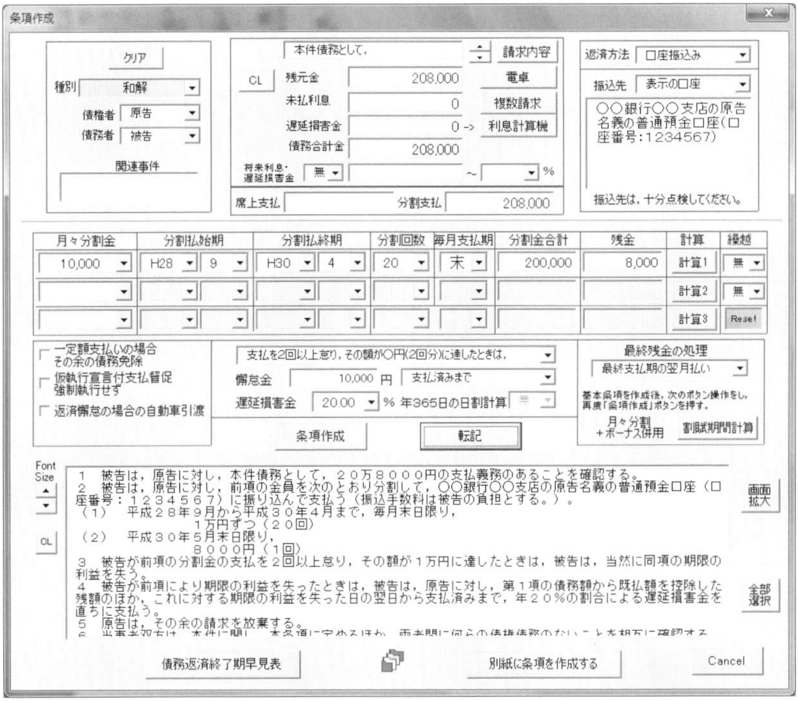

こうした自動処理のシステムにより，裁判事務の作業事務は効率的に迅速に処理され，その分，裁判官，裁判所書記官ともに，知的な判断事務の方に専念集中することができる。

もしこうした形のものが先々想定されるとすれば，要求仕様の検討でもシステム設計でも，具体的な目標のイメージができ，多角的に実戦的な検討が可能になる。抽象論ではなく，まずは裁判官にとって使いやすい判決起案の道具（実用的なツール）づくりが重要となる。

当事者から大量の電子ファイルが送信される前に，これを利用した高度な「判決起案システム」（裁判所の情報処理・出力機）の姿が用意されていなければ，裁く前に捌けない事態となる。

この仕組みづくりとコンセンサスが得られれば，争点整理手続をどのように進め，どのような裁判情報処理（判決出力）システムを開発すべきかのシステム設計は進めやすくなる。

その目標とするシステムを頂点として，下位の情報収集，争点整理システム（手段）をどう作るか，全体としてどのような電子裁判システム，機能を考えていくかである。これは，今までの単体システムの利用とは違う。裁判官，書記官等の日常的な全ての仕事の処理方法と能率性を将来にわたって決定づけるものとなる。それだけに最重要課題である。

これまで内部的には，与えられたシステムを使うばかりで，自らプログラムやシステムを考えた事例は極めて少なかったと思われる(15)。それだけに，事前の検討で十分詰めておかないと，使いづらいシステムができ，オール電子化も夢の先の物語になってしまう。法律実務を知らないＩＴ技術者とプログラムを作ったこともない法律実務家とで打合せをしても，細部でどこかかみ合わないところが出たのでは困る。

既に**第１章**でも触れたが，裁判運営もシステム的にみれば，国民のために公正迅速な裁判を実現していく「分担と協働」による情報処理作業である。それを下支えするのは書記官，事務官等の「人」である。

今後，ＩＴを介在していく中で，裁判官とともに書記官や事務官等とがどのようにして「分担と協働」のシステムづくりをしていくかが問われる。ＩＴ技術者，弁護士等の法律実務家とも相当緊密なコミュニケーションを図って，小異を捨て未来システムのコンセンサスを得ていかなければ，できるシステムもできなくなる。

---

(15)　事例として，裁判官と裁判所書記官との協働作業により，事件管理システムを利用して民事訴訟における情報処理の在り方を研究した論考に，吉川愼一・星野充広「情報技術（ＩＴ）革命時代の民事裁判実務」判タ1029号（平成12年（2000））56頁以下がある。それより以前には，事件管理システムを開発し全庁的に利用した試みの報告として，「宮崎地方裁判所における審理充実事務とＯＡ機器の活用」書協会報137号（平成9年（1997））111頁以下（逆綴じ）がある。

第３　ＩＴ化と書記官事務

１　書記官魂

昔「書記官魂」という言葉を聞いたことがある。その後スマートに「書記官スピリッツ」とも言われてもいるが，あるべき姿を求め，裁判官をバックアップし，判決書にミスがあろうものなら，それは補佐する自らの恥と責任と考えるところがあった。最後まで問題なくやりとげるコーディネーター，縁の下の力持ちのプロ根性を言ったように思う。裁判所を支えているのは裁判所書記官だとの意識が共有されていた。現代ではもはや通用しない言葉かもしれないが，理想を求める精神は，いつの時代でも失われてはならない。

いずれ近い将来に，大量に送信される電子ファイルの情報から争点部分を抽出，整理，編集加工等をして争点整理をする必要が生じる。

そうした時代に，裁判官は何をし，書記官はどこまでのことをするのか。この場合，この作業は「本来裁判官の職務に属する事項」とまでは言ってはいられない。仕事の仕組み，あり様が大きく変わり，正に書記官には，電子コートマネージャーとして，そのあるべき姿と新しい役割分担が求められると思う。どう対応しようとするのだろうか。

今ワープロソフトWordを使用して，対立する当事者から送信された2通の準備書面のファイルがあるとして，これをプリントアウトせずに争点部分を抜き出し，なにがしかの整理書面を作成しようとしてみると，おそらく多くの問題と課題が出てくるはずである。これに対しては，早くから情報リテラシーを高める中で，ＩＴ時代のシステム的な情報処理方法を研究し，内部的な協働態勢と情報処理力を高めていく必要がある。高度な情報処理機器が与えられても，それだけでは機能しない。

システム化を図るためには，まずは現実の実務処理の有り様を分析し，システム処理になじむように変えるべき部分を変えていかなければならない。平成9年（1997）頃，私は，書記官研修所での話の中で，次のような画面を見せてプレゼンテーションをしたことがあるので，記憶している方もいるかもしれない。システム化の前提には，まず「３Ｓ（①単純化，②標準化，③専門化）」が必要である（8図参照。この図での「ＯＡ化」は「ＩＴ化」と読み替える。）。

〔8図〕

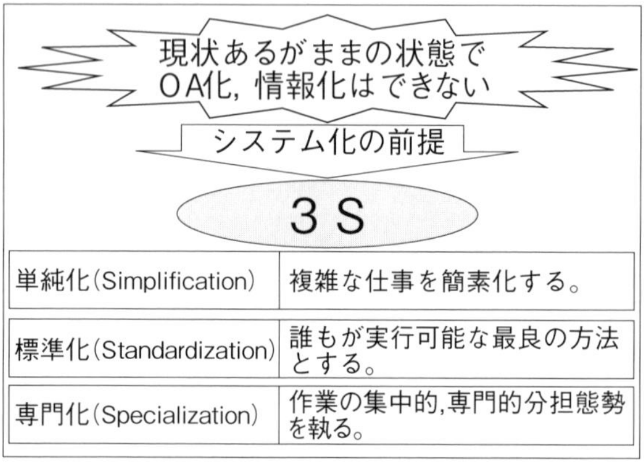

将来の裁判官，書記官の仕事の有り様は，今取り組むシステム設計の出来不出来にかかっている。システムは，開発に関与する人の能力以上の能力は発揮し得ない。

システム設計の手順は，次の図（9図）に示すとおりである。新しい仕事の仕組みづくりが始まっている。

〔9図〕

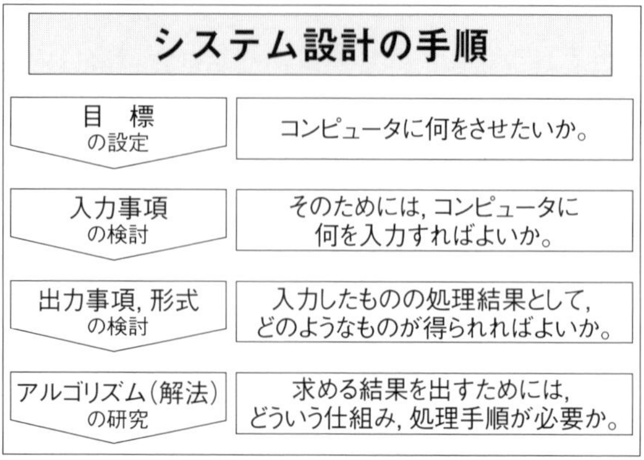

本章第２で，システム化の効果として，①情報の共有化，②コミュニケーションの円滑化，③意思決定の効率化・迅速化の仕組みづくりの話をしたが，これまで内部形成してきた協働的訴訟運営の「連携と協働」により，人が行う情報の共有，伝達と処理の態勢は一応整ってきたとみていい。

今後は，これを外部との関係で「④情報処理の高度化，効率化」（ＩＴ化）の基盤の上に乗せ，ソフトにより「情報の共有と協働・創造」（質充実）の時代へと，一段のレベルアップを図っていかなければならない。これが国民に対し，より役立つ司法機能の充実と促進を図る道につながっていく（10図参照）。

〔10図〕

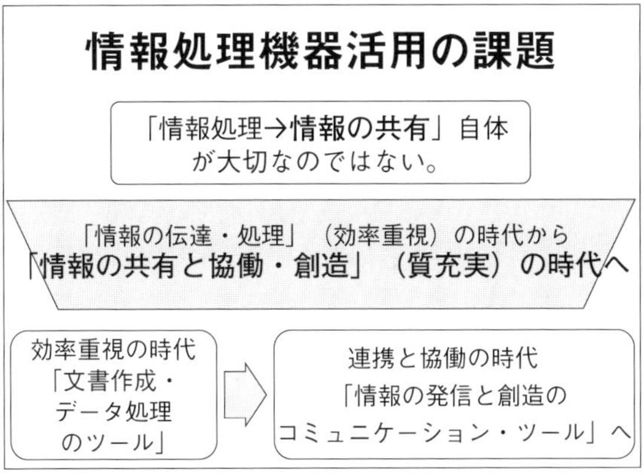

高機能の電子裁判システム構築のためには，

第1に，訴訟関係人との協同関係と内部の裁判官・書記官の協働関係の両輪が空回りせずに，前向きに連携，協力関係が一層緊密にされていなければならない。細部へのこだわりは，システム化を難しく遅らせることにもなり得る。

第2に，従来の作成書面の形式（提出書面の書式の統一等）や処理方法，仕事の仕組み，慣行的扱いを，合理的に，システム向きに単純化して変えていく努力が必要である。まず各種書式には罫線を使用しないようにすることなど，様式の単純化がその一例である。

第3に，争点整理がしやすいように，提出の電子書面の記載が要件事実的に簡潔明瞭に整理され，論理的に分かりやすい表現になっていることが求められる。記載事項の指定やフォーマット化，表現文言の統一化も必要になる。

第4に，ＩＴ化による訴訟とこれになじめない本人訴訟の混在を，システム的にどのように統合していくのがよいかの検討をすること等も重要になるだろう。

現状あるがままの実務を前提にシステム化しても，却って煩雑になり機能しない。

新たなコンセプトを明確にし，内部のコンセンサスを得て，仕事を標準化し，正に「協働」するシステムが求められる時代になる。

2　書記官の役割

これまでの裁判所の事務は人と人の間の物理的な書面交換で行われてきたが，これからは，それに加えてマン・マシンシステムを仲立ちとしてのバーチャルな「高度情報処理」の仕事へと重心が移っていく。新たなステージでの内外の「協働（共同）的訴訟運営」の確立と機能性発揮の姿が問われる。既にその土台づくりが今始まっている。

こうした場面では，裁判所の訴訟手続全般を組織の根底から支える書記官も，積極的に裁判官と協働し，合理的にして最善の効果を挙げる法情報処理システムを見据えた研究・開発に加わっていくことが望まれる。システム化の前提としては，事務処理や書式のシンプル化，標準化，合理化，書記官事務の在り方の検討等が急務となる。システムができてからでは遅い。

これからは，裁判所も電子情報処理システム活用の時代に入り，書記官にも新しい役割分担と実務処理力の発揮が求められる。今から新しいシステム時代の協働関係を模索し，ノウハウとスキルを蓄積し，事務の合理化を図っていけば，来るべき時期に電子コートマネージャーとしての花を咲かせられる。これからの新しい時代には，①コミュニケーション，②チャレンジ精神，③創造性が要求される。これが日々の仕事力を高め，裁判所を支え，自己を成長させ，充実した職務生活を実現させるパワー源にもなる。未来に役立つ裁判所書記官が育つことを期待したい。

私は，平成30年（2018）9月に簡易裁判所判事として定年退官を迎えたが，時代に応じ，国民のニーズに応じて，末ながく裁判所に「協働」の花が咲くことを祈っている。

第４　新しい時代の裁判所職員像を求めて

はじめに

私が定年退官した平成30年（2018）の7月に読んだ恒例の「最高裁判所長官挨拶」（裁判所時報1702号）は，最後に次のような言葉で結ばれていた。

「真に自由闊達な議論ができることも，裁判所組織にとっては欠かすことができません。職種の違いや経験年数の違いに差があっても，自由に意見を述べ議論を重ねる中で，経験の継承や新たな発想による刺激が，先例の枠に縛られない問題解決を導く契機となり，互いの能力の向上にもつながります。将来にわたり，裁判所が国民の信頼と期待に応えていくことができるよう，各人がそうした自覚のもとに活力ある職場づくりに取り組んでもらうことを期待して，私の挨拶とします。」

これから急激に進展する司法のＩＴ化（情報化）の時代には，それに見合う「人材」の育成と「情報」の活性化が重要となる。裁判手続のＩＴ化は，単に高度な情報機器が職場に入ってくることだけを意味するのではない。

組織のソフト（人的）面で，①発想の転換，②組織の活性化，③人材，情報リテラシーの育成，④情報の共有と活用等を考えていかなければならない。構成員の自覚とスキル開発，やる気，やり甲斐，やり方改革を通じた活性化が伴わない限り，国民に対する司法のＩＴ化は真の効果を発揮し得ない。

ここに掲載したものは，平成8年（1996）11月発行の書記官169号23頁以下に掲載されたものである。

今日までの間，法改正により制度が変わり，職員増があり世代交代が進み，パソコン等の情報機器が入り，職場の実態は大きく変わってきたが，変えたくない組織風土と変えてはならない基幹部分がある。

ここで掲載した内容は，約20年前の私見を述べたものにすぎないが，冒頭の最高裁判所長官の挨拶にも繋がっていく部分もある。

今ＩＴ化により，また裁判所は大きく変わろうとする転換期にある時だけに，組織の基本やあるべき姿，組織の活性化を考えることは重要と思われる。「自由闊達な議論」,「活力ある職場づくり」には，各人の取組とともに，それを可能ならしめる管理者のリーダーシップと組織的配慮も重要である。

押し寄せる第三の波に対し，何が大切か。何を守り，何を伸ばし，どう変えていくべきか。基本は，今も変わらない。

これまで培ってきた「協働」関係を活かし，より良き組織風土を育み，さらに将来とも「協働」の花が咲き続けることを祈りたい。

今回の再録に際しては，縦書きのものを横書きに修正し，漢数字を算用数字に改め，（注）書きは脚注に移すなどした（脚注の【 】内表示のものは，今回追記したものである。）が，その他は作成当時のままの内容，表記とした。ただし，「8　研修部教官室の取組」の記述は，細部にわたるので都合によりカットした。

新しい時代の裁判所職員像を求めて

我々は，何をしようとしているのだろう。
我々は，どこへ向かおうとしているのだろう。

1　今，裁判所を巡る状況

今，時代は，産業経済の高度発展，国際化，技術革新，情報化等を加速させている。ヒト，モノ，カネのグローバルな動きにより，政治，経済，社会は大きく構造転換が迫られ，社会の動きもスピードアップし，国民の意識や価値観も変化している。裁判所を巡る状況は，今までになく，大きく変わってきた。

裁判所に持ち込まれる事件は多様化し，外国人事件も増加し，事件内容も一層複雑化，困難化を来たしている。また，規制緩和，自由化が進む中で，国民の権利意識，情報公開への要求も高まり，法と正義による迅速・適正な司法解決へのニーズは，ますます増大しつつある。

これは，単純に係属事件が増えることではない。戦後50年[1]を経て，戦後秩序を裏付けてきた権威や価値観が崩壊し，国家機構も権力や命令だけでは成り立たない時代になってきた。裁判所も，法の威信や裁判の権威を説いているだけでは国民の納得が得られない。国民にとって大事なのは，そこに裁判所があることではなく，裁判所がいつまでに何をしてくれるかであろう。司法は国民にどう貢献するのか，その役立ち，機能性と貢献度（国民満足度）が問われる時代になってきたということである。

こうした事情を背景に，民事訴訟法は，今年[2]6月，約70年ぶりに大改正され，1年半後の平成10年1月1日から施行されることとなった。これは，国民への司法の役立ちを実現するため，民事訴訟を「国民に利用しやすく分かりやすいものに」しようとの目的で，また，何よりも訴訟手続を現代社会の要請やニーズ，感覚にあったものにしようとの大改正であった。

これにより，国民のための司法として，その目的に向けた法制度の枠組みは整えられたことになる。しかし，果たして，それだけで新しい民事訴訟，新しい裁判所は，円滑に立ち上がり，国民の期待に応えて機能していくのだろうか。

【1】　令和元年を迎える2019年5月1日を基準にすれば，戦後73年を経過したことになる。
【2】　新民事訴訟法は，平成8年（1996）6月26日に公布され，平成10年（1998）1月1日に施行された。

2　裁判所の課題

新しい法制度を的確に運用し，国民の司法への期待に十分応えていくためには，それに足る新しい人的体制の検討と，司法の担い手たる職員の意識と意欲と能力の開発向上が急務となってくる。

新しい人的体制の問題では，今，「裁判部の充実強化」を目的に，その職員構成と職務態勢の再構築の検討が進んでいるところであり，新民訴法態勢，職員制度，速記問題は，相互に密接不可分の政策課題となっている。

その中にあって，「職員の意識と意欲と能力」の開発向上は，人の内面の問題として，「研修のあり方」の問題とも関連する重要な課題である。

昭和60年代から始まった職員の大量退職により，最近の裁判所の職員構成は大きく様変わりした。若年職員が大幅に増え，しかも，高学歴化，女性の社会進出等の世相を反映し，大卒等の高学歴者，女性職員の比率も高まってきている。こうした若い世代では，ものの見方や考え方も違っており，「私」の生活や意識，好みを第一に考える「私」第一主義（ミーイズム）が強まってきているとも言われる。

こうした中で，その意識や意欲，能力等をどう高め，今後の職務遂行にどう結集させていくかは，大きな課題である。権威や命令による指導監督，かけ声や建前論だけでは，現代の若者に通用しなくなっている。古い指導監督方法に代わって若手職員を動機づけ活気づける，新しい指導育成法の構築とリーダーシップの在り方が，今問われている。

しかも，近年の事件内容の複雑化に応じて，職務内容も複雑化，高度化し，加えてＯＡ化[3]，情報化の進展により，電子情報機器を活用

【3】 技術革新の進展は急激で，かつてのＯＡ化はＩＴ化に変わり，今やＩＣＴ（Information and Communication Technologyの略称）化によるコンピュータとインターネットの活用で，情報の伝達，知識の共有，コミュニケーションの充実を図る時代に入っている。

した事務処理も大幅に増えていくことにより，こうした面での能力開発や指導態勢も，一層必要度を増している。

3　新たな司法態勢づくり

裁判運営の根幹にある手続法が変わり，職員制度も変わる。そして，新しい時代環境に適応した能力開発の要請……。これは，おそらく従来の裁判所のパラダイム（枠組み）に根本的な変革を迫ろうとする事態であろう。

そして，これには，今そこに来ている高度情報化時代への対応問題も加わり，事態の大きさを増している。行政分野では，平成7年度を初年度とする5箇年計画である「行政情報化推進計画」に沿って，「行政の情報化」に向けた取組が始まっている。同計画では，職員一人にパソコン一台を配備して各省庁をＬＡＮで結び，電子情報を中心として，「行政の効率化」のみならず，「行政の質の向上」，「国民へのサービスの向上」を図ろうとしている。国の施策として，司法の情報化も，早晩軌を一にして取り組まれることになろう。「先行き不透明な時代」と言われながらも，急速に情報化が促進されることだけは確実視されている[(4)]。

新たな司法態勢づくりは，高度情報化社会の中で，どれだけ国民に対し役立ちが発揮できるか，国民に向けての情報サービス，つまり，司法機能の発揮と情報活用力が問われる，新しい事態と課題にも直面する。

裁判の基本たる手続法制が変わり，職員制度や事務処理システムも変わる。求められる司法サービスの内容も高度化する。そうなれば，その中身の組織風土，事務態勢，マネジメントの仕方，職員の意識，考え方，能力も，当然，大幅な刷新（Renovation）が要求されよう。

---

(4)　行政の情報化については，総務庁年次報告「行政の管理と総合調整」（平成7年度），（財）日本情報処理開発協会編集「情報化白書1996」等が参考になる。

こうした取組課題の大きさは，裁判所にとって，新しい時代に向けた組織の再構築が要求されていることであり，これは，マネジメントや研修理論でよく言われる「組織開発（ＯＤ＝Organization Development)」の領域の問題でもある。

変化の激しい時代環境に応じて組織制度の枠組みを変え，フレキシブルに対応していこうとすれば，組織の大きな目標と構成員の目標とを統合させながら，真にやりがいのある組織と組織環境を創造していくことが重要になってくる。そのためには，単に制度や事務態勢，管理体制を変えるだけでなく，もっとトータルに，創造的に，組織全体の変革，活性化を図る必要がある。これが組織開発と言われるものである。今，裁判所が取り組んでいるのも，この組織開発に近いことではないかと思われる。

平成8年6月，最高裁長官は，長官・所長会同の訓示の中で，「増大する司法に対する需要に応じ，国民の期待に的確にこたえるためには，裁判所を，職員の一人一人が持てる力を十分に発揮できる，真に活力のある組織とするよう努めることも必要であります。」と述べておられる。

（参考）　平成7年6月の最高裁長官訓示

「職員が堅実，廉直な姿勢で，基本に忠実な執務を心掛けるという気風は，裁判所の良き気風として，これを堅持しなければなりません。職員の若返りが進む中，この気風を次の世代に確実に伝えていく必要があります。それとともに，職員の一人一人が，主体的，積極的に力を発揮し，誇りを持って生き生きと職務を遂行することが望まれます。そのための組織，制度の在り方を，従来の考え方にとらわれることなく，柔軟に検討する必要があるものと考えます。」

4　司法態勢づくりの基礎

(1)　主体性

「真に活力のある組織」づくりが求められている。その中にあって，裁判所では構成員の実態が大きく変わり，旧来の管理論や価値観がそのままでは通用しない場面も多くなり，新しい指導態勢が十分整っていないことも問題としてある。民間企業でも，どこの組織でもそうであるが，環境の変化，情報化，「新人類」と言われる若者の出現等により，未来の「導きの糸」となるべき共通の指導理念なり，組織力統合の基本思想は確立していない。これが現在の問題状況を一層重く大きくしているのかもしれない。

しかし，裁判所では，これからの時代，「利用しやすく分かりやすい」裁判所を共通目標とし，新しい時代のマネジメント論なりリーダーシップを創り上げ，職員一人一人の能力が十分発揮されるよう考えることが必要になっている。これだけは確かであり，新しい司法態勢づくりの基本は，「人づくり」だと言える。

一人一人が心にキラリと輝く共通の旗を立て，意気に燃えて，異なる職種とも協働し合って知恵と力を一つに統合するのでなければ，大きな力は発揮できない。多様な個性と能力の活用の時代である(5)。

日常の職場の仕事は，全て問題発見，問題解決の過程だと言われる。何よりもまず，一人一人が共通目標を自覚して，自ら問題を発見し，自ら学び自ら考え，責任を持って主体的に判断し適切に問題解決ができること，そういう「主体性（Independence）」を持つことが基本になる。これからの司法態勢を支えるのは，指示待ち族でも，くれない族でもない。自主的，主体的，積極的に「問題発見－問題解決」に機敏に動く人間でなければならない。今後，情報化が進むほどに，電子機

(5)　これからの組織経営の在り方を考えるには，日本生産性本部創造性開発委員会「人間性と創造性の開発」（日本生産性本部・1979年），長谷川慶太郎著「異端のすすめ－個性化社会の人材開発と企業戦略－」（ＰＨＰ文庫・1994年），太田肇著「個人尊重の組織経営－企業と人の新しい関係－」（中公新書・1996年）等が参考になる。

器を操作しての情報処理能力（情報リテラシー）にも優れた，主体的な問題解決能力が一層必要になってくる。

(2)　人間性（個性）

しかも，裁判所職員にとって基本的に重要なこととしては，言うまでもなく，豊かな人間性と確固たる倫理性を持っていることである。ここでいう「人間性」とは，心優しい人間味という意味もあるが，基本は，Character＝倫理的な意味合いの「人格」，「徳性」を持つことを意味する。

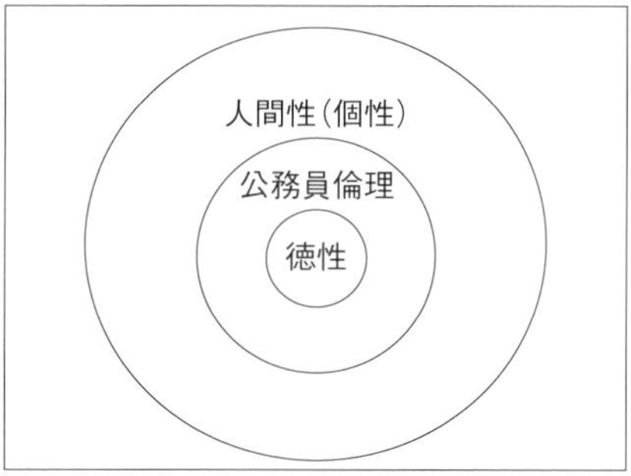

Characterの原義には「印刻の道具」の意があり，ここから印されたものとしての「人格」，「個性」の意味が派生したそうである。裁判所職員の心の中心にまず刻まれているべきは，人間として本質的な清廉さ，誠実さ，正直，勇気，忍耐，思いやり，自己の行動に対する責任等の「徳性」であり，それを基礎とした豊かな「人間性，個性」が求められる。裁判の基礎は国民の信頼にあり，国民の信頼の基礎は，こうした裁判所職員の倫理的なCharacterの中にある。公務員倫理の基本は，徳性にある。

これまで，公務員倫理というと，まず，「～してはいけない」＝ドント・アプローチの面から捉えられがちであった。しかし，これからの時代，公務員倫理は，国民のために「何をなすべきか」，ドゥー・アプローチの面から，積極的に考えることが必要になっている。加えて，これからの時代には，求められる人間性も仕事の内容も，古い権威に合わせた考え方や画一的な押し付けで成り立つのではなく，主体性を重んじ，一人一人の個性や能力を尊重し，創造的な組織活動に有効に活かすことが重要になっている。

そういう「人間性，個性（Character）」尊重の時代に，我々は，自らの胸に，さらにどのような職員像を刻み込んでいくべきか。

5　協働性と創造性

(1)　協働性

裁判所の職員育成には，主体性，人間性（個性）の尊重が基本になるが，なおこれからの新しい態勢づくりには，人と人との結び付きの中で「協働性（Cooperation）」と「創造性（Creativity）」とを発揮できる有為な職員の育成とその活動が重要になってくる。

協働性の面では，書記官について言えば，これまでの審理充実でも，裁判官と書記官との協働的訴訟運営観が前提とされてきたが，それは，新民訴法施行後も変わらないばかりか，正にそのことがコートマネージャー的役割として一層重要視され，「協働性」は，新たな態勢づくりのキーワードとなる。

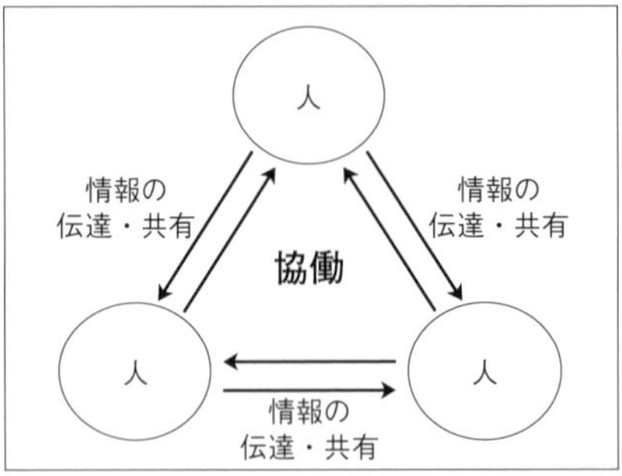

協働性とは，「CO-（ともに）＋operate（働く）」という意味であるが，それは，一定のポジションと役割を前提にしてのメンバーの協力が求められるものである。その点では，綱引きやサッカー，野球に近いが，知的な判断作業が伴うという点では，一層，情報の伝達や共有，

チームワークや連携が大きな意味を持つ。

今の若手職員の特徴としては，自分中心の価値を重んじ，マニュアル指向で，責任の範囲を限定し，その限りで個別の事務処理は有能であるが，人と人との結びつき，人の接遇や仕事の連携，協働，チームワークの面では不足すると言われている。そのことが記録の授受や事務引継ぎ，窓口対応の場合等に事務処理上の過誤，トラブルの原因ともなっている例も多い。マニュアルにない部分で，もっと人間的なつながりと協働，チームワークの中で知恵と力の結集がなければ，一人一人の持てる力も十分発揮できないばかりか，司法の総合力も発揮できない。

また，同一官職に限らず，裁判官と協働して行う有効な訴訟運営に向け，裁判官と書記官等の異職種間の意識の垣根を越えたところでの協働も大事である。裁判所は官職ごとに独立意識の強いところがあって，これまで，異なった職種同士の連携と協働が不十分な面が多々見受けられたが，現在では，そこに意識改革が求められている。書研[6]でも，裁判官と書記官，書記官と速記官との合同研究会も実施されだしたところである。

新しい時代には，共通目標に向けた協働の中で，情報の共有と連携が図られ，共感が得られ，個々人の自己充足と職場の活性化が高められていく。そういう協働態勢づくりがなければならない。

(2)　創造性

さらに，あらゆる場面で変革と改善等が求められる時代には，何事にも，多角的に検討しプラス指向で考え，創造性（Creativity）を発揮することが重要になってくる。

創造性は，何よりもまず「問題意識を持つこと」が基本となるが，

【6】「裁判所書記官研修所」を「書研」と呼んでいた。平成16年（2004）4月から家庭裁判所調査官研修所と統合して「裁判所職員総合研修所」となっており，略称「総研」と呼ばれている。

自分が「何をしたいのか」のＷＡＮＴ（熱望）と「何をしなければならないか」のＮＥＥＤ（切実性）があれば，誰でも発揮できる。これは，日々の仕事＝課題に対し，主体的かつ積極的に物事を考えることでもある。

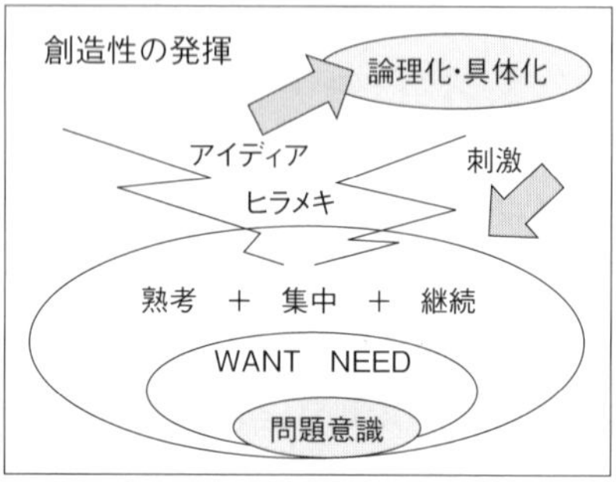

新しいアイディアも，熟考（Consideration）と集中（Concentration），継続（Continuity）の3Cの中で，異質の条件が加わり，スパークのように閃いて，形となって生まれ出る。創造性は，異質の文化，ＷＡＮＴ・ＮＥＥＤ思想や意見との遭遇や対立，協働の中で啓発され，磨かれていくという。

異端の発想も受容し学ぶ心を養い，立場の異なる異職種間においても柔軟な対応の中で，活発な意見交換が行われることが大事である。旧来の態勢や方法，立場や慣行にとらわれない柔軟な環境適応力や豊かな発想や感性，チャレンジ精神，企画力などを養うことが大切になってくる。これは同時に，主体性と人間性（個性）を豊かにすることにもつながっていく。

創造性の開発や発揮は，新しい時代を目指し組織改革や新しい態勢づくり，事務処理方法の改善を図る上で，極めて大事である。

今後，司法の情報化が進み，仕事の仕組みや態勢等のあらゆる面で根本的な変革が求められるようになれば，なお一層重要な課題になる。人間の能力や感性は，一朝一夕では磨かれない。能力開発や感性開発は，時代の先を読んだ先行投資でなければならない。

6　組織の活性化

こうした新しい司法態勢づくりには，前述の主体性，人間性，協働性，創造性という，英語の頭文字で言えば，I（Independence）と3C（Character，Cooperation，Creativity）の備わった組織人づくりが基本になる。

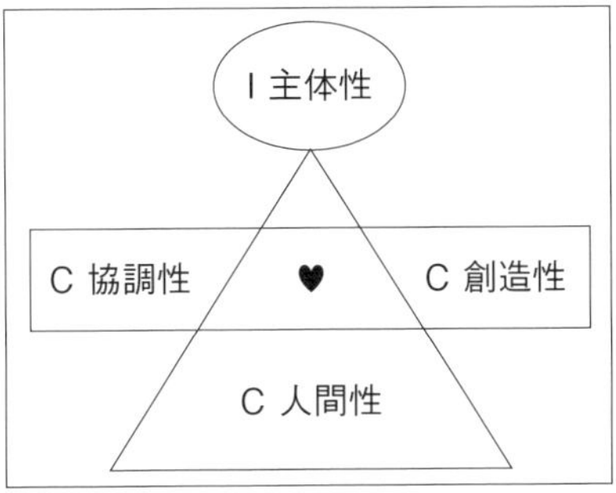

これが了解されるとすれば，次なる問題は，そうした職員を育成するためには，それを可能にするような職場環境として，組織の活性化を考えなければならない，ということである。

組織の活性化には，①共通目標が明確にされ，②メンバーに協働意欲（貢献意欲）があり，③コミュニケーション（情報伝達，意思疎通）が活発に行われることが不可欠の条件である。

「Communication」の語源として，ラテン語で「他人と共に分かち合う」という意味があるそうである。ここが大事であろう。

組織が活性化されているかどうかの判定については，アメリカＡＴＴ社のカッペル元社長が指摘した「7つの危険信号」が参考になる[7]。

組織が活力を失うのは，①「古い作業方法の墨守」，②「新鮮な目標の欠如」，③「内省的思考の不足」，④「制度主義，形式主義の蔓延」，⑤「積極性の消失」，⑥「カビの生えた知識の強制」，⑦「批判に対す

【7】「7つの危険信号」は，Ｆ・Ｒ・カッペル著「企業成長の哲学」（ダイヤモンド社・昭和37年（1962））に掲載されている。

る抑圧」の7つであるという。

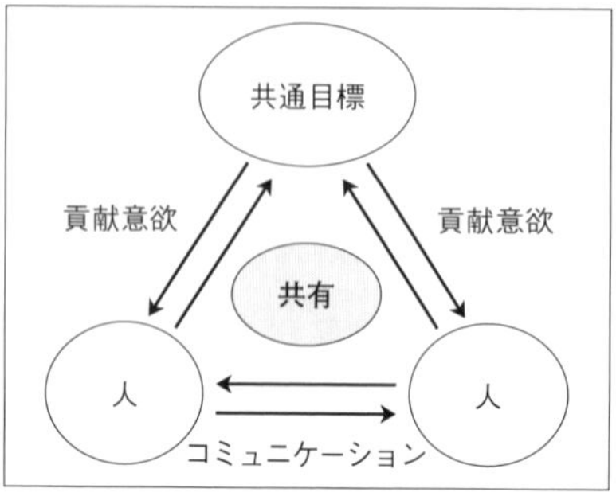

「真に活力のある組織」づくりを目指すには，組織，職場の中で，こうした問題点や原因がないかどうか総点検し，職員が創造的なコミュニケーションを図り，改善できるところは改善に向けた積極的な行動をとることが大事になる。

こうした組織開発や組織人づくりに向けて取り組むべきは，組織の誰かと言えば，それは，組織のトップや研修スタッフだけの役目ではない。一人一人の職員がそれぞれの立場で問題意識を持って取り組むことが必要であるが，そこで中心となって動くべきは，裁判所でいえば，組織の要たる主任書記官や訟廷管理官，課長や補佐等の中間管理職クラスの役目となる。方向性と動機づけを与える核となるリーダーシップが重要になる。職場の管理者が組織目標に向けて，「組織の成長エネルギー源」として職場を束ね，変革力や創造力を発揮していくのでなければ，どんな組織も衰退してしまう。共通目標に向けて，人にやる気を与え（Motivation），人と人が情報や思いを共有（Communication）するため，人と人をつないでいく（Leadership）。このＭ・Ｃ・Ｌが管理者の基本的役割になる。

管理者は，職員育成の方向性を明確にして，日常の仕事を通じて，Ｍ・Ｃ・Ｌを発現し，職員の育成と組織の活性化に向けた管理活動を展開していかなければならない。これがＯＪＴ（On the Job Training）と言われるものである。組織開発（ＯＤ）の原動力になるものである。

7　管理者の役割とＯＪＴ

職員育成には，計画的なジョブローテーションやOffＪＴ（集合研修）も有効であるが，日常の仕事を通じての指導＝ＯＪＴが基本になる。しかし，裁判所の管理者の中には，「研修教育は研修機関の役目」と認識していたり，「仕事が忙しくて，とても手が回らない」と多忙の抗弁を出したりして，これまで，ＯＪＴは，必ずしも十分な実行と効果を見なかった。

もちろん，職員の能力開発は，本来職員の「やる気」にかかっており，自己啓発（SD＝Self Development）が基本になる。自己啓発の基本は，

「能力」×「やる気」×「努力」×「やり方」　＝　自己啓発力

であり，ラテン語の原義で，教育＝Educationは「（能力を）導き出す」意味であり，啓発＝Developmentは「包みを解き放ち，個性を表わす」という意味だそうである。何もない人に教え込むのではなく，既に伸びる芽を持っている。それを導き出す，紐解いて育てるのがＯＪＴの原点でなければならないだろう。個性（Character）と主体性（Independence）を尊重し，それを側面から触発し，援助・育成していくのが職場のＯＪＴである。

ＯＪＴは，一方通行的に「教える」というものではなく，自己啓発を基軸に，時に「教え，教えられる」相互啓発（MD＝Mutual Development）的なものであるかも知れない。上司や先輩が部下から教えられる逆ＯＪＴもある。これが「新しいＯＪＴ」と言われるものである（新しいＯＪＴの理解には，大森一寿郎「研修紹介「演習（ＯＪＴ）」」書研所報No.41，同「ＯＪＴあれこれ－新しいＯＪＴを目指して－」書記官162号が参考になる。）。

いずれにしても，そうした教育的な職場環境の中で，日々の具体的

な仕事を通じて，将来有為な裁判所職員が育つのである。そこでは，何の理念（ロマン）も情熱もなく，かけ声に基づき，やみくもにＯＪＴの実践をするのではない。将来の裁判所を支える組織人として必要なＩと3Cを明確に目指した組織人育成のＯＪＴを実践する。日常的，継続的なＰ・Ｄ・Ｃ（Plan Do Check）のマネジメントの人間的な接触と取組みの中でこそ，組織人として必要なＩと3C（主体性，人間性，協働性，創造性）が具体的に育まれることになる。

指示待ち人間が多いと言われる現代，そして，今組織開発が急務の裁判所であればこそ，管理者が職場で，このＯＪＴを強力に実行しない限り，一人一人の職員の能力開発や持てる力の最大発揮は不十分なものに終わってしまう。今の若い人の能力は高い。あとは管理者による啓発と動機づけ，方向づけの問題である。

この先を考えている豆のつる　　　　吉川英治

若い芽を摘まないように，傍らにいて，伸びんとするつるに手（愛の手）を立てる。水や肥やしをあげる。若い人を育てるのは，そういうことだと聞いたことがある。

1回や2回，ＯffＪＴをやったところで，それだけで人間が大きく変わるものでもない。研修教育は，高い理想と熱い情熱を持って，個への日常的，継続的な働き掛けが一番大事であるだろう。

組織的な変革と創造が求められる時代に，ベター・フューチャー＝「より良き明日」を築くためには，単なるＯＪＴの実施ではなく，その目的を明確にし，広く組織開発（ＯＤ）推進の観点からＯＪＴを捉え直さなければならない。そして，計画的な任用配置（ジョブ・ローテーション）や処遇策も考慮に入れ，総合的な職員育成策の中で，

（ＳＤ×ＯＪＴ＋ＯffＪＴ）　＝　ＯＤ

の相互補完関係が効果的に機能するような仕組みと方策を一層強く考

えていかなければならないと思う。

「新しいＯＪＴの目標は，個人の全人格的能力の開発，それと組織能力の開発，そして最終的には，職場，組織の変革にある」（大森一寿郎・前著）のである。

8　研修部教官室の取組　（略）

9　あとがき

私が述べてきたことは，理屈だ，理想論だという人もいよう。現実は，そう簡単に変わらないという人もいる。理想を述べるだけでは，現状は変わらない。私は，それも知っている。しかし，誰かが理想を語らなければ，理想を語り合わなければ，現状はもっと変わらない。

これを書いている最中に，こういう詩が目に止まった。

紙　風　船　　　　黒田三郎[(8)]

落ちて来たら
今度は
もっと高く
もっともっと高く
何度でも
打ち上げよう

美しい
願いごとのように

(8)　「紙風船」は黒田三郎（1919～1980）の詩。黒田三郎著作集Ｉ全詩集（思潮社・平成元年（1989））中の「もっと高く」に所収。

ここで打ち上げた私のボールも，この紙風船のようでいたい。いつかは落ちてくるけれど，落ちてはならないものがあるならば，誰か手を差し伸べて打ってほしい。もっと高く，もっともっと高く，青空がみえるように。

著者　山本　正名（やまもと　まさな）

〔経歴〕

昭和23年（1948）愛知県生まれ

裁判所事務官，裁判所書記官，最高裁判所事務総局総務局，裁判所書記官研修所（現裁判所職員総合研修所）教官等を経て，平成11年（1999）8月名古屋簡易裁判所判事に任官（富山，東京，大阪，名古屋等各簡易裁判所を歴任）

平成30年（2018）9月犬山簡易裁判所で定年退官

平成31年（2019）1月から名古屋簡易裁判所司法委員

〔著作〕

「サラ金調停事件の問題点と対応論」書協会報66号（昭和54年（1979））7頁，「供述調書作成の技術」書協会報103号（昭和63年（1988））33頁，「書記官実務原論　20の眼」書協会報109号（平成2年（1990））95頁，「勾留期間自動計算システムを作る」書協会報113号（平成3年（1991））69頁，「足早のアメリカ流学」書記官166号（平成8年（1996））114頁，「今ふたたびの夢の先ー動く電子の手引「勾留期間自動計算」」書協会報138号（平成9年（1997））132頁，「新しい時代の裁判所職員像を求めて」書記官169号（平成8年（1996））23頁，「民事裁判のＡＢＣＤ」（『市民と法』37号・民事法研究会・平成18年（2006））65頁，「江戸の裁判ー花祭の里の天保騒動記『議定論日記』」（風媒社・平成30年（2018）9月）

コートマネージャーとしての裁判所書記官
ー協働の中の裁判実務ー

令和元年６月14日　初版発行

著　者　山　本　正　名

発行者　新日本法規出版株式会社
代表者　服　部　昭　三

発行所　新日本法規出版株式会社

本　社
総轄本部　（460-8455）　名古屋市中区栄１－23－20
電話　代表　052(211)1525

東京本社　（162-8407）　東京都新宿区市谷砂土原町２－６
電話　代表　03(3269)2220

支　社　札幌・仙台・東京・関東・名古屋・大阪・広島
高松・福岡

ホームページ　http://www.sn-hoki.co.jp/

ISBN978-4-7882-8586-6
5100067　裁判所書記官